"十四五"职业教育国家规划教材

中等职业技术教育

汽车运用与维修专业系列教材

实施汽车发动机维修

（第四版）

总主编 赵计平　主　编 何仕涛 罗轸友　副主编 王海龙 魏勇福　主　审 简晓春

重庆大学出版社

内容简介

本书根据中国-澳大利亚(重庆)职业教育培训与合作项目的课程设计要求及教学材料开发的指导性文件《汽车维修技术人员培训能力标准》,结合教育部《面向 21 世纪教育振兴行动计划》《汽车运用与维修专业教学指导方案》和人力资源和社会保障部《国家职业标准——汽车修理工》编写而成。全书分为 8 个单元,主要内容包括:汽车发动机的基本知识,曲柄连杆机构的结构原理与维修,配气机构的结构原理与维修,汽油机燃料供给系的结构原理与维修,柴油机燃料供给系的结构原理与维修,冷却系的结构原理与维修,润滑系的结构原理与维修,以及发动机的总装与调整及磨合与试验。

本书可作为中等职业学校汽车维修相关专业的教材,也可作为汽车维修行业初、中、高级技术工种与相关企业员工的专业培训教材。

图书在版编目(CIP)数据

实施汽车发动机维修/何仕涛,罗轸友主编.—4 版.—重庆:重庆大学出版社,2020.4(2025.8 重印)
中职汽车运用与维修专业系列教材
ISBN 978-7-5624-8983-2

Ⅰ.①实… Ⅱ.①何… ②罗… Ⅲ.①汽车—发动机—车辆修理—中等专业学校—教材 Ⅳ.①U472.43

中国版本图书馆 CIP 数据核字(2020)第 049647 号

实施汽车发动机维修
(第四版)

主 编 何仕涛 罗轸友
副主编 王海龙 魏勇福
主 审 简晓春

责任编辑:范 琪 版式设计:范 琪
责任校对:王 倩 责任印制:张 策

*

重庆大学出版社出版发行
社址:重庆市沙坪坝区大学城西路 21 号
邮编:401331
电话:(023)88617190 88617185(中小学)
传真:(023)88617186 88617166
网址:http://www.cqup.com.cn
邮箱:fxk@ cqup.com.cn(营销中心)
全国新华书店经销
重庆升光电力印务有限公司印刷

*

开本:787mm×1092mm 1/16 印张:18 字数:341 千
2007 年 1 月第 1 版 2020 年 4 月第 4 版 2025 年 8 月第 3 次印刷(总第 12 次印刷)
ISBN 978-7-5624-8983-2 定价:45.00 元

前　言

本书在原版本的基础上,征求了部分多年使用本书的专业教师和专业技术人员的意见后改编而成。本着"教材应有利于教学活动的开展,有利于学生毕业后能尽快适应工作岗位"的精神,在保持原书编写风格的前提下进行改编,并着重考虑了以下几方面的问题。

①与时俱进,将近几年出现的新理念、新工艺、新牌号等融入新版教材。

②对原书中已发现的错误、问题以及容易引起歧义或者用词不准确的内容进行了进一步修正。

③充分体现我国现阶段职业教育改革有关"工学结合""产学合作""理实一体化""校企合作"等方面的先进职教理念。

④进一步做到实用性强、图文并茂、形象直观、通俗易懂。

本书由重庆市农业机械化学校何仕涛、罗轸友担任主编,王海龙、魏勇福担任副主编,重庆交通大学教授简晓春担任主审。

本书的改版编写工作团队成员以及负责编写的章节分工如下:

重庆市农业机械化学校何仕涛编写绪论、附录并负责全书的统稿工作,罗轸友编写单元1,王海龙、魏勇福编写单元2的2.1,刘天文、赵国强编写单元2的2.2,谢翔晔、陈步月编写单元2的2.3,朱明艳、吴修凡编写单元3的3.1,冯大鑫、张涛编写单元3的3.2。

重庆市机械高级技工学校陆宇、陈苇编写单元3的3.3。

重庆市轻工业学校陈金伟、罗兰编写单元4的4.1、4.2。

重庆工商学校王孝洪、聂坤宇编写单元4的4.3。

重庆市工业学校江红珩、严凤貌编写单元5的5.1、5.2。

重庆市经贸中等专业学校陈云财、薛成文编写单元5的5.3。

重庆市九龙坡职业教育中心谢云峰、李万伟编写单元6的6.1、6.2。

重庆市永川职业教育中心陈刚、孔德均编写单元6的6.3。

重庆市黔江区民族职业教育中心李春、黄勇编写单元7的7.1、7.2。

重庆市江南职业学校郑剑、杨敦华编写单元7的7.3。

重庆市工业技师学院何兴刚、李旺编写单元8。

本书在编写过程中得到了中国-澳大利亚(重庆)职业教育合作与培训项目的汽车项目学校重庆工业职业技术学院及其伙伴学校重庆电子工程职业学院、重庆市农业机械化学校、重庆市轻工业学校、重庆市机械高级技工学校、重庆市红岩汽车有限责任公司技工学校的大力帮助,得到了重庆市汽车行业协会、重庆市公交维修公司的大力支持。同时,在编写过程中,参阅了大量文献并借用了前辈们的一些成果,在此一并表示感谢!

衷心感谢为本书各版本提出了宝贵修改意见的各位老师!

由于编者水平有限,书中错误和问题在所难免,恳请使用者批评指正。

编　者

2020 年 2 月

目　录

绪　论

0.1. 科目学习目标

学完本科目应达到以下目标。

0.1.1　知识目标

- 知道汽车发动机的基本结构和工作原理。
- 知道汽车发动机各零部件的名称、作用、结构类型及构造特点等方面的知识。
- 知道汽车发动机燃油、润滑油及防冻液的性能与选用的相关知识。
- 知道常用汽车发动机维护与修理的工具、设备、仪器和仪表的用途及使用方法等方面的相关知识。

0.1.2　技能目标

- 具有安全生产意识。
- 能够诊断与排除汽车发动机的常见故障。
- 能够按维护工艺对发动机各组成部分进行维护、装配、调整和性能试验。
- 能够正确使用常用工具、设备、仪器和仪表。

0.1.3　态度目标

- 具有严谨的工作态度和严格的质量意识。

0.2. 学习者学习特征

- 初中毕业生及其同等学力者。

0.3. 学习前具备能力

在学习本科目之前应已经具备以下能力：
- 初中语文、数学、物理等本专业所必需的文化基础知识与技能。
- 识读机械图样的基本知识与技能。
- 计算机应用方面的基本知识与技能。
- 本专业必需的机械基础方面的知识与技能。
- 电工与电子技术在本专业应用方面的基本知识与技能。

0.4. 科目学习方法

- 听讲授学习法。
- 师生互动学习法。
- 观看录像学习法。
- 小组活动(讨论)学习法。
- 咨询教师学习法。
- 现场(模拟职场)实作学习法。
- 观看演示学习法。
- 现场模拟学习法等。

注意：当遇到下列困难时，一定要向教师寻求帮助。
- 理论知识的理解和学习活动的完成。
- 查找资源。
- 理解和完成实作任务。
- 理解为何必须做某些事。
- 任何其他问题。

0.5. 科目学习鉴定

0.5.1 鉴定指南

- 知识和技能可以在岗或离岗进行鉴定。
- 实践技能的鉴定必须是在一段时间的指导实践和重复实践取得经验之后进行。
- 如果不能在工作环境中鉴定，可在模拟的工作场所条件下实施鉴定。
- 鉴定的结果必须在没有直接指导的情况下取得。

0.5.2　鉴定方法

- 观察法。
- 案例分析法。
- 情景模拟法。
- 口头提问法。
- 书面提问法。

0.5.3　鉴定证据

- 查询学生资料记录情况。
- 查阅本教材记录情况。
- 学生教师观察情况。

0.5.4　鉴定安排

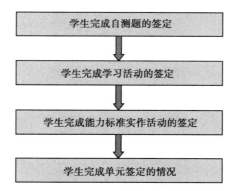

0.6. 科目学习内容及进度

章节名称 （能力要素）	学习内容 （能力实作指标）	建议 学时数
单元1 发动机基本知识	1.1　发动机的类型和工作原理	18
	1.2　发动机的总体构造及其基本组成与功用	
	1.3　识读发动机的型号	
	单元鉴定与单元评估	

续表

章节名称 （能力要素）	学习内容 （能力实作指标）		建议 学时数
单元 2 实施曲柄 连杆机构维护	2.1	认识曲柄连杆机构各零部件	62
	2.2	维护曲柄连杆机构	
	2.3	检修曲柄连杆机构	
	单元鉴定与单元评估		
单元 3 实施配气 机构维护	3.1	认识配气机构各零部件	38
	3.2	维护配气机构	
	3.3	检修配气机构	
	单元鉴定与单元评估		
单元 4 实施汽油机 燃料供给系维护	4.1	认识汽油机燃料供给系各零部件	34
	4.2	认识汽油的性能与选用	
	4.3	维护与检修汽油机燃料供给系	
	单元鉴定与单元评估		
单元 5 实施柴油机 燃料供给系维护	5.1	认识柴油机燃料供给系各零部件	44
	5.2	认识柴油的性能与选用	
	5.3	实施柴油机燃料供给系维护与检修	
	单元鉴定与单元评估		
单元 6 实施发动机 冷却系维护	6.1	认识发动机冷却系各零部件	24
	6.2	知道防冻液的性能及选用	
	6.3	维护与检修发动机冷却系	
	单元鉴定与单元评估		
单元 7 实施发动机 润滑系维护	7.1	认识发动机润滑系各零部件	28
	7.2	知道发动机润滑油的性能与选用	
	7.3	维护与检修发动机润滑系	
	单元鉴定与单元评估		
单元 8 实施发动机总装 与调整及磨合与 试验	8.1	实施发动机的装配与调整	18
	8.2	发动机磨合与试验的方法和步骤	
	8.3	发动机总成修理竣工验收技术条件	
	单元鉴定与单元评估		
机动学时			14
总学时			280

发动机基本知识

单元1

 学习目的

学完这一单元应具有以下能力：
- 知道发动机的类型和基本工作原理。
- 知道发动机的总体构造及其基本组成与基本功用。
- 正确识读发动机的型号。

 学习资源

- 多媒体教室和有关汽车发动机基本知识的参考书及 VCD 等。
- 汽车实训中心、实训用各种型号的汽车或发动机及其零部件实物和模型等。
- 汽车维护与检修常用设备及工量具。

 职场安全

- 一般的安全知识：穿戴安全帽、劳保服、劳保鞋，车间实作安全规则，设备个人操作安全等。
- 主动查阅政府和企业的安全法律法规，并自觉遵守有关的安全法规：《国家劳动法》《国家安全生产法》《国家消防法》《汽车维修作业安全操作规程》《钳工作业安全操作规程》《焊接作业安全操作规程》《公民的权利和义务》等。

 学习信息与学习步骤

1.1　发动机的类型和工作原理

- 发动机是汽车的动力源，是将某种形式的能量转变为机械能的机器。
- 现代汽车所使用的发动机多为往复活塞式内燃机。
- 内燃机是将燃料在发动机内部燃烧产生的热能转变为机械能的机器。

1.1.1　发动机的类型

发动机的类型很多,按照不同的分类方法可分为不同的类型。

（1）**按所用燃料分类**

- 发动机按所用燃料可分为:汽油机和柴油机。
- 汽油机:用汽油作燃料的发动机（图1.1(a)）。
- 柴油机:用柴油作燃料的发动机（图1.1(b)）。

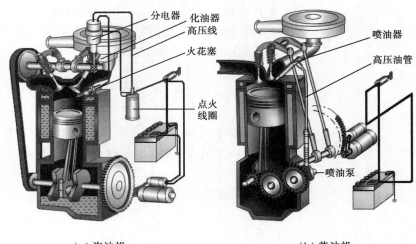

（a）汽油机　　　　　　　　　　　（b）柴油机

图1.1　发动机按所用燃料分类

（2）**按汽缸数目分类**

发动机按汽缸数目可分为单缸与多缸发动机。

- 单缸发动机:仅有一个汽缸的发动机（图1.2(a)）。
- 多缸发动机:有两个或两个以上汽缸的发动机。如双缸、三缸、四缸、五缸、六缸、八缸、十二缸等（图1.2(b)）。

现代车用发动机多采用四缸、六缸、八缸发动机。

（3）**按冷却方式分类**

发动机按冷却方式可分为风冷与水冷发动机。

- 水冷发动机:利用在汽缸体和汽缸盖冷却水套中进行循环的冷却液作为冷却介质进行冷却的发动机（图1.3(a)）。
- 风冷发动机:利用流动于汽缸体与汽缸盖外表面散热片之间的空气作为冷却介质进行冷却的发动机（图1.3(b)）。

水冷发动机冷却均匀,工作可靠,冷却效果好,被广泛地应用于现代车用发动机。

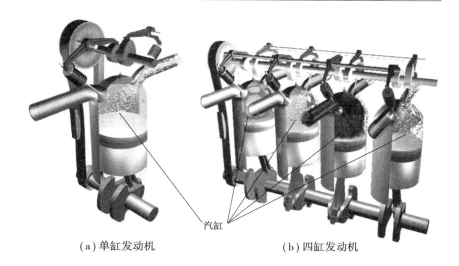

（a）单缸发动机　　　　　　　（b）四缸发动机

图 1.2　发动机按汽缸数目分类

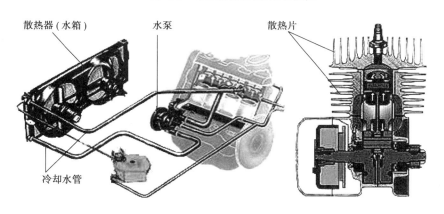

（a）水冷发动机　　　　　　　（b）风冷发动机

图 1.3　发动机按冷却方式分类

自测题1

1. 发动机是汽车的动力源,也是_____的机器。
2. 汽油机是_____的发动机。
3. 柴油机是_____的发动机。
4. 发动机按汽缸数目可分为_____与_____发动机。
5. 发动机按冷却方式可分为_____与_____发动机。

学习活动 1

请仔细观察教师提供的汽车或发动机的类型(特点),完成表1.1。

表 1.1   发动机的类型(特点)记录表

汽车或发动机型号		
按所用燃料分类	汽油机 □ 柴油机 □	汽油机 □ 柴油机 □
按汽缸数目分类	单缸发动机 □ 多缸发动机 □(____缸)	单缸发动机 □ 多缸发动机 □(____缸)
按冷却方式分类	风冷发动机 □ 水冷发动机 □	风冷发动机 □ 水冷发动机 □

1.1.2   发动机能量转换机构的基本组成

发动机的工作过程是一个周期性地将燃料燃烧产生的热能转变为机械能的过程。

发动机的能量转换机构主要由曲轴、连杆、活塞和汽缸等机件组成(图1.4)。

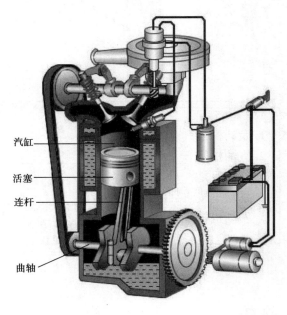

汽缸

活塞

连杆

曲轴

图 1.4   发动机能量转换机构的基本组成

1.1.3　发动机的常用基本术语

发动机的常用基本术语如图 1.5 所示。

（1）**上止点**

上止点:活塞顶部距离曲轴旋转中心最远的极限位置。

（2）**下止点**

下止点:活塞顶部距离曲轴旋转中心最近的极限位置。

（3）**活塞行程** S

活塞行程 S:活塞从一个止点至另一个止点移动的距离(mm)。

（4）**曲柄半径** R

曲柄半径 R:曲轴旋转中心至曲轴连杆轴颈中心之间的距离(mm)。

$$R = \frac{S}{2}$$

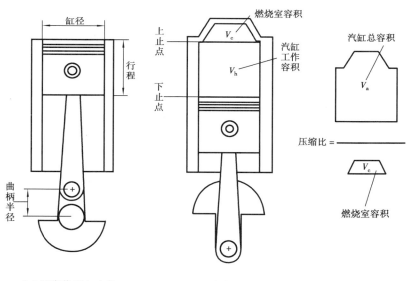

(a)活塞位于上止点　　　(b)活塞位于下止点　　　(c)压缩比计算公式

图 1.5　发动机常用基本术语

（5）**燃烧室容积** V_c

燃烧室容积 V_c:活塞位于上止点时,其顶部与汽缸盖之间的容积(L)。

（6）**汽缸工作容积** V_h

汽缸工作容积 V_h(亦称为汽缸排量):上下止点之间的汽缸容积(L)。

$$V_h = \frac{\pi D^2}{4 \times 10^6} \times S$$

式中:D——汽缸直径,mm;

$\quad\ \ S$——活塞行程,mm。

（7）**汽缸总容积** V_a

汽缸总容积 V_a：活塞位于下止点时，其顶部与汽缸盖之间的容积（L）。

$$V_a = V_c + V_h$$

（8）**发动机排量** V_L

发动机排量 V_L（亦称为发动机工作容积）：多缸发动机各汽缸工作容积（各汽缸排量）的总和（L）。

$$V_L = V_h \times i$$

式中：V_h——汽缸工作容积，L；

　　　i——汽缸数目。

（9）**压缩比** ε

压缩比 ε：汽缸总容积与燃烧室容积的比值。

$$\varepsilon = \frac{V_a}{V_c} = (V_c + V_h)/V_c = 1 + \frac{V_h}{V_c}$$

式中：V_a——汽缸总容积，L；

　　　V_h——汽缸工作容积，L；

　　　V_c——燃烧室容积，L。

压缩比是发动机一个非常重要的参数，它表示了气体被压缩的程度，是汽缸内气体压缩前的容积与压缩后的容积之比值。

通常，汽油机的压缩比为 6~10；柴油机的压缩比较高，一般为16~22。

自测题2

1. 发动机的工作过程是一个＿＿＿＿＿＿＿＿＿＿＿的过程。
2. 发动机的能量转换机构主要由＿＿＿＿、＿＿＿＿、＿＿＿＿和＿＿＿＿等机件组成。
3. 解释下列发动机的常用基本术语。
（1）上止点＿＿＿＿＿＿＿＿＿＿＿。
（2）下止点＿＿＿＿＿＿＿＿＿＿＿。
（3）活塞行程＿＿＿＿＿＿＿＿＿＿＿。
（4）曲柄半径＿＿＿＿＿＿＿＿＿＿＿。
（5）燃烧室容积＿＿＿＿＿＿＿＿＿＿＿。
（6）汽缸工作容积＿＿＿＿＿＿＿＿＿＿＿。
（7）汽缸总容积＿＿＿＿＿＿＿＿＿＿＿。
（8）发动机排量＿＿＿＿＿＿＿＿＿＿＿。
（9）压缩比＿＿＿＿＿＿＿＿＿＿＿。

◇══◇ 学习活动 2

（1）请在教师提供的发动机上指出发动机常用基本术语的位置或范围。

（2）请在教师提供的发动机或零部件上通过测量或计算（或参阅有关资料），确定其常用基本术语的数值，完成表 1.2。

表 1.2　发动机常用基本术语的数值记录表

汽车或发动机型号		
活塞行程 S/mm		
曲柄半径 R/mm		
燃烧室容积 V_c/L		
汽缸工作容积 V_h/L		
汽缸总容积 V_a/L		
发动机排量 V_L/L		
压缩比 ε		

1.1.4　发动机的工作原理

发动机完成能量转换必须经过进气、压缩、做功、排气四个过程，这四个过程称为发动机的一个工作循环。

发动机的工作循环不断地重复，实现了能量转换，使发动机能够连续运转。

● 四行程发动机：完成一个工作循环，曲轴转两圈（720°），活塞上下往复运动四次的发动机。

● 二行程发动机：完成一个工作循环，曲轴转一圈（360°），活塞上下往复运动两次的发动机。

现代车用发动机广泛采用四行程发动机。下面简单介绍四行程发动机的工作原理和工作过程。

（1）**进气行程**（**图 1.6（a）**）

● 活塞从上止点向下止点运动，进气门打开，排气门关闭。

● 新鲜气体通过进气门被吸入汽缸，直至活塞运动到下止点。

（2）**压缩行程**（**图 1.6（b）**）

● 活塞从下止点向上止点运动，进气门和排气门都关闭。

● 汽缸内的气体受到压缩，压力和温度不断升高，直至活塞运动到上止点。

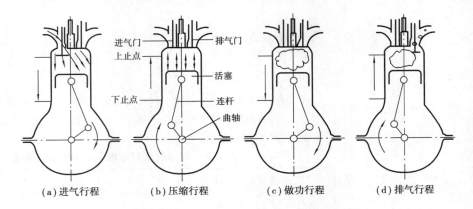

图 1.6　四行程发动机一个工作循环的四个行程

（3）**做功行程**（图 1.6(c)）

● 进气门和排气门仍然保持关闭。

● 当活塞位于压缩行程接近上止点位置时,可燃混合气开始燃烧,并放出大量的热,使汽缸内温度和压力急剧升高,推动活塞从上止点向下止点运动,通过连杆使曲轴旋转并输出机械能,除了维持发动机本身继续运转外,其余大部分能量用于对外做功。

● 随着活塞向下运动,汽缸容积增大,气体压力和温度降低,直至活塞运动到下止点。

（4）**排气行程**（图 1.6(d)）

● 当做功行程接近终了时,排气门开启,进气门仍然关闭。

● 先依靠废气的压力进行自由排气,活塞到达下止点后又向上止点运动,继续将废气强制排放到大气中去,直至活塞重新回到上止点。

● 曲轴继续旋转,活塞再次从上止点向下止点运动,开始了下一个新的工作循环。

● 在每一个工作循环中,活塞在上下止点之间往复运动四个行程,曲轴旋转两圈。

自测题3

1. 发动机完成能量转换必须经过 _____、_____、_____、_____ 四个过程,这四个过程称为发动机的 _____。

2. 四行程发动机是 _____ 的发动机。

3. 二行程发动机是 _____ 的发动机。

学习活动 3

（1）请对照教师提供的发动机口述四行程发动机一个工作循环的过程，并完成表 1.3。

表 1.3　四行程发动机一个工作循环的情况

项　　目	进气行程	压缩行程	做功行程	排气行程
活塞运	上→下 □	上→下 □	上→下 □	上→下 □
动情况	下→上 □	下→上 □	下→上 □	下→上 □
进气门	开 □	开 □	开 □	开 □
状态	闭 □	闭 □	闭 □	闭 □
排气门	开 □	开 □	开 □	开 □
状态	闭 □	闭 □	闭 □	闭 □
汽缸是	是 □	是 □	是 □	是 □
否密封	否 □	否 □	否 □	否 □
汽缸内	上升 □	上升 □	上升 □	上升 □
的压力	下降 □	下降 □	下降 □	下降 □
汽缸内	上升 □	上升 □	上升 □	上升 □
的温度	下降 □	下降 □	下降 □	下降 □

（2）请比较四行程发动机与二行程发动机的异同，完成表 1.4。

表 1.4　四行程发动机与二行程发动机异同的比较

项　　目		四行程发动机	二行程发动机
完成一个工作循环	经过的过程	进气 □　　压缩 □ 做功 □　　排气 □	进气 □　　压缩 □ 做功 □　　排气 □
	曲轴转动圈数/(°)	一圈/360°□ 两圈/720°□	一圈/360°□ 两圈/720°□
	活塞往复运动次数	两次 □ 四次 □	两次 □ 四次 □

1.2　发动机的总体构造及其基本组成与功用

1.2.1　发动机的总体构造

（1）汽油机的总体构造

汽油机属于点燃式内燃机，由两大机构和五大系统组成。

- 两大机构：曲柄连杆机构和配气机构。
- 五大系统：燃料供给系统、冷却系统、润滑系统、启动系统和点火系统。

（2）**柴油机的总体构造**

• 柴油机属于压燃式内燃机,由两大机构和四大系统组成。

• 柴油机与汽油机相比,少了点火系统。

1.2.2　发动机两大机构的组成和功用

（1）**曲柄连杆机构的组成和功用**

• 组成:机体组(图1.7(a))、活塞连杆组和曲轴飞轮组(图1.7(b)、(c))。

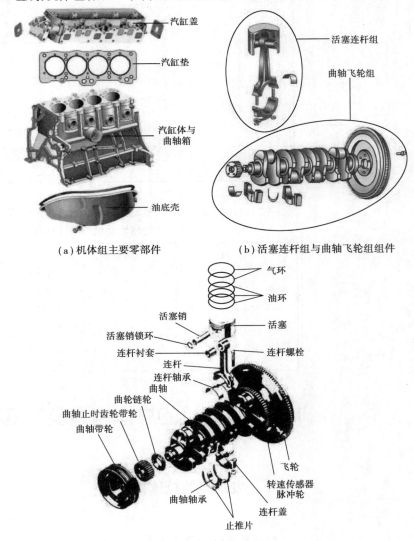

（a）机体组主要零部件　　　（b）活塞连杆组与曲轴飞轮组组件

（c）活塞连杆组与曲轴飞轮组主要零部件

图1.7　发动机曲柄连杆机构组成

• 功用:将燃料燃烧产生的热能转换为机械能,实现活塞往复运动与曲轴旋转运动的相互转换。

（2）**配气机构的组成和功用**

- 组成：气门组和气门传动组（图1.8）。
- 功用：使新鲜气体适时充入汽缸，并及时排出汽缸内的废气。

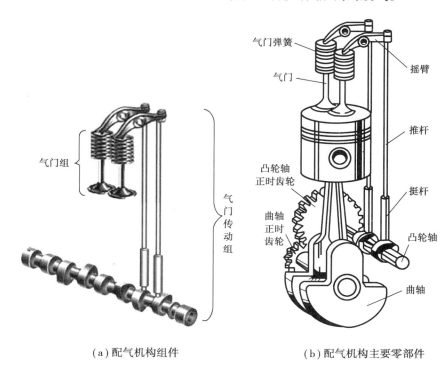

（a）配气机构组件   （b）配气机构主要零部件

图1.8　发动机配气机构组成

1.2.3　发动机各大系统的组成和功用

（1）**燃料供给系统的组成和功用**

- 组成：燃油供给装置、空气供给装置、混合气形成装置和新鲜气体供给与废气排出装置（图1.9）。
- 功用：根据发动机的需要供给燃油和空气，并将燃烧做功后的废气从汽缸排出。

（2）**润滑系统的组成和功用**

- 组成：润滑油供给装置、润滑油滤清装置和油压显示装置（图1.10）。
- 功用：润滑摩擦零件，减小机件的磨损，冷却摩擦零件和清洗摩擦零件的表面等。

（3）**冷却系统的组成和功用**

- 组成：冷却装置、冷却强度调节装置和水温显示装置（图1.11）。
- 功用：冷却受热机件，保持发动机正常的工作温度。

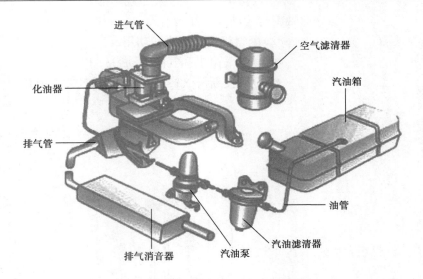

（a）汽油机燃料供给系统主要零部件

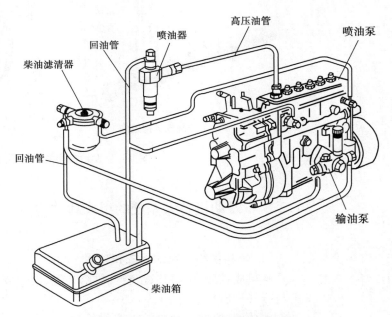

（b）柴油机燃油供给装置主要零部件

图 1.9 发动机燃料供给系统组成

（4）启动系统的组成和功用

● 组成：发动机及其附属装置（图 1.12）。

● 功用：使静止的发动机启动，并转入自行运转状态。

（5）汽油机点火系统的组成和功用

● 组成：电源装置、变压装置、分电装置和火花塞等（图 1.13）。

● 功用：适时产生电火花，点燃汽缸中被压缩的混合气体。

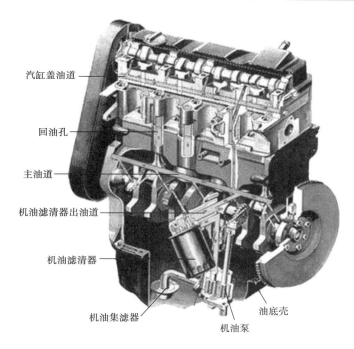

汽缸盖油道

回油孔

主油道

机油滤清器出油道

机油滤清器

机油集滤器

机油泵

油底壳

图 1.10 发动机润滑系统主要零部件(无油压显示装置)

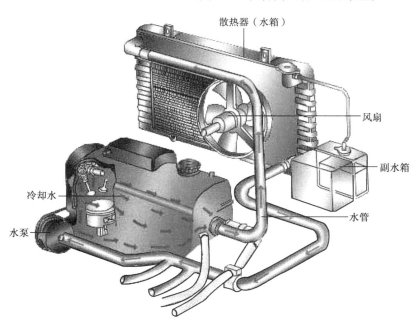

散热器（水箱）

风扇

副水箱

水管

冷却水

水泵

图 1.11 发动机水冷却系统主要零部件(无水温显示装置)

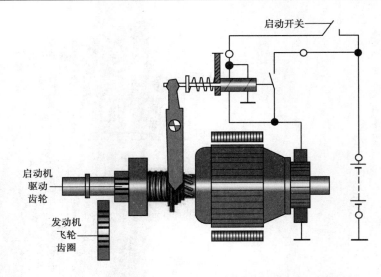

图 1.12　发动机启动系统(启动机)组成

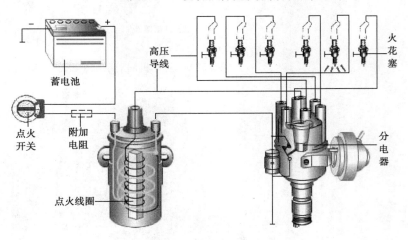

图 1.13　汽油机点火系统组成

自测题4

1. 汽油机由 ＿＿＿＿＿＿＿＿＿＿＿、＿＿＿＿＿＿＿＿＿＿ 两大机构和
＿＿＿＿＿＿＿＿、＿＿＿＿＿＿、＿＿＿＿＿＿、＿＿＿＿＿＿、
五大系统组成。

2. 柴油机由 ＿＿＿＿＿＿＿＿、＿＿＿＿＿＿ 两大机构和 ＿＿＿＿＿＿、
＿＿＿＿＿＿、＿＿＿＿＿＿ 四大系统组成。

3. 曲柄连杆机构由 ＿＿＿＿＿＿、＿＿＿＿＿＿ 和 ＿＿＿＿＿＿ 组成。

4. 曲柄连杆机构的功用：
（1）＿＿＿＿＿＿＿＿＿＿＿＿＿＿＿＿＿＿＿＿＿＿＿＿＿＿＿；
（2）＿＿＿＿＿＿＿＿＿＿＿＿＿＿＿＿＿＿＿＿＿＿＿＿＿＿＿。

5. 配气机构由 ＿＿＿＿＿＿ 和 ＿＿＿＿＿＿ 组成。

6. 配气机构的功用：＿＿＿＿＿＿＿＿＿＿＿＿＿＿＿＿＿＿＿＿。

7.燃料供给系统的组成：_____。

8.燃料供给系统的功用：_____。

9.润滑系统的组成：_____。

10.润滑系统的功用：_____。

11.冷却系统的组成：_____。

12.冷却系统的功用：_____。

13.启动系统的组成：_____。

14.启动系统的功用：_____。

15.汽油机点火系统的组成：_____。

16.汽油机点火系统的功用：_____。

学习活动4

请在教师提供的汽车或发动机上进行发动机的总体构造确认活动（现场识别活动），在汽车或发动机上指出各组成零部件的名称、位置和功用。

1.3 识读发动机的型号

1.3.1 发动机型号的意义

发动机型号由四部分组成,各部分所代表的意义见表1.5。

表1.5 发动机型号的意义

首　部	中　部				后　部		尾部
系列、换代与地方或企业代号	缸数符号	汽缸排列形式代号	行程代号	缸径符号	结构特征代号	用途特征代号	区分符号
CA：一汽 EQ：二汽 TJ：天津汽车厂	用数字表示	V：V形 P：多缸平卧式 无符号：直列及单缸卧式	E：二行程 无代号：四行程	用mm整数表示	F：风冷 Z：增压 无代号：水冷	Q：汽车用 T：拖拉机用 M：摩托车用 无符号：通用型	

1.3.2 发动机型号举例

常见国产发动机型号及其意义见表 1.6。

表 1.6 几种国产发动机型号及其意义

发动机型号	所代表的意义
汽油机	
1E65F	单缸、二行程、缸径 65 mm、风冷、通用型汽油机
4100Q-4	四缸、四行程、缸径 100 mm、水冷、车用、第四种变型汽油机
EQ6100-1	六缸、四行程、缸径 100 mm、水冷、通用型、第一种变型汽油机（EQ：二汽生产）
TJ376Q	三缸、四行程、缸径 76 mm、水冷、车用汽油机（TJ：天津汽车厂生产）
柴油机	
195	单缸、四行程、缸径 95 mm、水冷、通用型柴油机
495Q	四缸、四行程、缸径 95 mm、水冷、车用柴油机
12V135Z	十二缸、四行程、缸径 135 mm、水冷、通用、V 型、增压柴油机
X4105	四缸、四行程、缸径 105 mm、水冷、通用型柴油机（X：系列代号）

学习活动 5

（1）请完成下列表格的内容。

表 1.7 几种国产发动机型号的意义

发动机型号	所代表的意义
4100Q	＿＿缸、＿＿行程、缸径＿＿＿＿＿＿、＿＿冷、＿＿用
CA6102	＿＿缸、＿＿行程、缸径＿＿＿＿＿、＿＿冷、＿＿用、 CA：＿＿＿＿＿＿生产
8V100	＿＿缸、＿＿行程、缸径＿＿＿＿＿、＿＿冷、＿＿用、＿＿型
165F	＿＿缸、＿＿行程、缸径＿＿＿＿＿、＿＿冷、＿＿用
6135Q	＿＿缸、＿＿行程、缸径＿＿＿＿＿、＿＿冷、＿＿用
CA488	＿＿缸、＿＿行程、缸径＿＿＿＿＿、＿＿冷、＿＿用、 CA：＿＿＿＿＿＿生产

（2）请在发动机铭牌上记录发动机的型号，然后说明其意义。

①型号：＿＿＿＿＿意义：＿＿＿＿＿＿＿＿＿＿＿＿＿＿；

②型号：＿＿＿＿＿意义：＿＿＿＿＿＿＿＿＿＿＿＿＿＿；

③型号：＿＿＿＿＿意义：＿＿＿＿＿＿＿＿＿＿＿＿＿＿；

④型号：＿＿＿＿＿意义：＿＿＿＿＿＿＿＿＿＿＿＿＿＿。

单元鉴定单

单元1　发动机基本知识

班　级	学　号	姓　名	单元鉴定结果	
			合　格	
			不合格	

鉴定内容	鉴定结果	
	是	否
你是否完成1~4的自测题及1~5的学习活动,并得到教师的确认?		
你是否根据已有程序和预定标准,收集、分析和组织完成资料?		
你是否通过标准的精确性和有效性,正确地交流信息?		
你是否按计划有组织地完成了活动目标?		
你是否充分使用学习资源,达到了学习目标?		

操作技能完成水平:

　　上述所有项目都是肯定回答,则单元鉴定结果为合格。

　　如果不是,请咨询教师,直至合格为止。

　　你还可以要求附加有关活动,帮助你完成要求的操作技能。

　　完成上述内容后,请教师签字。

教师签字:＿＿＿＿＿＿＿＿

学生签字:＿＿＿＿＿＿＿＿

完成日期:＿＿＿＿＿＿＿＿

 单元评估表

单元 1　发动机基本知识　　　　　姓名＿＿＿＿＿＿＿＿　日期＿＿＿＿＿＿＿＿

评估内容	非常同意	同意	没有意见	不同意	非常不同意
①这一单元给我很好地提供了……的综述？					
②这一单元帮助我理解了……的理论？					
③我现在对尝试……感到了自信？					
④该单元的内容适合我的需求？					
⑤该单元中举办了各种活动？					
⑥该单元中不同部分融合得很好？					
⑦单元学习中教师待人友善，愿意帮忙？					
⑧单元学习让我做好了参加鉴定的准备？					
⑨该单元中所有的教学方法对我学习起到了帮助的作用？					
⑩该单元提供的信息量适当？					
⑪该单元鉴定是公平、适当的？					
你对改善本科目后面单元的教学建议：					

单元 **2**　　实施曲柄连杆机构维护

 学习目的

学完这一单元应具有以下能力：
- 正确识别曲柄连杆机构的各构件及其结构。
- 诊断与排除曲柄连杆机构的常见故障。
- 实施曲柄连杆机构的正确维护与检修。

 学习资源

- 多媒体教室,有关曲柄连杆机构组成、结构,常见故障诊断与排除,以及维护与检修方面的参考书及 VCD 等。
- 汽车实训中心、实训用各种型号的汽车或发动机及其零部件实物和模型等。
- 汽车维护与检修常用设备及工量具。

 职场安全

- 一般的安全知识:穿戴安全帽、劳保服、劳保鞋,车间实作安全规则,设备个人操作安全等。
- 主动查阅以下政府和企业的安全法律法规,并自觉遵守有关的安全法规:《国家劳动法》《国家安全生产法》《国家消防法》《汽车维修作业安全操作规程》《钳工作业安全操作规程》《焊接作业安全操作规程》《公民的权利和义务》等。

 学习信息与学习步骤

2.1 认识曲柄连杆机构各零部件

2.1.1 曲柄连杆机构的功用和组成

（1）**曲柄连杆机构的功用**

曲柄连杆机构是发动机产生并传递动力的机构,它将燃料燃烧后发出的热能转变为机械能。

（2）**曲柄连杆机构的组成**

曲柄连杆机构由机体组、活塞连杆组和曲轴飞轮组三部分组成(图2.1)。

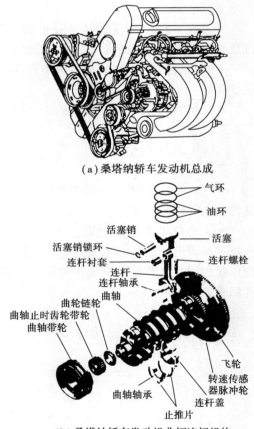

（a）桑塔纳轿车发动机总成

（b）桑塔纳轿车发动机曲柄连杆机构

图2.1 桑塔纳轿车发动机总成及曲柄连杆机构

1)机体组的组成和功用

● 组成:机体组主要由汽缸体与曲轴箱、汽缸盖、油底壳和汽缸垫等零件组成(图2.2)。

● 功用:机体组是构成发动机的骨架,是安装与固定发动机各机构、各系统的基础零件。

2)活塞连杆组的组成和功用

● 组成:活塞连杆组主要由活塞、活塞环、活塞销、连杆、连杆轴承等零件组成(图2.3)。

● 功用:活塞连杆组承受汽缸内燃气的压力,并将其传递给曲轴,使曲轴做旋转运动。

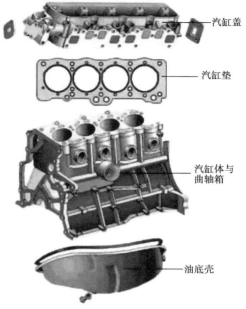

汽缸盖

汽缸垫

汽缸体与曲轴箱

油底壳

图2.2　发动机机体组组成

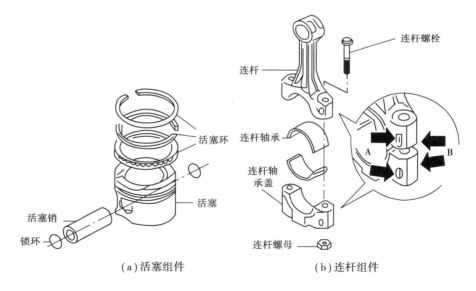

连杆螺栓

连杆

连杆轴承

连杆轴承盖

连杆螺母

A　B

(a)活塞组件

活塞环

活塞

活塞销

锁环

(b)连杆组件

图2.3　发动机活塞连杆组组成

3)曲轴飞轮组的组成和功用

● 组成:曲轴飞轮组主要由曲轴、飞轮、扭转减振器和一些附件组成(图2.4)。

● 功用:曲轴飞轮组承受连杆传递的动力,以旋转力矩传递给底盘的传动系统;同时,驱动配气机构和其他辅助装置。

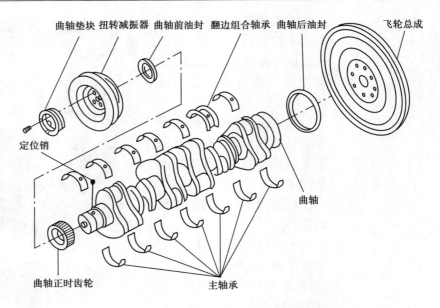

曲轴垫块　扭转减振器　曲轴前油封　翻边组合轴承　曲轴后油封　　飞轮总成

定位销

曲轴

曲轴正时齿轮　　　　　　　　　　主轴承

图 2.4　发动机曲轴飞轮组组成

自测题1

1. 曲柄连杆机构是＿＿＿＿＿＿＿＿＿＿＿＿＿＿＿的机构,它将＿＿＿＿＿＿＿＿＿＿转变为机械能。

2. 曲柄连杆机构由＿＿＿＿＿＿＿＿＿＿、＿＿＿＿＿＿＿＿和＿＿＿＿＿＿＿＿＿三部分组成。

3. 机体组是＿＿＿＿＿＿＿的骨架,是＿＿＿＿＿＿＿的基础零件。主要由＿＿＿＿、＿＿＿＿、＿＿＿＿和＿＿＿＿等零件组成。

4. 活塞连杆组承受＿＿＿＿＿＿＿,并＿＿＿＿＿＿＿＿＿＿。主要由＿＿＿＿、＿＿＿＿、＿＿＿＿、＿＿＿＿等零件组成。

5. 曲轴飞轮组承受＿＿＿＿＿＿＿＿＿＿＿＿＿＿＿＿＿;同时,＿＿＿＿＿＿＿＿＿＿＿＿＿＿＿＿。主要由＿＿＿＿、＿＿＿＿、＿＿＿＿和＿＿＿＿组成。

☞学习活动 1

　　请根据教师提供的汽车或发动机进行曲柄连杆机构零部件确认活动,在汽车或发动机上指出各零部件的名称、位置和功用。

2.1.2　机体组零件的类型与结构

（1）汽缸体与曲轴箱的类型与结构

1）汽缸体的类型与结构

● 汽缸体材料：汽缸体一般用灰铸铁、合金铸铁或铝合金铸成。

● 汽缸体类型：根据汽缸体与上曲轴箱的结合形式可分为整体式和分体式两种。

● 整体式汽缸体：汽缸体与上曲轴箱铸成一体，简称为汽缸体。汽缸内部铸有许多加强筋、冷却水套和润滑油道等结构（图2.5），多用于水冷发动机。

● 分体式汽缸体：汽缸体与上曲轴箱分开铸造，在汽缸体外面铸有散热片（图2.6），多用于风冷发动机。

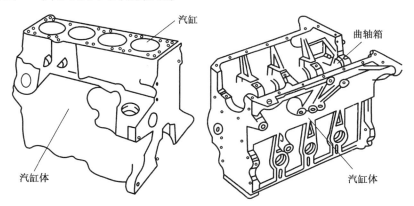

图2.5　整体式汽缸体

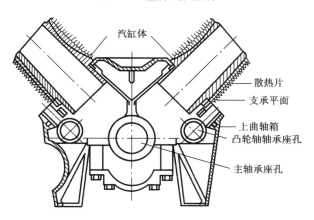

图2.6　分体式汽缸体

2）曲轴箱的类型与功用

曲轴箱分为：上曲轴箱和下曲轴箱。

- 上曲轴箱:用来安装曲轴,其内腔为曲轴运动的空间。
- 下曲轴箱(俗称油底壳):用来储存润滑油,并封闭上曲轴箱。

3)下曲轴箱的结构

- 下曲轴箱(油底壳)一般采用薄钢板冲压而成,如图2.7所示。

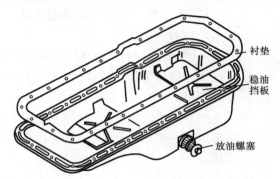

图2.7 油底壳

- 油底壳内部有稳油挡板,用于防止汽车颠簸时油面波动过大。油底壳底部装有放油螺塞,其上通常带有永久磁铁,用于吸附润滑油中的金属屑,减少发动机的磨损。

在上、下曲轴箱接合面之间装有衬垫,用于防止润滑油泄漏。

(2)**汽缸与汽缸套的类型与结构**

1)汽缸的类型与结构

- 汽缸:汽缸体上部的圆柱形空腔(图2.5)。

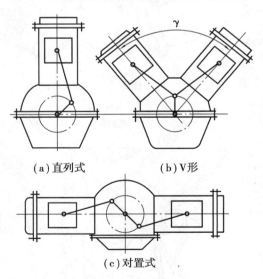

(a)直列式　　　(b)V形

(c)对置式

图2.8 汽缸的排列形式

- 汽缸的排列形式有:直列式、V形和对置式三种(图2.8)。
- 直列式:发动机的各个汽缸排成一列,一般垂直布置(图2.8(a))。多用于六缸及以下的发动机。
- V形:汽缸排成两列,左右两列汽缸中心线的夹角小于180°(图2.8(b))。一般用于8缸及以上的发动机(6缸的轿车发动机也有采用这种形式的)。
- 对置式:汽缸排成两列,左右两列汽缸在同一水平面上,即左右两列汽缸中心线的夹角等于180°(图2.8(c))。这种排列方式应用较少。

2)汽缸套的类型与结构

汽缸套是汽缸内嵌入的套筒。根据是否与冷却水接触,汽缸套分为干式和湿式两种形式(图2.9)。

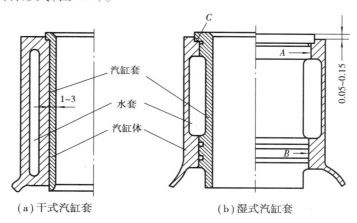

（a）干式汽缸套　　　　　　　　　（b）湿式汽缸套

图2.9　汽缸套的类型

● 湿式汽缸套:汽缸套装入汽缸体后,外壁直接与冷却水接触,仅在上下各有一圆环带与汽缸体接触(图2.9(a)),壁厚一般为5～9 mm,多用于柴油机。

● 干式汽缸套:汽缸套装入汽缸体后,外壁不直接与冷却水接触,而是与汽缸体的壁面接触(图2.9(b)),壁厚一般为1～3 mm,多用于汽油机。

（3）**汽缸盖和燃烧室的类型与结构**

1）汽缸盖的功用与结构

①汽缸盖的功用

汽缸盖安装在汽缸体的上面,从上部密封汽缸并构成燃烧室。

②汽缸盖的材料

汽缸盖一般采用灰铸铁、合金铸铁或铝合金铸成。

③汽缸盖的基本结构(图2.10)

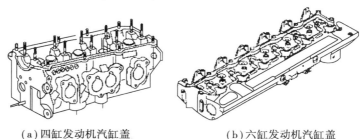

（a）四缸发动机汽缸盖　　　　　　（b）六缸发动机汽缸盖

图2.10　发动机汽缸盖

● 水冷发动机的汽缸盖内部制有冷却水套,其下端面的冷却水孔与缸体的冷却水孔相通,利用循环的冷却水进行冷却。

● 汽缸盖上装有进、排气门座,并有进、排气通道。

● 汽油机汽缸盖上加工有安装火花塞的孔,柴油机汽缸盖上加工有安装喷油器的孔。

● 顶置凸轮轴式发动机的汽缸盖上还加工有凸轮轴承孔等。

2）汽油机燃烧室的类型

● 常见的汽油机燃烧室有：楔形、盆形和半球形三种类型（图2.11）。

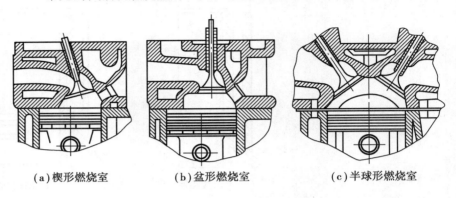

（a）楔形燃烧室 　　（b）盆形燃烧室 　　（c）半球形燃烧室

图2.11　汽油机燃烧室类型

● 图2.11（a）为楔形燃烧室，切诺基轿车发动机采用这种燃烧室。

● 图2.11（b）为盆形燃烧室，捷达、奥迪轿车发动机采用这种燃烧室。

● 图2.11（c）为半球形燃烧室，在轿车发动机上被广泛地应用。

3）柴油机燃烧室的类型

常见的柴油机燃烧室有：统一式（直接喷射式）和分隔式（间接喷射式）两大类。

● 统一式（直接喷射式）燃烧室：由凹形的活塞顶部形成，几乎全部容积都在活塞顶上。统一式燃烧室的常见类型有：ω形、球形和U形（图2.12）等。

● 分隔式（间接喷射式）燃烧室：由凹形活塞顶部的主燃烧室和汽缸盖内的副燃烧室共同形成，主、副燃烧室之间由一个或几个孔道相连通。

分隔式燃烧室的常见类型有：涡流室式和预燃室式（图2.13）等。

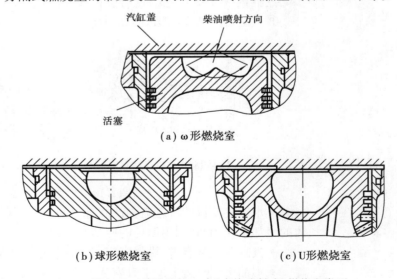

（a）ω形燃烧室

（b）球形燃烧室 　　　　（c）U形燃烧室

图2.12　柴油机统一式（直接喷射式）燃烧室类型

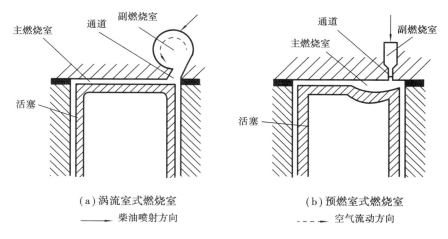

　　（a）涡流室式燃烧室　　　　　　　　　（b）预燃室式燃烧室
　　——— 柴油喷射方向　　　　　　　　　- - - 空气流动方向

图 2.13　柴油机分隔式（间接喷射式）燃烧室类型

（4）汽缸垫的功用与结构

1）汽缸垫的功用

保证汽缸盖与汽缸体接触面的密封，防止漏气、漏水和漏油。

2）汽缸垫的结构特点

目前应用较多的汽缸垫是：铜皮—石棉结构（图 2.14），其翻边处有三层铜皮，压紧时不易变形。

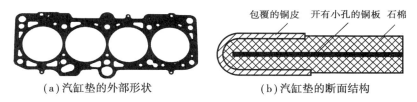

（a）汽缸垫的外部形状　　　　　　　（b）汽缸垫的断面结构

图 2.14　汽缸垫的结构形状

3）安装汽缸垫的步骤

● 检查汽缸垫的质量和完好程度。

● 汽缸垫上所有的孔要与汽缸体上的孔对齐。

● 注意汽缸垫的安装方向：

①缸体、缸盖均为铸铁，卷边应朝向缸盖。

②铸铁缸体、铝合金缸盖，卷边应朝向缸体。

③缸体、缸盖均为铝合金，卷边应朝向湿式缸套的凸沿。

自测题2

1. 根据汽缸体与上曲轴箱的结合形式，汽缸体可分为＿＿＿＿＿＿和＿＿＿＿＿＿两种。

2. 曲轴箱分为上曲轴箱和下曲轴箱。上曲轴箱用来＿＿＿＿＿＿，其内腔为＿＿＿＿＿的空间；下曲轴箱（俗称油底壳）用来＿＿＿＿＿，并封闭上曲轴箱。

3. 汽缸的排列形式有_____、_____和_____三种。

4. 根据是否与冷却水接触,汽缸套分为_____和_____两种形式。

5. 常见的汽油机燃烧室有_____、_____和_____三种类型。

6. 常见的柴油机燃烧室有_____(也称为_____)和_____(也称为_____)两大类。

7. 汽缸垫的安装方向要求:

(1)_____;

(2)_____;

(3)_____。

学习活动2

(1)请仔细观察教师提供的发动机曲柄连杆机构机体组零件的(类型)特点,完成表2.1。

表2.1 曲柄连杆机构机体组零件的(类型)特点记录表

汽车或发动机型号		
汽缸体类型	整体式 □ 分体式 □	整体式 □ 分体式 □
汽缸的排列形式	直列式 □ V形 □ 对置式 □	直列式 □ V形 □ 对置式 □
汽缸套形式	干式 □ 湿式 □	干式 □ 湿式 □
汽油机燃烧室类型	楔形 □ 盆形 □ 半球形 □	楔形 □ 盆形 □ 半球形 □
柴油机燃烧室类型	统一式 □ 分隔式 □	统一式 □ 分隔式 □
统一式类型	ω形□ 球形□ U形□	ω形□ 球形□ U形□
分隔式类型	涡流室式 □ 预燃室式 □	涡流室式 □ 预燃室式 □

(2)请在仔细观察的基础上,说明汽缸垫的翻边位置、正确的安装方向和原因。

汽缸垫翻边位置:_____; 汽缸垫翻边位置:_____;
安装方向:_____; 安装方向:_____;
原因:_____。 原因:_____。

(3)请根据教师提供的发动机曲柄连杆机构机体组零件进行零部件确认活动,指出各零部件的名称和功用。

2.1.3　活塞连杆组零件的类型与结构

（1）**活塞的功用与结构**

1）活塞的功用

● 活塞承受气体压力,并通过活塞销传递给连杆驱动曲轴旋转,活塞顶部还是燃烧室的组成部分。

2）活塞的材料

● 活塞一般都采用高强度铝合金铸造。一些低速柴油机采用高级铸铁或耐热钢。

3）活塞的结构

● 活塞分为顶部、头部和裙部三部分(图2.15)。

①活塞顶部

活塞顶部形状可分为平顶、凹顶和凸顶(图2.16)。

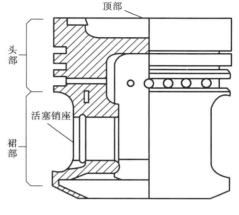

图 2.15　活塞的结构

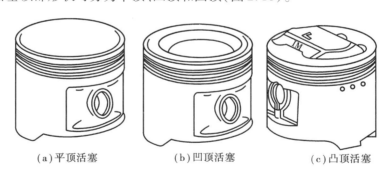

（a）平顶活塞　　　　（b）凹顶活塞　　　　（c）凸顶活塞

图 2.16　活塞顶部形状

②活塞头部

● 活塞头部有数道环槽,用以安装活塞环,起密封和传热作用,故又称为防漏部。

● 上部是气环槽,下部是油环槽。

● 油环槽底部钻有许多径向小孔,以便从汽缸壁上刮下的机油流回油底壳。

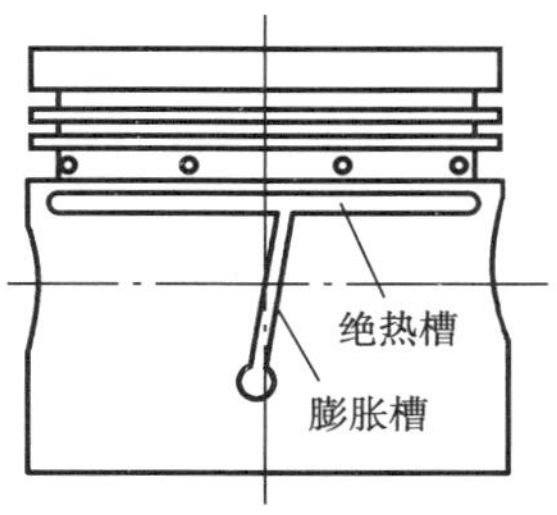

③活塞裙部

● 活塞裙部的功用:给活塞往复运动作导向,并承受侧向压力。

● 汽油机的活塞裙部通常开有"T"形或"Ⅱ"形槽(图2.17)。

绝热槽

膨胀槽

图 2.17　活塞裙部开槽

● 横槽称为绝热槽,用来减小头部热量向裙部传递;竖槽称为膨胀槽,使裙部具有一定的弹性,用于补偿活塞的热膨胀。

● 柴油机活塞受力大,一般不开槽。

(2)活塞环的类型与结构

活塞环是具有弹性的开口环,有气环和油环之分(图2.18)。

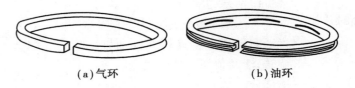

(a)气环　　　　　　(b)油环

图2.18　活塞环的类型

1)活塞环的功用(图2.19)

● 气环的功用:保证汽缸与活塞间的密封,防止漏气,并且将活塞顶部吸收的大部分热量传给汽缸壁,由冷却水将热量带走。

● 油环的功用:布油和刮油。此外,还有封气的辅助功用。

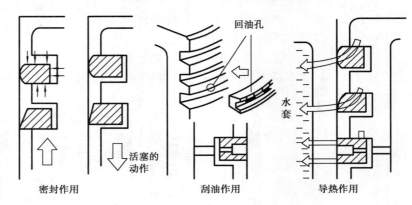

图2.19　活塞环的功用

2)气环的材料

目前广泛采用的气环材料是合金铸铁,第一道环镀铬,其余环一般镀锡或磷化。

3)气环的断面形状

最常用的气环断面有矩形环、锥面环、扭曲环等(图2.20)。

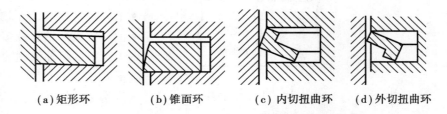

(a)矩形环　　　(b)锥面环　　　(c)内切扭曲环　　　(d)外切扭曲环

图2.20　气环的断面形状

①矩形环

• 矩形环断面为矩形(图 2.20(a)),具有泵油作用。

• 矩形环的泵油作用:活塞往复运动时,矩形环将汽缸壁上的机油不断送入汽缸中的现象(图 2.21)。

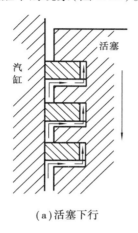
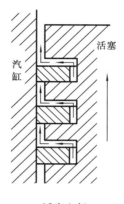

(a)活塞下行　　　　　　　　(b)活塞上行

图 2.21　矩形环的泵油作用

• 为了消除或减少有害的泵油作用,除了在气环的下面装有油环外,还广泛采用了非矩形断面的活塞环(图 2.22)。

②锥面环

锥面环断面呈锥形(图 2.20(b)),可以减小环与汽缸壁的接触面,提高表面接触压力,有利于磨合和密封。

③扭曲环

扭曲环可以减轻"泵油"的副作用。它有两种形式:内切环和外切环。

• 内切环:在矩形环的内圆切槽或倒角后形成的扭曲环(图 2.20(c))。

• 外切环:在矩形环的外圆切槽或倒角后形成的扭曲环(图 2.20(d))。

目前,扭曲环被广泛地应用于第二道活塞环上。

(a)矩形环受力情况

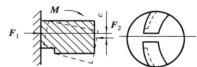

(b)外切口扭曲环扭转力偶

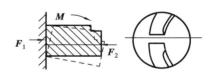

(c)内切口扭曲环扭转力偶

图 2.22　扭曲环的作用原理

4)气环的三隙

气环的三隙:气环的端隙、侧隙和背隙(图 2.23)。

• 端隙 Δ_1(俗称为开口间隙):活塞环装入汽缸后开口两端之间的间隙。

• 侧隙(俗称为边隙):活塞环装入汽缸后高度方向与环槽之间的间隙。

● 背隙:活塞及活塞环装入汽缸后,活塞环背面与活塞环槽底部之间的间隙。

5)油环的结构形式

油环有整体式和组合式两种(图2.24)。

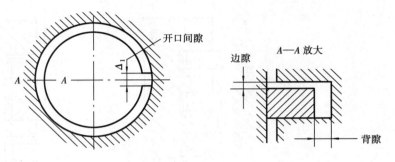

图2.23 气环的三隙

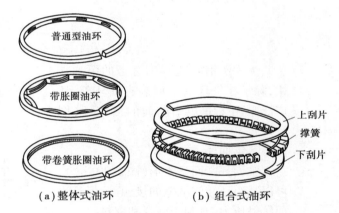

(a)整体式油环   (b)组合式油环

图2.24 油环的结构形式

● 整体式油环:环的外圆柱面中间加工有凹槽,槽中钻有小孔或开有槽(图2.24(a))。

● 组合式油环:由二至三片刮油钢片与中间的衬环组成(图2.24(b)),刮油钢片经镀铬制成,衬环的周边比汽缸内径略大,可将刮油钢片紧紧压向汽缸壁,接触压力高,对汽缸壁适应性好,而且回油通路大,质量小,使用效果比整体式油环好。

(3)**活塞销的类型与结构**

1)活塞销的功用

连接活塞和连杆小头,并将活塞承受的气体压力传递给连杆。

2)活塞销的材料、表面处理及结构形状

● 活塞销采用低碳钢或低碳合金钢制成。

● 活塞销外表面经渗碳处理,以提高硬度,经精加工后再进行磨光。

● 活塞销一般都做成空心圆筒体,有时也按强度要求加工成变截面管状结构(图2.25(a))。

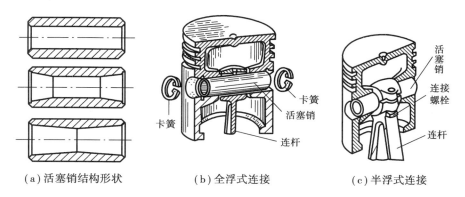

（a）活塞销结构形状　　　（b）全浮式连接　　　（c）半浮式连接

图 2.25　活塞销的结构形状及其连接方式

3）活塞销的连接方式

活塞销的连接：全浮式和半浮式。

● 全浮式活塞销：常温下，活塞销与销座孔为过渡配合；发动机工作时，活塞销与连杆小头衬套和活塞销座孔都能相对运动，使其磨损均匀（图 2.25（b））。

● 半浮式活塞销：活塞销与连杆小头采用螺栓连接。活塞销只能在两端销座孔内自由摆动，与连杆小头没有相对运动（图 2.25（c））。这种连接方式在轿车上应用较多。

（4）连杆的功用与结构

1）连杆的功用

● 连接活塞与曲轴。

● 将活塞承受的气体压力传递给曲轴。

● 将活塞的往复运动转变为曲轴的旋转运动。

2）连杆的材料

连杆一般采用中碳钢或合金钢经模锻或辊锻后，再经机加工和热处理而成。

3）连杆的结构

连杆分为连杆小头、连杆杆身和连杆大头（包括连杆盖）三个部分（图 2.26）。

①连杆小头

连杆小头用于与活塞销相连。

②连杆杆身

● 连杆杆身通常做成"工"字形断面，大圆弧过渡。

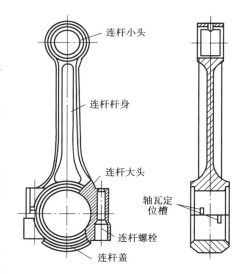

图 2.26　平切口连杆及其定位

● 采用压力润滑的连杆,杆身内部制有连通大、小头的油道。

③连杆大头

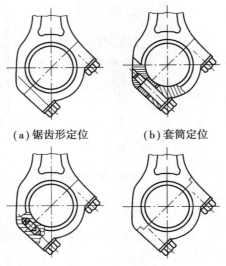

(a)锯齿形定位　　(b)套筒定位

(c)定位销定位　　(d)止口定位

图 2.27　斜切口连杆及其定位

● 连杆大头用于与曲轴的连杆轴颈相连。多采用分开式,包括平切口和斜切口。

● 平切口:切分面与杆身轴线垂直(图 2.26)。多用于汽油机。

● 斜切口:切分面与杆身轴线成 30°～60°(多为 45°)夹角(图 2.27)。多用于柴油机(一般柴油机连杆大头的横向尺寸大于汽缸直径,斜切口能使连杆大头顺利通过汽缸,方便拆装)。

④连杆盖

● 连杆盖是连杆大头切分后可以取下的部分。

● 安装时,应注意结构上的定位措施。其定位方式主要有锯齿形定位、套筒定位、定位销定位、止口定位(图 2.27)等。

⑤连杆轴瓦

● 连杆轴瓦:连杆大头孔内的瓦片式滑动轴承(图 2.28)。用来减小摩擦和磨损。

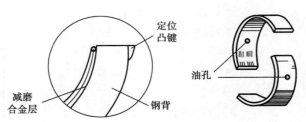

图 2.28　连杆轴瓦

● 轴瓦分上下两个半片,目前多采用在其内表面浇铸有减磨合金层的薄壁钢背轴瓦。

● 连杆轴瓦上制有定位凸键,供安装时嵌入连杆大头和连杆盖的定位槽中,防止轴瓦前后移动或转动。

● 有的轴瓦制有油孔,安装时应与连杆上相应的油孔对齐。

自测题3

1. 活塞可分为_____、_____和_____三部分。

2. 活塞顶部形状可分为_____、_____和_____。

3. 活塞头部有_____,用以_____,起_____作用,故又称为_____。

4.活塞裙部的功用是 _____。

5.活塞环是具有弹性的开口环,有气环和油环之分。气环的功用是

_____

_____。

　油环的功用是 _____。

6.气环的三隙是指气环的 _____ 、_____ 和 _____。

7.油环的结构形式有 _____ 和 _____ 两种。

8.活塞销的功用连接活塞和连杆小头,并把活塞承受的气体压力传

递给连杆。其连接方式有 _____ 和 _____ 两种。

9.连杆轴瓦是连杆大头孔内的瓦片式滑动轴承,用来 _____。

学习活动 3

（1）请仔细观察教师提供的发动机曲柄连杆机构活塞连杆组零件的（类型）特点,完成表2.2。

表 2.2   曲柄连杆机构活塞连杆组零件的（类型）特点记录表

汽车或发动机型号			
活塞	顶部形状	平顶 □　凹顶 □　凸顶 □	平顶 □　凹顶 □　凸顶 □
	头部环槽数	3 □　4 □ 5 □　6 □	3 □　4 □ 5 □　6 □
	裙部开槽形式	T 形槽 □　Ⅱ形槽 □　无槽 □	T 形槽 □　Ⅱ形槽 □　无槽 □
活塞环	气环数目	2 □　3 □　4 □	2 □　3 □　4 □
	气环断面	矩形环 □　锥面环 □ 扭曲环 □　其他环 □	矩形环 □　锥面环 □ 扭曲环 □　其他环 □
	油环数目	1 □　2 □　3 □	1 □　2 □　3 □
	油环形式	整体式 □　组合式 □	整体式 □　组合式 □
活塞销	内孔形状	圆柱形 □　变截面 □	圆柱形 □　变截面 □
	连接方式	全浮式 □ 半浮式 □	全浮式 □ 半浮式 □
连杆	大头切口形式	平切口 □　斜切口 □	平切口 □　斜切口 □
	切口定位方式	锯齿形定位 □　套筒定位 □ 定位销定位 □　止口定位 □	锯齿形定位 □　套筒定位 □ 定位销定位 □　止口定位 □

（2）请根据教师提供的发动机曲柄连杆机构活塞连杆组零件进行零部件确认活动,指出各零部件的名称和功用。

2.1.4　曲轴飞轮组零件的类型与结构

（1）曲轴的功用与结构

1）曲轴的功用

● 与连杆配合将作用在活塞上的气体压力变为旋转的动力,传递给底盘的传动系统。

● 同时还驱动配气机构和其他辅助装置,如风扇、水泵、发电机等。

2）曲轴的材料

曲轴一般用中碳钢或中碳合金钢模锻而成。

3）曲轴的结构

曲轴主要由主轴颈、连杆轴颈、曲柄、平衡块、前端和后端等组成（图2.29）。

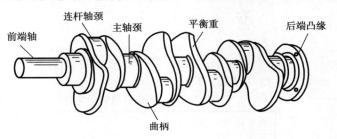

图2.29　曲轴（全支承）的结构

① 主轴颈

● 主轴颈:曲轴的支承部分。一般有全支承和非全支承两种形式。

● 全支承曲轴:主轴颈的数目比连杆轴颈数目多一个,即每一个连杆轴颈两边都有一个主轴颈（图2.29）。柴油机和大部分汽油机采用这种支承形式。

● 非全支承曲轴:主轴颈的数目比连杆轴颈数目少或与连杆轴颈数目相等（图2.30）。有些承受载荷较小的汽油机采用这种支承形式。

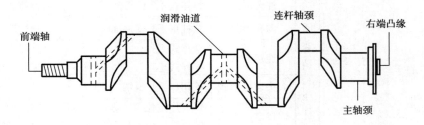

图2.30　非全支承曲轴

② 连杆轴颈

● 连杆轴颈:曲轴与连杆的连接部分（图2.29、图2.30）。

● 直列发动机的连杆轴颈数目和汽缸数目相等。

- V形发动机的连杆轴颈数目等于汽缸数的一半。

③曲柄

- 曲柄:主轴颈和连杆轴颈连接的部分。
- 为了平衡惯性力,曲柄处铸有(或紧固有)平衡重(块)(图2.29)。

④曲轴前端

- 曲轴前端装有正时齿轮、驱动风扇和水泵的皮带轮以及启动爪等(图2.4)。
- 有的还装有甩油盘,齿轮室盖上装有油封,以防止机油沿轴颈外漏。

⑤曲轴后端

曲轴后端:用来安装飞轮(图2.4)。

4)曲轴的形状和曲拐的布置

曲轴的形状和曲拐的布置(即曲拐的相对位置)与汽缸数、汽缸的排列形式和发动机的工作顺序有关。

①有关定义

- 曲拐:一个连杆轴颈与它两边的曲柄和主轴颈的合称。直列发动机曲轴的曲拐数目等于汽缸数;V形发动机曲轴的曲拐数目等于汽缸数的一半。
- 做功间隔角:多缸发动机各汽缸做功间隔时间内的曲轴转角。做功间隔角是均匀的,四行程发动机的做功间隔角为:$720°/i$,(i 为汽缸数)。

②曲轴的形状和曲拐的布置

- 直列四缸发动机的曲拐布置(图2.31):四个曲拐布置在同一平面内,1、4 缸在一侧,2、3 缸在另一侧,互相错开 180°。

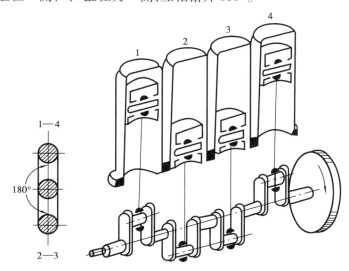

图2.31　直列四缸发动机的曲拐布置

- 直列四缸发动机的做功间隔角和做功顺序:直列四缸发动机的做功间隔角为 180°。做功顺序有两种可能:1—3—4—2 或 1—2—4—3。
- 表2.3表示了做功顺序为 1—3—4—2 的直列四缸发动机工作循环。

表 2.3　做功顺序为 1—3—4—2 的直列四缸发动机工作循环表

曲轴转角/(°)	第1缸	第2缸	第3缸	第4缸
0～180	做功	排气	压缩	进气
180～360	排气	进气	做功	压缩
360～540	进气	压缩	排气	做功
540～720	压缩	做功	进气	排气

● 直列六缸发动机的曲拐布置(图 2.32):六个曲拐均匀布置在三个平面内,互相错开 120°。曲拐的具体布置方案有两种,应用最多的是第一种方案(图 2.32(a)),第二种方案(图 2.32(b))应用较少。

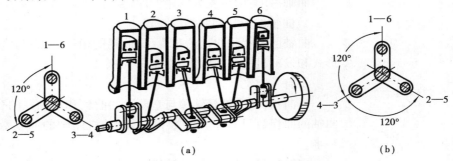

图 2.32　直列六缸发动机的曲拐布置

● 直列六缸发动机的做功间隔角和做功顺序:直列六缸发动机的做功间隔角为 120°。其做功顺序有 1—5—3—6—2—4(图 2.32(a))或 1—4—2—6—3—5(图 2.32(b))两种可能。

● 表 2.4 表示了做功顺序为 1—5—3—6—2—4 的直列六缸发动机工作循环。

表 2.4　做功顺序为 1—5—3—6—2—4 的直列六缸发动机工作循环表

曲轴转角/(°)		第1缸	第2缸	第3缸	第4缸	第5缸	第6缸
	0～60			进气	做功	压缩	
0～180	60～120	做功	排气				进气
	120～180			压缩	排气		
	180～240		进气			做功	
180～360	240～300	排气					压缩
	300～360			做功	进气		
	360～420		压缩			排气	
360～540	420～480	进气					做功
	480～540			排气	压缩		
	540～600		做功			进气	
540～720	600～660	压缩		进气	做功		排气
	660～720		排气			压缩	

（2）**飞轮与扭转减振器**

1）飞轮的功用与结构

● 飞轮的主要功用:储存做功行程的能量,以便克服进气、压缩和排气行程的阻力和其他阻力,使曲轴能均匀地旋转。

● 飞轮的外缘压入齿圈,以便与启动电机的驱动齿轮啮合,供启动发动机用。

● 飞轮与曲轴在制造时一起进行过动平衡实验,为了不破坏它们之间的平衡关系,通常用定位销或不对称布置的螺栓来定位(图2.33)。

● 飞轮轮缘上做有记号(刻线或销孔),供查找压缩上止点用(图2.34)。

2）曲轴的扭转振动与扭转减振器

● 曲轴的扭转振动:曲轴各曲拐的转动相对于飞轮忽快忽慢的现象。当振动强烈时,会扭断曲轴。

● 扭转减振器的功用:吸收曲轴扭转振动的能量,消减扭转振动,避免发生强烈的共振及其引起的严重后果。

● 曲轴刚度小、旋转质量大、缸数多及转速高的发动机,一般都装有扭转减振器。

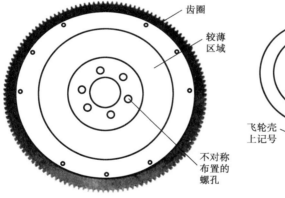

图2.33　飞轮的结构

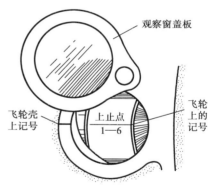

图2.34　发动机1、6缸上止点记号

自测题4

1. 曲轴主要由 _____ 、_____ 、_____ 、_____ 、_____ 和 _____ 等组成。

2. 曲拐是_____的合称。

3. 做功间隔角是_____。

4. 飞轮的主要功用是_____

_____。

——学习活动 4

(1)请仔细观察教师提供的发动机曲柄连杆机构曲轴飞轮组零件的(类型)特点,完成表2.5。

表2.5　曲柄连杆机构曲轴飞轮组零件的(类型)特点记录表

汽车或发动机型号		
曲轴连杆轴颈数目	2 □ 3 □ 4 □ 5 □ 6 □ 8 □	2 □ 3 □ 4 □ 5 □ 6 □ 8 □
曲轴主轴颈数目	2 □ 3 □ 4 □ 5 □ 6 □ 7 □ 8 □	2 □ 3 □ 4 □ 5 □ 6 □ 7 □ 8 □
曲轴的支承形式	全支承 □　非全支承 □	全支承 □　非全支承 □
飞轮与曲轴的定位	定位销 □　不对称布置螺孔 □	定位销 □　不对称布置螺孔 □

(2)请根据教师提供的汽车或发动机或曲轴,确定发动机的做功顺序。

(提示:汽车或发动机不解体时的方法:移去气门挺杆的盖子,用粉笔写上所有进气门或排气门,按正确的回转方向转动发动机,进气门或排气门打开的顺序即为发动机的做功顺序)。

汽车/发动机型号:_____,做功顺序_____;

汽车/发动机型号:_____,做功顺序_____;

汽车/发动机型号:_____,做功顺序_____;

汽车/发动机型号:_____,做功顺序_____。

(3)请完成做功顺序为1—2—4—3的直列四缸发动机和做功顺序为1—4—2—6—3—5的直列六缸发动机的工作循环表2.6、表2.7。

表2.6　做功顺序为1—2—4—3的直列四缸发动机工作循环表

曲轴转角/(°)	第1缸	第2缸	第3缸	第4缸
0～180	做功			
180～360				
360～540				
540～720				

表 2.7　做功顺序为 1—4—2—6—3—5 的直列六缸发动机工作循环表

曲轴转角/(°)		第 1 缸	第 2 缸	第 3 缸	第 4 缸	第 5 缸	第 6 缸
0 ~ 180	0 ~ 60	做功					
	60 ~ 120						
	120 ~ 180						
180 ~ 360	180 ~ 240						
	240 ~ 300						
	300 ~ 360						
360 ~ 540	360 ~ 420						
	420 ~ 480						
	480 ~ 540						
540 ~ 720	540 ~ 600						
	600 ~ 660						
	660 ~ 720						

（4）请根据教师提供的发动机曲柄连杆机构曲轴飞轮组零件进行零部件确认活动,指出各零部件的名称和功用。

2.2　维护曲柄连杆机构

2.2.1　查找与排除曲柄连杆机构常见故障

● 汽车发动机的故障可分为机械故障(曲柄连杆机构与配气机构)、油路故障(燃料供给系)和电路故障(点火系)三类。

● 机械故障大多数是以异响(不正常响声)的形式表现出来的。

● 曲柄连杆机构的常见异响主要有主轴承响、连杆轴承响、活塞敲缸响、活塞销响、活塞环响等。

● 发动机常见异响的所在区域如图 2.35 所示。

● 发动机常见异响的原因及排除方法见表 2.8。

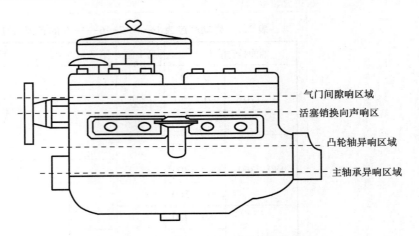

气门间隙响区域

活塞销换向声响区

凸轮轴异响区域

主轴承异响区域

图 2.35　发动机(下置凸轮轴配气机构)常见异响所在区域

表 2.8　曲柄连杆机构异响的常见原因及排除方法

常见原因	排除方法
①主轴承响	
主轴承盖螺栓松动	紧固或更换螺栓
飞轮紧固螺栓松动	紧固或更换螺栓
主轴承间隙过大	更换主轴承
主轴承合金层脱落	更换主轴承
曲轴弯曲变形	校正或更换曲轴
②连杆轴承响	
连杆轴承润滑不良	检查、排除润滑系故障
连杆螺栓松动或折断	紧固或更换连杆螺栓
连杆轴承磨损过甚	更换连杆轴承
轴承合金层烧毁或脱落	更换连杆轴承
连杆轴颈磨损过甚或失圆	磨削连杆轴颈或更换曲轴并更换连杆轴承
③活塞敲缸响	
活塞与汽缸壁间隙过小	检查更换活塞及活塞环
活塞裙部锥度过大	检查更换活塞
活塞与汽缸壁间隙过大	检查选配活塞或镗缸
连杆变形	检查、校正连杆
④活塞销响	
活塞销润滑不良	检查、排除润滑系故障
活塞销锁环脱落	更换锁环并检查维护汽缸
活塞销与座孔配合松旷	检查、更换活塞销及活塞

续表

常见原因	排除方法
活塞销与衬套配合松旷	检查、更换活塞销及衬套
活塞销折断	更换活塞销
⑤活塞环响	
活塞环折断	更换活塞环
活塞环和环槽磨损	更换活塞和活塞环
活塞环与缸壁凸肩相碰	镗缸或更换汽缸套
活塞环端口相对	调整各环的端口
活塞环端间隙过大	更换活塞环
活塞环弹性过弱或缸壁有沟槽	更换活塞环、镗缸或更换汽缸套
活塞环粘在环槽上	检查、更换活塞及活塞环

2.2.2　清洗发动机油道的方法和步骤

 实作活动1

请在教师的指导下,按照下述方法和步骤,进行发动机油道的清洗活动。

- 启动发动机,运转到正常工作温度。
- 在发动机油底壳放油螺塞下面放一只盛油桶,拧下放油螺塞,放出机油(趁热放油,易放干净)。
- 机油放净后,拧上放油螺塞。
- 拆下机油粗、细滤清器,并用盖板将油道口密封好。
- 从机油加注口向发动机内加注相当于发动机润滑油标准容量的60%~80%清洗油(或经过滤清的优质轻柴油)。
- 启动发动机,用怠速运转2~3 min(或者拆下全部火花塞或喷油器,用手摇柄摇转曲轴3~5 min)。
- 拧下放油螺塞,放净清洗油,然后再拧上放油螺塞。

 警告

◆ 运转的时间和速度必须严格控制,以免损伤发动机。

注意

■ 清洗油经过沉淀滤清后下次可以再用。

 学习活动 5

请在清洗发动机油道实作活动后完成以下内容：

车型或发动机型号：＿＿＿＿＿＿＿＿＿＿＿＿＿＿＿＿＿

使用的工量具及设备：＿＿＿＿＿＿＿＿＿＿＿＿＿＿＿＿

＿＿＿＿＿＿＿＿＿＿＿＿＿＿＿＿＿＿＿＿＿＿＿＿＿＿＿

安全及其他注意事项：＿＿＿＿＿＿＿＿＿＿＿＿＿＿＿＿＿

＿＿＿＿＿＿＿＿＿＿＿＿＿＿＿＿＿＿＿＿＿＿＿＿＿＿＿

主要步骤：＿＿＿＿＿＿＿＿＿＿＿＿＿＿＿＿＿＿＿＿＿＿＿

＿＿＿＿＿＿＿＿＿＿＿＿＿＿＿＿＿＿＿＿＿＿＿＿＿＿＿

＿＿＿＿＿＿＿＿＿＿＿＿＿＿＿＿＿＿＿＿＿＿＿＿＿＿＿

＿＿＿＿＿＿＿＿＿＿＿＿＿＿＿＿＿＿＿＿＿＿＿＿＿＿＿

＿＿＿＿＿＿＿＿＿＿＿＿＿＿＿＿＿＿＿＿＿＿＿＿＿＿＿

2.2.3 拆装汽缸盖与清除积炭的方法和步骤

实作活动 2

请在教师的指导下,按照下述方法和步骤,进行汽缸盖拆装与积炭的清除活动。

（1）拆卸汽缸盖的方法和步骤

• 拆除与汽缸盖有关的附件。例如:进、排气歧管,汽缸盖罩和出水管等。

• 拆除全部火花塞或喷油器。

• 拆除汽缸盖螺栓。旋松汽缸盖螺栓时,应从四周开始,前后、左右交替向中央靠拢,分 2~3 次逐渐旋松(图 2.36)。

• 取下汽缸盖。若汽缸盖卡紧,可用木锤轻击汽缸盖四周,使其松动。

• 取下汽缸垫。

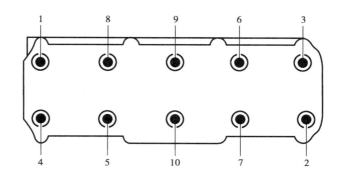

图 2.36　旋松汽缸盖螺栓的顺序

 警告

◆ 不准用螺丝刀或撬棒插入缝口硬撬,以免损伤汽缸垫和缸体、缸盖平面。

（2）**清除积炭的方法和步骤**

● 用煤油浸泡,使积炭软化。

● 用木质刮刀将积炭刮除。

● 清除完毕后,再用轻柴油或汽油清洗干净。

● 清除汽缸表面和活塞顶部积炭时,可将活塞处于上止点位置,在活塞与缸壁缝隙四周涂抹一层润滑脂,以防止积炭掉入缝隙,然后进行刮除。

● 刮完后,将积炭和润滑脂一并去除并清洗。

（3）**安装汽缸盖的方法和步骤**

● 全面清洁汽缸盖下平面和汽缸体上平面及汽缸垫。

● 在汽缸垫两面涂上一层薄机油或石墨脂,装于汽缸体上。

● 装上汽缸盖。

● 将缸盖螺栓的螺纹部位蘸少量的机油,旋入螺栓孔。

● 拧紧汽缸盖螺母（螺栓）时,应按规定从中央开始,前后、左右交替向四周分散的先后次序,按规定的力矩分 2 ~ 3 次逐渐拧紧（图 2.37）。

 注意

■ 汽缸垫的安装方向应正确。

■ 汽缸垫上的螺栓孔、水孔、油孔等应与汽缸体（盖）上的相应孔道完全对齐,不得有 1.5 mm 以上的偏移。

■ 铸铁缸盖需在发动机运转到正常温度后按规定力矩再复紧一次;铝合金缸盖冷态拧紧后即可,不必复紧。

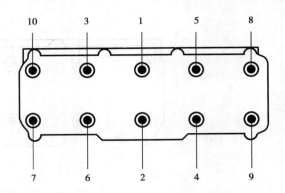

图 2.37 拧紧汽缸盖螺栓的顺序

学习活动 6

请在拆装汽缸盖与清除积炭实作活动后完成以下内容：

车型或发动机型号：_____

使用的工量具及设备：_____

_____

安全及其他注意事项：_____

_____

主要步骤：_____

_____

_____

_____

_____

2.2.4 拆卸与清洗油底壳的方法和步骤

实作活动 3

请在教师的指导下,按照下述方法和步骤,进行油底壳的拆卸与清洗活动。

- 拆下油底壳固定螺栓。
- 取下油底壳,不要损坏油底壳密封垫。
- 先用清洗液清洗油底壳,然后再用汽(柴)油清洗一遍。
- 检查放油螺塞,放油螺塞上的磁铁应完好。

注意

■ 拆卸油底壳螺栓应从后往前,拆下的油底壳应放在托架上。
■ 清洗应干净,无胶质、结胶和油污。

学习活动 7

请在拆卸与清洗油底壳实作活动后完成以下内容:
车型或发动机型号:_____
使用的工量具及设备:_____
_____
安全及其他注意事项:_____
_____
主要步骤:_____
_____
_____
_____
_____

2.2.5　拆装活塞连杆组的方法和步骤

实作活动 4

请在教师的指导下,按照下述方法和步骤,进行活塞连杆组的拆装活动。

(1)拆卸活塞连杆组的方法和步骤

● 发动机(已拆下汽缸盖和油底壳)侧置于工作台上。

● 将曲轴转至某缸活塞下止点位置。

● 拆除连杆螺母锁止装置(如果有锁止装置),用扭力扳手分次交替拧松连杆螺母。

● 取下连杆螺母和连杆轴承盖。

● 用手锤木柄从汽缸体下方将活塞连杆组推出汽缸。

● 使用活塞环钳拆卸活塞环(图 2.38)。

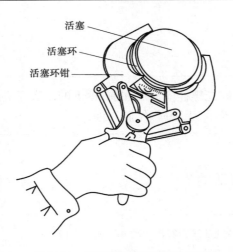

图 2.38　用活塞环钳拆装活塞环

- 使用专用工具拆卸活塞销,如果拆卸困难,可将活塞用水或油加热到 80 ℃ 左右再拆卸(称为"加热法")。
- 用相同方法拆卸其余活塞连杆组。

（2）**安装活塞连杆组的方法和步骤**

- 转动曲轴,使待安装汽缸的连杆轴颈置于活塞下止点位置。
- 在活塞环、活塞裙部、连杆小头两侧、活塞销及连杆轴承涂上适量的机油。
- 将各道活塞环开口避开侧压面,并相互均匀错开一定角度(图2.39)。
- 对正活塞及连杆上的"向前"安装标记(图2.40)。

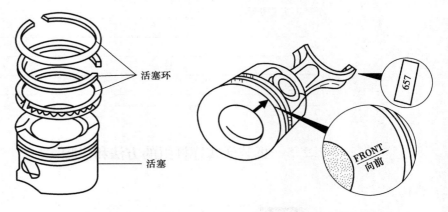

图 2.39　各道活塞环的开口位置　　　图 2.40　活塞及连杆上的向前安装标记

- 将已拆下连杆盖的活塞连杆组自汽缸体上部装入对应的汽缸中。
- 用活塞环卡箍约束活塞环(图2.41)。
- 用手锤木柄将活塞连杆组推入汽缸内,使连杆大头落于连杆轴颈上(图2.41)。
- 装上连杆轴承盖,用扭力扳手分次交替拧紧连杆螺母至规定力矩。
- 锁止连杆螺母(如果有锁止装置)。
- 用相同方法安装其余活塞连杆组。

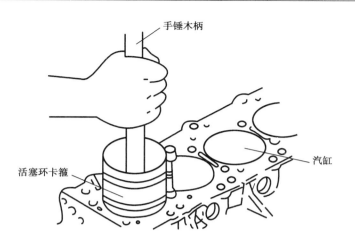

手锤木柄

汽缸

活塞环卡箍

图 2.41 用手锤木柄将活塞连杆组推入汽缸

学习活动 8

请在拆装活塞连杆组实作活动后完成以下内容：

车型或发动机型号：_____

使用的工量具及设备：_____

_____

安全及其他注意事项：_____

_____

主要步骤：_____

_____

_____

_____

_____

2.2.6 拆装曲轴飞轮组的方法和步骤

实作活动 5

请在教师的指导下，按照下述方法和步骤，进行曲轴飞轮组的拆装活动。

（1）拆卸曲轴飞轮组的方法和步骤

● 倒置发动机。

● 拆除曲轴前后端各机件。

• 从两侧向中间分2～3次拧松主轴承固定螺栓,取下主轴承盖,检查有无安装标记,如没有应做好标记。

• 将曲轴从缸体上轻轻抬出,注意不要碰坏曲轴轴承。

（2）安装曲轴飞轮组的方法和步骤

• 将汽缸体洗净倒置。

• 将轴承安放到轴承座上。

• 在各道主轴颈上涂一层薄机油后将曲轴平放到主轴承上。

• 按正确的顺序和方向装上已装有轴承的主轴承盖。

• 从中间向两侧分2～3次均匀拧紧主轴承盖螺栓,最后一次拧紧力矩达到规定值。

• 用手扳动曲柄臂,曲轴应转动自如。

• 安装曲轴前后端油封、油封垫、油封架等。

• 在曲轴后端装上飞轮。

 学习活动9

请在拆装曲轴飞轮组实作活动后完成以下内容：

车型或发动机型号：＿＿＿＿＿＿＿＿＿＿＿＿＿＿＿＿＿＿＿

使用的工量具及设备：＿＿＿＿＿＿＿＿＿＿＿＿＿＿＿＿＿

＿＿＿＿＿＿＿＿＿＿＿＿＿＿＿＿＿＿＿＿＿＿＿＿＿＿＿＿

安全及其他注意事项：＿＿＿＿＿＿＿＿＿＿＿＿＿＿＿＿＿

＿＿＿＿＿＿＿＿＿＿＿＿＿＿＿＿＿＿＿＿＿＿＿＿＿＿＿＿

主要步骤：＿＿＿＿＿＿＿＿＿＿＿＿＿＿＿＿＿＿＿＿＿＿＿

＿＿＿＿＿＿＿＿＿＿＿＿＿＿＿＿＿＿＿＿＿＿＿＿＿＿＿＿

＿＿＿＿＿＿＿＿＿＿＿＿＿＿＿＿＿＿＿＿＿＿＿＿＿＿＿＿

＿＿＿＿＿＿＿＿＿＿＿＿＿＿＿＿＿＿＿＿＿＿＿＿＿＿＿＿

＿＿＿＿＿＿＿＿＿＿＿＿＿＿＿＿＿＿＿＿＿＿＿＿＿＿＿＿

2.2.7 检查与调整主轴承间隙的方法和步骤

实作活动6

请在教师的指导下,按照下述方法和步骤,进行主轴承间隙的检查与调整活动。

（1）检查主轴承间隙的方法和步骤

• 用黄铜皮制成宽12 mm、长25 mm、厚度小于原车规定最大允许的极限间隙,四角边缘呈圆弧形的量隙片。

　　● 在量隙片上涂上机油,置入主轴颈与轴承之间(长边与曲轴轴线平行)。

　　●用扭力扳手按规定要求拧紧主轴承螺栓。

　　●用手摇柄摇转曲轴,若感到需用较大的力才能转动,表明轴承间隙在允许限度内可继续使用;若转动曲轴不觉有阻力或很轻松,表明轴承间隙过大,需进行调整或更换。

　　(2)**调整主轴承间隙的方法和步骤**

　　● 通过增减轴承盖两边的调整垫片进行调整。

　　● 全面调整轴承间隙,须从中间开始:五道主轴承的按 3—2—4—1—5 的顺序,七道主轴承的按 4—3—5—2—6—1—7 的顺序。

　　● 按规定力矩交替拧紧轴承盖螺栓。

　　● 若间隙过小,可在轴承盖两边同时加上同等厚度的垫片。

　　● 若间隙过大,可在轴承盖两边同时减去同等厚度的垫片。

　　●用同样方法调整其余各轴承。

 注意

　　■ 调整时,禁止在轴承底面垫纸片,以防导热性差或滑移后堵塞油道。

学习活动 10

　　请在检查与调整主轴承间隙实作活动后完成以下内容:

　　车型或发动机型号:_____

　　使用的工量具及设备:_____

　　_____

　　安全及其他注意事项:_____

　　_____

　　主要步骤:_____

　　_____

　　_____

　　_____

　　_____

2.2.8 检查与调整连杆轴承间隙的方法和步骤

 实作活动7

请在教师的指导下,按照下述方法和步骤,进行连杆轴承间隙的检查与调整活动。

（1）**检查连杆轴承间隙的方法和步骤**

- 摇转曲轴,使被检查连杆位于最低位置。
- 按规定拧紧力矩分 2~3 次均匀拧紧连杆轴承螺栓。
- 用手径向推动连杆,应无间隙感觉。
- 用手锤沿曲轴轴向轻轻敲击连杆,连杆能沿轴向移动。
- 连杆大头两端与曲柄的间隙一般为 0.17~0.35 mm。

（2）**调整连杆轴承间隙**

如间隙超过极限,应更换连杆轴承。

⚠ 注意

■ 严禁通过在轴承背面加垫片或锉削与座的接合面的方法调整其间隙。

 学习活动11

请在检查与调整连杆轴承间隙实作活动后完成以下内容:

车型或发动机型号:＿＿＿＿＿＿＿＿＿＿＿＿＿＿＿＿＿＿＿＿

使用的工量具及设备:＿＿＿＿＿＿＿＿＿＿＿＿＿＿＿＿＿＿

＿＿＿＿＿＿＿＿＿＿＿＿＿＿＿＿＿＿＿＿＿＿＿＿＿＿＿＿＿

安全及其他注意事项:＿＿＿＿＿＿＿＿＿＿＿＿＿＿＿＿＿＿

＿＿＿＿＿＿＿＿＿＿＿＿＿＿＿＿＿＿＿＿＿＿＿＿＿＿＿＿＿

主要步骤:＿＿＿＿＿＿＿＿＿＿＿＿＿＿＿＿＿＿＿＿＿＿＿＿

＿＿＿＿＿＿＿＿＿＿＿＿＿＿＿＿＿＿＿＿＿＿＿＿＿＿＿＿＿

＿＿＿＿＿＿＿＿＿＿＿＿＿＿＿＿＿＿＿＿＿＿＿＿＿＿＿＿＿

＿＿＿＿＿＿＿＿＿＿＿＿＿＿＿＿＿＿＿＿＿＿＿＿＿＿＿＿＿

＿＿＿＿＿＿＿＿＿＿＿＿＿＿＿＿＿＿＿＿＿＿＿＿＿＿＿＿＿

2.2.9 检查与调整曲轴轴向间隙的方法和步骤

 实作活动 8

请在教师的指导下,按照下述方法和步骤,进行曲轴轴向间隙的检查与调整活动。

(1)检测曲轴轴向间隙的方法和步骤

- 按规定拧紧力矩紧固主轴承盖螺栓。
- 拆下离合器壳底盖(发动机未解体)。
- 将磁性表架固定在飞轮壳上,百分表量头抵住飞轮表面。
- 用螺丝刀轴向撬动飞轮,同时观察百分表指针摆动值(图 2.42),也可用厚薄规进行测量。
- 若发动机解体后检查,可直接前后撬动曲轴,用百分表或厚薄规进行测量。

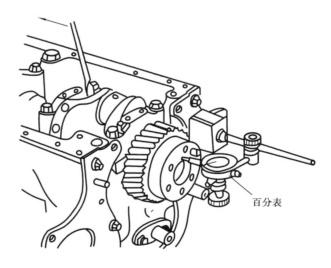

图 2.42 曲轴轴向间隙的检测

(2)调整曲轴轴向间隙的方法和步骤

- 曲轴的轴向间隙是通过改变止推轴承的厚度来调整的(图 2.43)。
- 若曲轴的轴向间隙超过规定或止轴承单片磨损量超过 0.02 mm,应更换止推轴承。

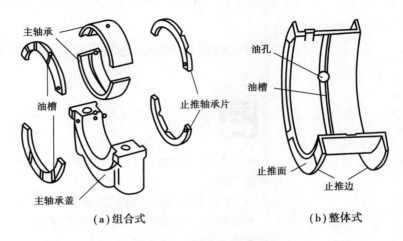

（a）组合式 　　　　　　　　　　　　（b）整体式

图 2.43　曲轴的轴向止推轴承

 学习活动 12

请在检查与调整曲轴轴向间隙实作活动后完成以下内容：

车型或发动机型号：_____

使用的工量具及设备：_____

_____

安全及其他注意事项：_____

_____

主要步骤：_____

_____

_____

_____

_____

2.3　检修曲柄连杆机构

2.3.1　检修汽缸体与汽缸盖的方法和步骤

实作活动 9

请在教师的指导下，按照下述方法和步骤，进行汽缸体与汽缸盖的检修活动，并完成表 2.9。

表2.9 检测汽缸体与汽缸盖数据记录表

汽车或发动机型号		
压力试验	试验压力 /kPa	推荐值	
		测量值	
	压力保持时间 /min	推荐值	
		测量值	
汽缸体平面变形量/mm	推荐值	
	测量值	
汽缸盖平面变形量/mm	推荐值	
	测量值	
分析测量结果		
修复方案建议		

（1）检修裂纹的方法和步骤

• 汽缸体与汽缸盖明显的裂纹可用直接观察法检测。

• 汽缸体与汽缸盖应同时用水压（或水压加气压）试验法检测有无细微裂纹和内部裂纹（图2.44）。

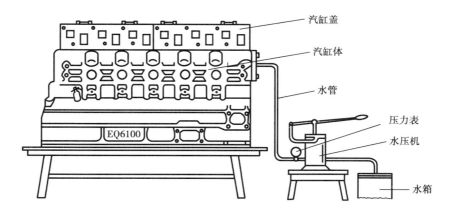

图2.44 汽缸体与汽缸盖的水压试验

• 试验压力为 350～450 kPa，并保持 5 min。

• 有水珠渗出的部位表明有裂纹。

• 受力、受热较大部位有裂纹，应更换新件。

• 水套等受力、受热不大部位有裂纹，可用胶粘法修复。

（2）检测汽缸体与汽缸盖平面变形的方法和步骤

• 汽缸体上平面与汽缸盖下平面的变形一般用桥形尺（或直尺）和厚薄规检测（图2.45）。

• 检测前，待检平面应彻底清除水垢、积炭、毛刺、螺孔周围的凸起等。

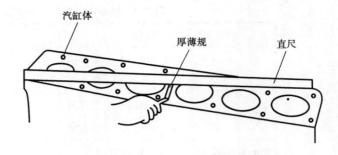

图 2.45　检测汽缸体与汽缸盖平面的变形

- 塞入厚薄规的最大厚度即为变形量(平面度误差)。
- 变形量要求:一般应小于 0.05 mm,使用极限为 0.20 mm。
- 变形量超过标准规定时,应进行修磨。

学习活动 13

请在检修汽缸体与汽缸盖实作活动后完成以下内容:

车型或发动机型号:＿＿＿＿＿＿＿＿＿＿＿＿＿＿

使用的工量具及设备:＿＿＿＿＿＿＿＿＿＿＿＿＿

＿＿＿＿＿＿＿＿＿＿＿＿＿＿＿＿＿＿＿＿＿＿＿＿

安全及其他注意事项:＿＿＿＿＿＿＿＿＿＿＿＿＿＿

＿＿＿＿＿＿＿＿＿＿＿＿＿＿＿＿＿＿＿＿＿＿＿＿

主要步骤:＿＿＿＿＿＿＿＿＿＿＿＿＿＿＿＿＿＿＿

＿＿＿＿＿＿＿＿＿＿＿＿＿＿＿＿＿＿＿＿＿＿＿＿

＿＿＿＿＿＿＿＿＿＿＿＿＿＿＿＿＿＿＿＿＿＿＿＿

＿＿＿＿＿＿＿＿＿＿＿＿＿＿＿＿＿＿＿＿＿＿＿＿

＿＿＿＿＿＿＿＿＿＿＿＿＿＿＿＿＿＿＿＿＿＿＿＿

2.3.2　检修汽缸的方法和步骤

实作活动 10

请在教师的指导下,按照下述方法和步骤,进行汽缸的检修活动,并完成表 2.10。

表 2.10　检测汽缸数据记录表

单位:mm

汽车或发动机型号							
缸　号		1 缸	2 缸	3 缸	4 缸	5 缸	6 缸
上部	$A-A$						
	$B-B$						
中部	$A-A$						
	$B-B$						
下部	$A-A$						
	$B-B$						
该缸最大磨损量							
该缸圆度							
该缸圆柱度							
各缸最大磨损量	推荐值						
	实际值						
各缸最大圆度	推荐值						
	实际值						
各缸最大圆柱度	推荐值						
	实际值						
分析测量结果							
修复方案建议							

(1)汽缸的磨损规律

• 汽缸轴向磨损:呈上大下小的锥形,最大磨损处在第一道活塞环上止点位置,汽缸口形成明显的台阶(缸肩)(图 2.46)。

• 汽缸径向磨损:呈不规则的椭圆形,一般是前后或左右方向磨损最大(图 2.47)。

• 同一台发动机,一般是第一缸和最后一缸正对进气门处磨损最严重。

(2)检测汽缸

• 用肉眼直观检测汽缸表面有无裂纹、拉伤等特殊损伤。

• 汽缸的磨损用量缸表测量(图 2.48(a))。

• 测量部位:取包括汽缸最大磨损断面在内的活塞全行程的上、中、下三个断面,每个断面测量发动机纵向和横向($A-A$、$B-B$)两个方向的直径(图 2.48(b)),并逐一记录测量结果。

• 根据测量结果计算汽缸的最大磨损量、圆度误差和圆柱度误差。

61

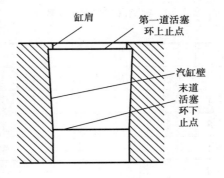

图 2.46　汽缸轴向磨损规律

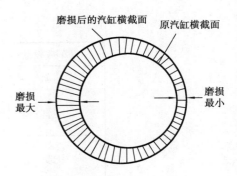

图 2.47　汽缸径向磨损规律

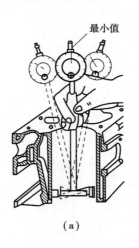

（a）　　　　　　　　（b）

图 2.48　汽缸磨损的测量

●最大磨损量:所测得的汽缸最大直径与汽缸的标准直径之差。

●圆度误差:同一汽缸同一断面上测量的两个直径差值的一半,三个断面中最大的圆度误差即为该缸的圆度误差。

●圆柱度误差:同一汽缸三个断面所测得的所有读数中最大与最小直径差值的一半。

●将计算结果与标准规定进行对比,确定修复方法。

（3）汽缸的修复方法

1)修理尺寸法

●磨损超过使用极限的汽缸,可采用修理尺寸法镗、磨汽缸,加大汽缸直径。

●汽缸一般规定有修理尺寸,每级加大 0.25 mm 或 0.50 mm(根据具体发动机的规定)。

●按修理尺寸镗磨汽缸后,应选配与汽缸同级别的加大活塞和活塞环。汽缸的镗、磨需要专用设备和熟练的技术工人,一般在专业修理厂进行。

2）镶配汽缸套法

有下列情况之一的汽缸,可采用镶配新汽缸套后,换装标准尺寸的活塞和活塞环。

● 有裂纹、拉伤等特殊损伤的汽缸;

● 不允许采用加大缸径的汽缸;

● 虽有修理尺寸,但磨损后的汽缸直径已接近或超过最后一级修理尺寸的汽缸。

学习活动 14

请在检修汽缸实作活动后完成以下内容:

车型或发动机型号:＿＿＿＿＿＿＿＿＿＿＿＿＿＿＿＿＿＿＿＿＿

使用的工量具及设备:＿＿＿＿＿＿＿＿＿＿＿＿＿＿＿＿＿＿＿＿

＿＿＿＿＿＿＿＿＿＿＿＿＿＿＿＿＿＿＿＿＿＿＿＿＿＿＿＿＿＿

安全及其他注意事项:＿＿＿＿＿＿＿＿＿＿＿＿＿＿＿＿＿＿＿＿＿

＿＿＿＿＿＿＿＿＿＿＿＿＿＿＿＿＿＿＿＿＿＿＿＿＿＿＿＿＿＿

主要步骤:＿＿＿＿＿＿＿＿＿＿＿＿＿＿＿＿＿＿＿＿＿＿＿＿＿＿

＿＿＿＿＿＿＿＿＿＿＿＿＿＿＿＿＿＿＿＿＿＿＿＿＿＿＿＿＿＿

＿＿＿＿＿＿＿＿＿＿＿＿＿＿＿＿＿＿＿＿＿＿＿＿＿＿＿＿＿＿

＿＿＿＿＿＿＿＿＿＿＿＿＿＿＿＿＿＿＿＿＿＿＿＿＿＿＿＿＿＿

＿＿＿＿＿＿＿＿＿＿＿＿＿＿＿＿＿＿＿＿＿＿＿＿＿＿＿＿＿＿

2.3.3　镶配汽缸套的方法和步骤

实作活动 11

请在教师的指导下,按照下述方法和步骤,进行汽缸套的镶配活动。

（1）**镶配干式汽缸套**

● 拆除旧套:用专用工具压出(图 2.49)或镗去旧汽缸套,并检查承孔与待换缸套的过盈量。

● 选择汽缸套:选择缸套内径的加大尺寸,首次镶套应选用标准尺寸的汽缸套。

● 镗削缸套承孔:根据所选汽缸套的外径,对承孔进行镗削。一般带有凸缘的汽缸套过盈量为 0.05 ～ 0.07 mm,无凸缘的为 0.07 ～ 0.10 mm。

● 压入新汽缸套:将承孔和汽缸套外壁涂以机油,放正汽缸套,放上垫块,用专用工具或压力机徐徐压入(图 2.50),压力应不大于 98 kN。

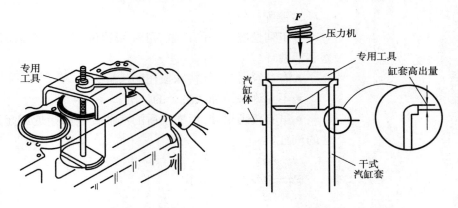

图 2.49　拆除旧汽缸套　　　　　　图 2.50　压入新汽缸套

● 缸套压入后应抵住缸体的止口台阶,保证与顶面平齐,高出部分不大于 0.05 mm(图 2.51)。

● 压入缸套时应隔缸压入。

● 水压试验:镶套完成后,应再进行一次水压试验。

（2）镶配湿式汽缸套

● 拆除旧套:旧套拆除后,应清除承孔结合面的铁锈、污物等,并用砂布擦至露出光泽。

● 试装新套:将未装密封圈的新汽缸套装入汽缸,检查其端面高出缸体平面的凸出量(图 2.51),一般为 0.03 ~ 0.10 mm,相邻汽缸的凸出量误差不大于 0.04 mm。

● 装入新套:在新汽缸套上装入阻水圈,阻水圈应高出汽缸套圆柱面 0.5 ~ 1.5 mm,阻水圈侧面应有 0.5 ~ 1.0 mm 余隙(图 2.52),然后涂上密封胶,稍加压力即可装入。

● 水压试验:新汽缸套装入后,同样要进行水压试验,检查密封性。

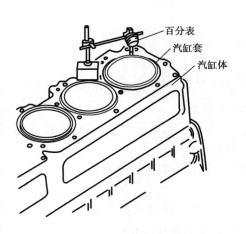

图 2.51　检测汽缸套上平面高出量

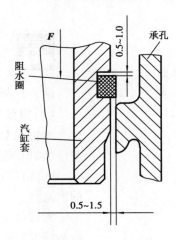

图 2.52　阻水圈的位置

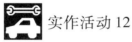学习活动15

请在镶配汽缸套实作活动后完成以下内容：

车型或发动机型号：＿＿＿＿＿＿＿＿＿＿＿＿＿＿

使用的工量具及设备：＿＿＿＿＿＿＿＿＿＿＿＿＿＿＿

＿＿＿＿＿＿＿＿＿＿＿＿＿＿＿＿＿＿＿＿＿＿＿＿＿＿

安全及其他注意事项：＿＿＿＿＿＿＿＿＿＿＿＿＿＿＿

＿＿＿＿＿＿＿＿＿＿＿＿＿＿＿＿＿＿＿＿＿＿＿＿＿＿

主要步骤：＿＿＿＿＿＿＿＿＿＿＿＿＿＿＿＿＿＿＿＿

＿＿＿＿＿＿＿＿＿＿＿＿＿＿＿＿＿＿＿＿＿＿＿＿＿＿

＿＿＿＿＿＿＿＿＿＿＿＿＿＿＿＿＿＿＿＿＿＿＿＿＿＿

＿＿＿＿＿＿＿＿＿＿＿＿＿＿＿＿＿＿＿＿＿＿＿＿＿＿

＿＿＿＿＿＿＿＿＿＿＿＿＿＿＿＿＿＿＿＿＿＿＿＿＿＿

2.3.4　选配活塞、活塞环与活塞销的方法

实作活动12

请在教师的指导下，按照下述方法，进行活塞、活塞环与活塞销的选配活动，并完成表2.11。

表2.11　检测气环的三隙数据记录表

单位：mm

汽车或发动机型号		端　隙		侧　隙		背　隙	
活塞环位置	活塞环类型	推荐值	测量值	推荐值	测量值	推荐值	测量值
第1环							
第2环							
第3环							
第4环							
分析测量结果							
修复方案建议							

（1）选配活塞

● 汽缸按照修理尺寸镗、磨以后或者活塞有烧蚀、拉伤、环槽严重磨损等损伤时，都需要更换活塞。

65

- 同一台发动机应选用与汽缸同一修理级别的活塞。
- 同一台发动机应选用同一厂牌的同一组活塞。
- 同一组活塞的直径差不大于 0.020 ~ 0.025 mm,质量差不大于 4 ~ 8 g。
- 活塞裙部的圆度和圆柱度应符合规定要求。

（2）选配活塞环

- 同一台发动机应选用与其汽缸、活塞相同修理级别的活塞环。
- 活塞环的弹力应符合规定,可在弹力检验仪上检查(图 2.53),也可采用新、旧活塞环对比的方法检验。

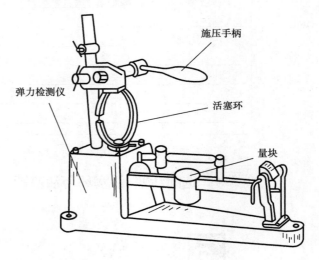

图 2.53　检验活塞环弹力

- 漏光度应符合规定,一般要求:漏光不多于 2 处,每处漏光的圆心角不大于 25°,总漏光不大于 45°,开口两侧 30°内不漏光,漏光间隙不大于 0.02 mm(图 2.54)。

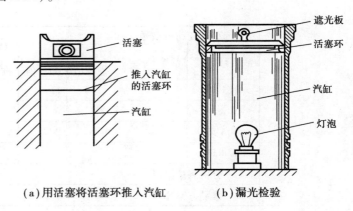

（a）用活塞将活塞环推入汽缸　　（b）漏光检验

图 2.54　检查活塞环漏光度

- 三隙(端隙、侧隙、背隙)应符合规定要求(参考具体车型说明书或相关技术资料)。端隙和侧隙的检测方法如图 2.55 所示;背隙可检测环槽的深度与环的宽度之差。

（3）**选配活塞销**

选用与活塞同一颜色组别的活塞销。

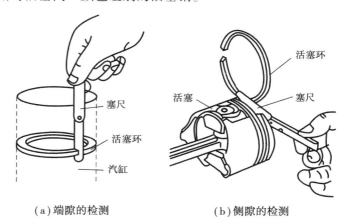

（a）端隙的检测　　　　　　（b）侧隙的检测

图 2.55　检测活塞环三隙

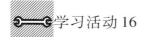学习活动 16

请在选配活塞、活塞环与活塞销实作活动后完成以下内容：

车型或发动机型号：＿＿＿＿＿＿＿＿＿＿＿＿＿＿＿＿＿＿＿＿

使用的工量具及设备：＿＿＿＿＿＿＿＿＿＿＿＿＿＿＿＿＿＿＿

＿＿＿＿＿＿＿＿＿＿＿＿＿＿＿＿＿＿＿＿＿＿＿＿＿＿＿＿＿

安全及其他注意事项：＿＿＿＿＿＿＿＿＿＿＿＿＿＿＿＿＿＿＿

＿＿＿＿＿＿＿＿＿＿＿＿＿＿＿＿＿＿＿＿＿＿＿＿＿＿＿＿＿

主要步骤：＿＿＿＿＿＿＿＿＿＿＿＿＿＿＿＿＿＿＿＿＿＿＿＿

＿＿＿＿＿＿＿＿＿＿＿＿＿＿＿＿＿＿＿＿＿＿＿＿＿＿＿＿＿

＿＿＿＿＿＿＿＿＿＿＿＿＿＿＿＿＿＿＿＿＿＿＿＿＿＿＿＿＿

＿＿＿＿＿＿＿＿＿＿＿＿＿＿＿＿＿＿＿＿＿＿＿＿＿＿＿＿＿

＿＿＿＿＿＿＿＿＿＿＿＿＿＿＿＿＿＿＿＿＿＿＿＿＿＿＿＿＿

2.3.5　检修连杆的方法和步骤

实作活动 13

请在教师的指导下，按照下述方法和步骤，进行连杆的检修活动，并完成表 2.12。

表 2.12　检测连杆的变形数据记录表

单位:mm

汽车或发动机型号						
连杆的变形量	弯曲变形		扭曲变形		双重弯曲变形	
	推荐值	测量值	推荐值	测量值	推荐值	测量值
第 1 缸连杆						
第 2 缸连杆						
第 3 缸连杆						
第 4 缸连杆						
第 5 缸连杆						
第 6 缸连杆						
分析测量结果						
修复方案建议						

(1)检测连杆变形的方法和步骤

●连杆的变形一般在专用的连杆检验器上检测(图 2.56)。将取下轴瓦并清理干净的连杆大端(按规定力矩拧紧连杆螺栓)固定在检验器的可调横轴上,V 形三点规紧靠连杆小端心轴或活塞销,用塞尺量取三个测点与检测平板之间的间隙值。

●从两个方向测量连杆小端面与平板的距离之差 $|S - S'|$ 即为连杆的双重弯曲量(图 2.57)。

●左右两测点间隙的平均值与上测点间隙之差即为连杆在 100 mm 长度上的弯曲变形量(图 2.58)。

●左右两测点间隙的差值即为连杆在 100 mm 长度上的扭曲变形量(图 2.59)。

●一般要求:弯曲量不大于 0.03 mm,扭曲量不大于 0.06 mm,双重弯曲量不大于 1 mm。

(2)校正连杆变形的方法和步骤

●连杆的变形一般用连杆检验器的附设工具进行冷压校正(图 2.60)。

●连杆同时有弯曲和扭曲变形时,应先校正扭曲,后校正弯曲。

●连杆的双重弯曲量过大时,应更换连杆。

(3)修配连杆衬套的方法和步骤

●更换活塞、活塞销的同时应更换连杆衬套。

●衬套与连杆小头承孔配合的过盈量一般为 0.10 ~ 0.20 mm。

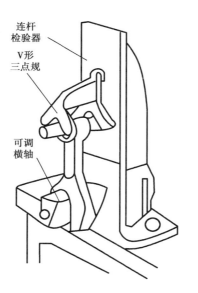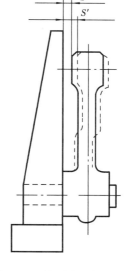

图 2.56 连杆检验器   图 2.57 检测连杆的双重弯曲

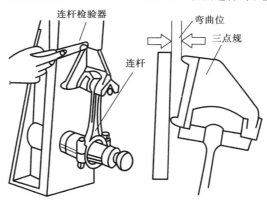

图 2.58 检测连杆的弯曲

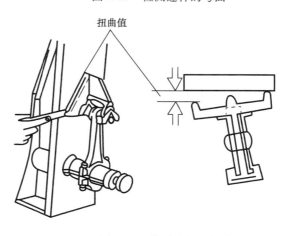

图 2.59 检测连杆的扭曲

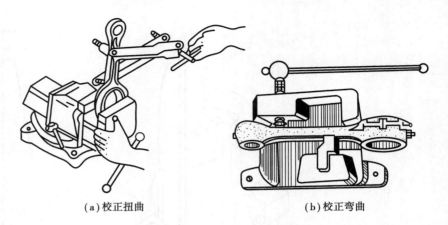

(a)校正扭曲　　　　　　　　　　(b)校正弯曲

图 2.60　校正连杆的变形

● 根据活塞销的实际尺寸选择相应的可调铰刀铰削修配衬套内孔(图 2.61)。

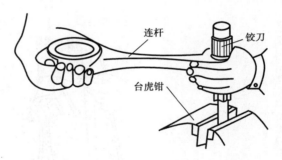

图 2.61　铰削连杆衬套

● 在铰削过程中,应不断用活塞销试配(图 2.62),直至能用手掌的力量将活塞销推入衬套孔的 1/3～2/3。

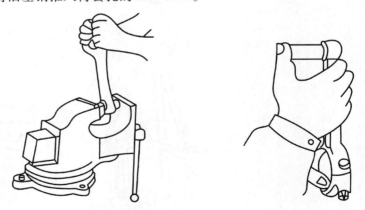

图 2.62　试配活塞销与连杆衬套　　图 2.63　检验活塞销与连杆衬套接触面积

● 将活塞销压入衬套内,夹在台虎钳上,往复扳转连杆(图 2.63),然后压出活塞销,根据其接触情况用刮刀反复修刮衬套至能用手掌的力量将活塞销全部推入连杆衬套内,接触面积在 75% 以上,接触点分布均匀,轻重一致为止。

学习活动 17

请在检修连杆实作活动后完成以下内容：

车型或发动机型号：_____

使用的工量具及设备：_____

_____

安全及其他注意事项：_____

_____

主要步骤：_____

_____

_____

_____

_____

2.3.6　组装活塞连杆组的方法和步骤

实作活动 14

请在教师的指导下，按照下述方法和步骤，进行活塞连杆组的组装活动。

- 彻底清洗各零件。
- 将活塞置于水或油中加热至 80 ℃ 左右取出，擦拭干净。
- 在座孔、连杆小头衬套孔和活塞销上涂一层薄机油，将活塞销推入座孔，并迅速通过连杆小头衬套孔，直至另一侧销座孔的锁环槽边。
- 组装时，要特别注意使活塞与连杆的缸序和安装方向一致(图2.40)。
- 装入活塞销两边的锁环(有磨损台阶的锁环应更换)。
- 用专用工具将活塞环安装到相应的环槽内(图2.38)。

⚠ 注意

- ■ 注意各道活塞环的不同安装位置和安装方向。
- ■ 扭曲环必须使内切口朝上，外切口朝下(图2.20(c)、(d))。
- ■ 锥面环必须使小端向上，大端向下。

学习活动 18

请在组装活塞连杆组实作活动后完成以下内容：

车型或发动机型号：_____

使用的工量具及设备：_____

_____

安全及其他注意事项：_____

_____

主要步骤：_____

_____

_____

_____

_____

2.3.7　检修曲轴的方法和步骤

实作活动 15

请在教师指导下,按照下述方法和步骤,进行曲轴的检修活动,并完成表 2.13。

表 2.13　检测曲轴轴颈的直径数据记录表

单位:mm

汽车或发动机型号								
主轴颈的检测								
主轴颈序号		1	2	3	4	5	6	7
1—1 断面	$A—A$							
	$B—B$							
2—2 断面	$A—A$							
	$B—B$							
该轴颈圆度误差								
该轴颈圆柱度误差								

续表

主轴颈的检测								
主轴颈序号		1	2	3	4	5	6	7
主轴颈 最大磨损量	推荐值							
	测量值							
主轴颈 圆度误差	推荐值							
	测量值							
主轴颈 圆柱度误差	推荐值							
	测量值							
连杆轴颈的检测								
连杆轴颈序号		1	2	3	4	5	6	
1—1 断面	A—A							
	B—B							
2—2 断面	A—A							
	B—B							
该轴颈圆度误差								
该轴颈圆柱度误差								
连杆轴颈 最大磨损量	推荐值							
	测量值							
连杆轴颈 圆度误差	推荐值							
	测量值							
连杆轴颈 圆柱度误差	推荐值							
	测量值							
分析测量结果								
修复方案建议								

(1)检测曲轴的方法和步骤

1)检查曲轴裂纹的方法和步骤

- 曲轴的裂纹多发生在曲柄与轴颈之间的过渡圆角处或油孔处。
- 较明显的裂纹可直观检查。
- 微细裂纹一般用浸油敲击法检查。
- 将清洗干净的曲轴在煤油中浸泡后,取出擦净表面并撒上白粉。
- 用手锤沿轴向敲击非工作面。
- 有明显油迹处表明有裂纹。
- 有横向裂纹的曲轴应更换。

● 轴颈表面细微的纵向裂纹,可结合轴颈的磨削消除。

2)检测曲轴变形的方法和步骤

● 检测弯曲(图2.64):曲轴转一圈,百分表摆动量的一半,即为曲轴的弯曲度。

● 一般要求:曲轴的弯曲度大于0.1 mm时,应校正。

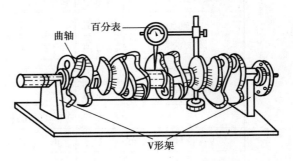

图2.64 检测曲轴弯曲变形

● 检测扭曲:用百分表测量首末两个连杆轴颈处于水平位置时至平板的高度差 A(mm),即可求得扭曲变形的扭转角 $\theta = (360A/2\pi R)° = (57A/R)°$。

● 曲轴扭曲变形的扭转角大于0.5°时应更换。

3)检测轴颈磨损的方法和步骤

● 曲轴轴颈的尺寸用外径千分尺测量。

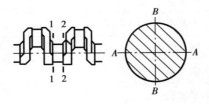

图2.65 测量曲轴轴颈尺寸

● 每个轴颈应测量记录4个尺寸,即测量 1—1、2—2 两个断面的 $A—A$,$B—B$ 两个方向(图2.65)。

● 根据测量结果计算轴颈磨损后的圆度、圆柱度及与轴瓦的配合间隙。同一断面的两直径差值之半,为圆度误差;同一轴颈两断面最大与最小直径差值之半,为该轴颈的圆柱度误差。

● 短轴颈以检验圆度误差为主,长轴颈须检验圆度和圆柱度误差。

(2)修复曲轴的方法和步骤

1)校正曲轴弯曲变形的方法和步骤

● 曲轴的弯曲变形一般用压力机沿弯曲的反方向施压力进行冷压校正(图2.66)。

● 压弯量一般为曲轴弯曲量的10倍左右,保持压力2 min左右。

● 检查校正后的弯曲量直至合格为止。

● 弯曲变形量较大时,应分几次校正,以防一次压弯量过大造成曲轴折断。

● 曲轴冷压校正后,应进行时效处理消除内应力。

2）磨削轴颈的方法和步骤

● 曲轴轴颈磨损超过规定或者表面有特殊损伤时,应按修理尺寸磨削轴颈。

● 曲轴轴颈规定有修理尺寸,级差一般为 0.25 mm。

● 按修理尺寸磨削轴颈后,应选配与轴颈同一级别的轴瓦。

● 轴颈的磨削一般在专业修理厂进行。

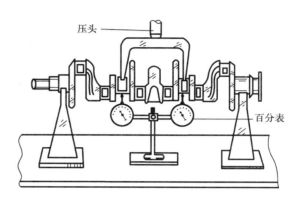

图 2.66　冷压校正曲轴

学习活动 19

请在检修曲轴实作活动后完成以下内容:

车型或发动机型号:＿＿＿＿＿＿＿＿＿＿＿＿＿＿＿＿＿

使用的工量具及设备:＿＿＿＿＿＿＿＿＿＿＿＿＿＿＿＿

＿＿＿＿＿＿＿＿＿＿＿＿＿＿＿＿＿＿＿＿＿＿＿＿＿＿＿

安全及其他注意事项:＿＿＿＿＿＿＿＿＿＿＿＿＿＿＿＿＿

＿＿＿＿＿＿＿＿＿＿＿＿＿＿＿＿＿＿＿＿＿＿＿＿＿＿＿

主要步骤:＿＿＿＿＿＿＿＿＿＿＿＿＿＿＿＿＿＿＿＿＿＿

＿＿＿＿＿＿＿＿＿＿＿＿＿＿＿＿＿＿＿＿＿＿＿＿＿＿＿

＿＿＿＿＿＿＿＿＿＿＿＿＿＿＿＿＿＿＿＿＿＿＿＿＿＿＿

＿＿＿＿＿＿＿＿＿＿＿＿＿＿＿＿＿＿＿＿＿＿＿＿＿＿＿

＿＿＿＿＿＿＿＿＿＿＿＿＿＿＿＿＿＿＿＿＿＿＿＿＿＿＿

2.3.8　选配轴瓦的方法和步骤

 实作活动16

请在教师的指导下,按照下述方法和步骤,进行轴瓦的选配活动。

- 应选用与曲轴轴颈同一修理级别的轴瓦。
- 瓦背光滑无损,定位凸键与座孔定位槽配合严密。
- 新轴瓦的曲率半径大于座孔的曲率半径(图2.67(a)),将其装入座孔时,应感觉吃力;若轻轻就能装入,表明弹力不足。

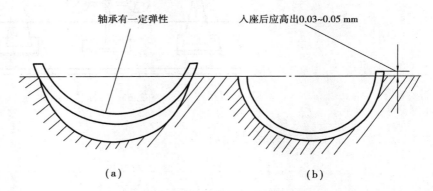

图2.67　轴瓦的弹性与高出量

- 新轴瓦装入座孔后,端面的高出量应符合规定(图2.67(b))。

学习活动20

请在选配轴瓦实作活动后完成以下内容:

车型或发动机型号:_____

使用的工量具及设备:_____

安全及其他注意事项:_____

主要步骤:_____

2.3.9 检修飞轮的方法和步骤

实作活动 17

请在教师的指导下,按照下述方法和步骤,进行飞轮的检修活动。
- 飞轮齿圈的单面磨损,可将齿圈翻面使用。
- 齿圈已双面磨损或轮齿连续损坏三个以上,应更换齿圈。
- 齿圈与飞轮是过盈配合,过盈量一般是 0.3 ~ 0.6 mm。
- 装配时,需将齿圈加热后热压于飞轮上。
- 飞轮工作面严重烧伤或磨损沟槽的深度大于 0.5 mm 时,应车削或磨削修平。
- 修整后,飞轮表面的平面度误差不大于 0.10 mm,减薄量不大于 1.2 mm。
- 飞轮与曲轴装配后,端面圆跳动误差不大于 0.15 mm(图 2.68)。
- 更换飞轮、齿圈、离合器盘或总成后,应进行动平衡试验,其组件的动不平衡量应符合规定。

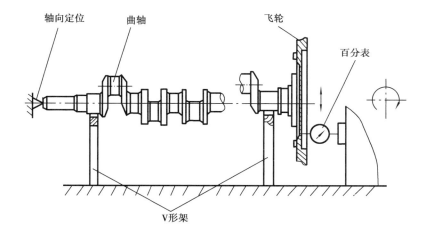

图 2.68 检测飞轮端面与曲轴轴线的圆跳动

学习活动 21

请在检修飞轮实作活动后完成以下内容：

车型或发动机型号：_____

使用的工量具及设备：_____

_____

安全及其他注意事项：_____

_____

主要步骤：_____

_____

_____

_____

_____

单元鉴定单

单元 2　实施曲柄连杆机构维护

班　级	学　号	姓　名	单元鉴定结果	
			合　格	
			不合格	

鉴定内容	鉴定结果	
	是	否
你是否完成 1~4 的自测题及 1~21 的学习活动,并得到教师的确认?		
你是否根据已有程序和预定标准,收集、分析和组织完成资料?		
你是否通过标准的精确性和有效性,正确地交流信息?		
你是否按计划有组织地完成了活动目标?		
你是否充分使用学习资源,达到了学习目标?		

操作技能完成水平:

　　上述所有项目都是肯定回答,则单元鉴定结果为合格。

　　如果不是,请你咨询你的教师,直至合格为止。

　　你还可以要求附加有关活动,帮助你完成要求的操作技能。

　　完成上述内容后,请你的教师签字。

教师签字:＿＿＿＿＿＿＿＿

学生签字:＿＿＿＿＿＿＿＿

完成日期:＿＿＿＿＿＿＿＿

单元评估表

单元 2　　实施曲柄连杆机构维护　　　　姓名＿＿＿＿＿＿＿　日期＿＿＿＿＿

评估内容	非常同意	同意	没有意见	不同意	非常不同意
①这一单元给我很好地提供了……的综述。					
②这一单元帮助我理解了……的理论。					
③我现在对尝试……感到了自信。					
④该单元的内容适合我的需求。					
⑤该单元中举办了各种活动。					
⑥该单元中不同部分融合得很好。					
⑦单元学习中教师待人友善,愿意帮忙。					
⑧单元学习让我做好了参加鉴定的准备。					
⑨该单元中所有的教学方法对我学习起到了帮助的作用。					
⑩该单元提供的信息量适当。					
⑪该单元鉴定是公平、适当的。					
你对改善本科目后面单元的教学建议:					

单元 3　实施配气机构维护

　学习目的

学完这一单元应具有以下能力:
- 正确识别配气机构各构件及其结构。
- 诊断与排除配气机构的常见故障。
- 实施配气机构的正确维护与检修。

　学习资源

- 多媒体教室,有关配气机构的组成、结构,常见故障的诊断与排除,以及维护与检修方面的参考书及 VCD 等。
- 汽车实训中心、实训用各种型号的汽车或发动机及其零部件实物和模型等。
- 汽车维护与检修常用设备及工量具。

　职场安全

- 一般的安全知识:穿戴安全帽、劳保服、劳保鞋,车间实作安全规则,设备个人操作安全等。
- 主动查阅政府和企业的安全法律法规,并自觉遵守有关的安全法规:《国家劳动法》《国家安全生产法》《国家消防法》《汽车维修作业安全操作规程》《钳工作业安全操作规程》《焊接作业安全操作规程》《公民的权利和义务》等。

　学习信息与学习步骤

3.1 认识配气机构各零部件

3.1.1 配气机构的主要部件、功用和类型

(1)配气机构的功用

按照发动机的工作顺序和工作要求,准时地开闭进、排气门,以便向汽缸供给新鲜气体并及时排出废气。

(2)配气机构的组成

配气机构由气门组和气门传动组两部分组成。

1)气门组的组成和功用

● 组成:气门组主要由气门、气门座、气门导管、气门弹簧等零件组成(图3.1、图3.2)。

● 功用:确保气门关闭严密。

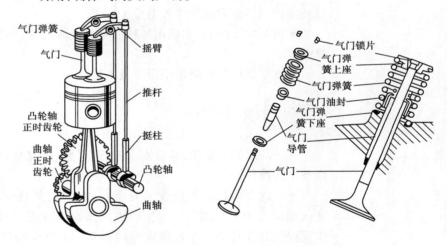

图3.1 下置凸轮轴式配气机构的组成　　图3.2 气门组主要零件

2)气门传动组的组成和功用

● 组成:气门传动组主要由凸轮轴、挺柱、推杆、摇臂总成等零部件组成(图3.1)。

● 功用:将曲轴的动力传递至气门,并控制气门的开启时刻和开启高度。

(3)配气机构的类型

配气机构按照不同的方式可以分为不同的类型。

1)按照气门的布置方式来分

● 按照气门的布置方式,配气机构可分为:侧置气门式和顶置气门式两种(图3.3)。

● 侧置气门式配气机构:气门位于汽缸的侧面(图 3.3(a)),因充气效率低已被淘汰。

● 顶置气门式配气机构:气门位于汽缸上方(图 3.3(b))。目前国产汽车发动机大都采用这种类型。

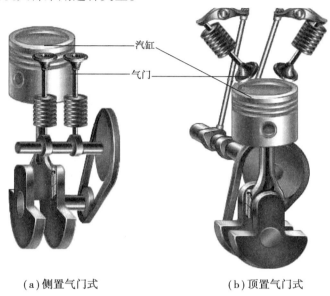

　(a)侧置气门式　　　　　　　(b)顶置气门式

图 3.3　配气机构的类型(按照气门的布置方式来分)

2)按照凸轮轴的布置方式来分

● 按照凸轮轴的布置方式,配气机构可分为:下置、中置和顶置凸轮轴式三种。

● 下置凸轮轴式:凸轮轴位于汽缸体的下部(图 3.1)。

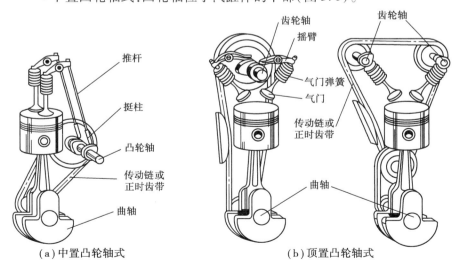

　(a)中置凸轮轴式　　　　　　(b)顶置凸轮轴式

图 3.4　中置与顶置凸轮轴式配气机构

● 中置凸轮轴式:凸轮轴位于汽缸体的中部(图 3.4(a))。

● 顶置凸轮轴式:凸轮轴布置在汽缸盖上方(图3.4(b))。

3)按照曲轴到凸轮轴的动力传递方式来分

● 按照曲轴到凸轮轴的动力传递方式,配气机构可分为:齿轮传动、链条与链轮传动和齿形皮带传动三种(图3.5)。

● 齿轮传动:适用于下置与中置凸轮轴式配气机构(图3.5(a))。

● 链条与链轮传动:适用于上置凸轮轴式配气机构(图3.5(b))。

● 齿形皮带传动:在高速汽车发动机上广泛采用(图3.5(c))。

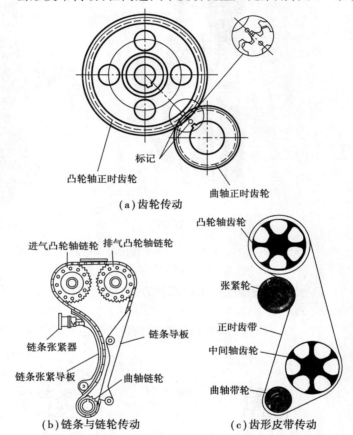

(a)齿轮传动

(b)链条与链轮传动

(c)齿形皮带传动

图3.5 配气机构的类型(按照曲轴到凸轮轴的动力传递方式来分)

4)按照凸轮轴的数目来分

● 按照凸轮轴的数目,配气机构可分为:单凸轮轴式和双凸轮轴式两种(图3.4(b))。

● 单凸轮轴式:配气机构采用一根凸轮轴(图3.5(c))。

● 双凸轮轴式:配气机构采用两根凸轮轴(图3.5(b))。

5）按照每缸的气门数目来分

· 按照每缸的气门数目,配气机构可分为:双气门式和多气门式。

· 双气门式:每缸两个气门,即一个进气门和一个排气门(图3.1、图3.3(b)、图3.4)。

· 多气门式:每缸多个(3个、4个、5个)气门(图3.6)。新型汽车发动机上多采用。

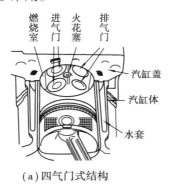
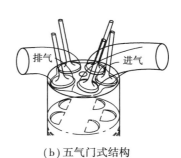

(a)四气门式结构　　　　　　　　(b)五气门式结构

图3.6　多气门式配气机构

自测题1

1.配气机构的功用是按照发动机的工作顺序和工作要求,_____
_____。

2.配气机构由_____和_____两部分组成。

3.气门组主要由_____、_____、_____、_____等零件
组成。

4.气门传动组主要由_____、_____、_____、_____等零
部件组成。

5.按照气门的布置方式,配气机构可分为_____和_____
两种。

6.按照凸轮轴的布置方式,配气机构可分为_____、_____和
_____三种。

7.按照曲轴到凸轮轴的动力传递方式,配气机构可分为_____、
_____和_____三种。

8.按照凸轮轴的数目,配气机构可分为_____和_____
两种。

9.按照每缸的气门数目,配气机构可分为_____和_____。

学习活动 1

> (1)请仔细观察教师提供的发动机配气机构(类型)特点,完成表3.1。
>
> 表3.1　配气机构的(类型)特点记录表
>
> | 汽车或发动机型号 | | |
> | --- | --- | --- |
> | 气门布置方式 | 侧置 □　　顶置 □ | 侧置 □　　顶置 □ |
> | 凸轮轴布置方式 | 下置 □　中置 □　上置□ | 下置 □　中置 □　上置□ |
> | 凸轮轴传动方式 | 齿轮 □　链条与链轮 □
齿形皮带 □ | 齿轮 □　链条与链轮 □
齿形皮带 □ |
> | 凸轮轴数目 | 单凸轮轴 □　双凸轮轴 □ | 单凸轮轴 □　双凸轮轴 □ |
> | 每缸气门数目 | 双气门 □　　三气门 □
四气门 □　　五气门 □ | 双气门 □　　三气门 □
四气门 □　　五气门 □ |
>
> (2)请根据教师提供的汽车或发动机进行配气机构零部件确认活动,在汽车或发动机上指出各零部件的名称、位置和功用。

3.1.2　气门组零件的类型与结构

(1)气门的功用与结构

1)气门的功用

控制进、排气道的开闭。

2)气门的材料

进气门一般采用合金钢(铬钢或镍铬钢等);排气门一般采用耐热合金钢(硅铬钢等)。

3)气门的结构

进、排气门的结构相似,都是由头部和杆部两部分组成(图3.7)。

①气门头部的结构

● 气门头部是一个具有圆锥形斜面的圆盘,用来封闭进、排气道。

● 气门头顶部形状有:平顶、凸顶和凹顶等(图3.7)。大多数发动机采用平顶气门;凸顶气门适合于排气门;凹顶气门适合于进气门。

● 气门锥角 α:一般为45°,也有的为30°。边缘厚度 a 一般为 1 ~ 3 mm(图3.8)。

● 气门锥面与气门座的密封环带应位于工作斜面中部偏向杆部,其宽度 b 一般为 1.5 ~ 2.5 mm(图3.8)。

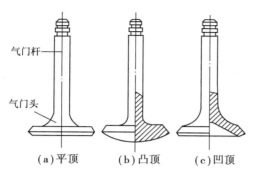

(a)平顶　　(b)凸顶　　(c)凹顶

图 3.7　气门头顶部形状

图 3.8　气门密封锥面

 注意

■ 一般进气门头部直径比排气门大;两气门一样大时,排气门有记号。

②气门杆部的结构

• 气门杆部与头部制成一体,在气门导管内起导向作用。

• 气门杆尾端制有锁孔或凹槽(锥形或环形槽),用来安装锁紧件(锁销或锁片)(图 3.9)。

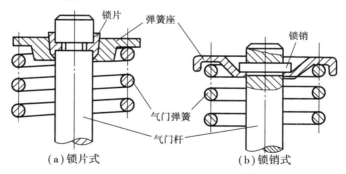

(a)锁片式　　　　　　　　　(b)锁销式

图 3.9　气门弹簧座固定方式

(2)**气门座的功用与结构**

1)气门座的功用

与气门头部密封锥面配合密封汽缸;将气门头部的热量外传。

2)气门座的结构

• 气门座可以在缸盖或缸体上直接镗出,也可以采用镶嵌式结构(图 3.10)。

• 镶嵌式气门座圈都采用较好的材料制成。

• 气门座锥角由三部分(15°、45°或 30°、75°)组成(图 3.11)。其中 45°(30°)的锥面应与气门配对研磨。

图 3.10 气门座圈

图 3.11 气门座锥角

（3）**气门导管的功用与结构**

1）气门导管的功用

● 导向作用：保证气门做直线往复运动。

● 导热作用：将气门头部传给杆部的热量，通过汽缸盖传出去。

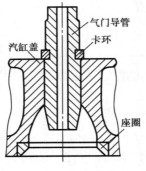
图 3.12 气门导管的定位

2）气门导管的材料

气门导管的材料一般为：灰铸铁、球墨铸铁或铁基粉末冶金等。

3）气门导管的结构与要求

● 多数气门导管内外加工后紧配合压入汽缸盖，然后再精铰内孔。

● 为防止气门导管在使用过程中松脱，有的发动机用卡环定位（图 3.12）。

（4）**气门弹簧及锁片（锁销）的功用与结构**

1）气门弹簧及锁片（锁销）的功用

● 气门弹簧的功用：保证气门按照凸轮的形状规律开闭。

● 锁片（锁销）的功用：在气门弹簧力的作用下，将气门弹簧座和气门杆锁住，使弹簧力作用到气门杆上。

2）气门弹簧的结构（图 3.13）

（a）等螺距圆柱弹簧

（b）变螺距圆柱弹簧

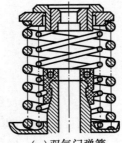
（c）双气门弹簧

图 3.13 气门弹簧

● 气门弹簧一端支承在汽缸盖上，另一端压靠在气门杆尾端的弹簧座上（图 3.2）。

● 气门弹簧座用锁片或锁销固定在气门杆的尾端（图 3.9）。

● 气门弹簧多为等螺距圆柱形（图 3.13（a））或变螺距圆柱形（图 3.13（b））。

● 有的发动机采用一大一小、一正一反的双气门弹簧结构（图 3.13（c））。

自测题2

1. 气门的功用是 _____。
2. 进、排气门的结构相似,都由 _____ 和 _____ 两部分组成。
3. 气门锥角 α 一般为 _____(°),也有的为30°。
4. 气门杆部与头部制成一体,在气门导管内起 _____ 作用。
5. 气门座的功用是 _____。
6. 气门弹簧的功用是 _____。

学习活动 2

(1)请仔细观察教师提供的配气机构气门组零件的结构特点,完成表3.2。

表 3.2 气门组零件结构特点记录表

汽车或发动机型号	
气门材料	
气门头部形状	平顶 ☐ 凸顶 ☐ 凹顶 ☐
气门锥角	45° ☐ 30° ☐
气门杆尾端形式	锁销 ☐ 锁片 ☐
气门座结构形式	镶嵌式结构 ☐ 在缸盖或缸体上直接镗出 ☐
气门座锥角	45° ☐ 30° ☐
气门弹簧形式	等螺距圆柱弹簧 ☐ 变螺距圆柱弹簧 ☐ 双气门弹簧 ☐

(2)请根据教师提供的配气机构零部件进行气门组零件的确认活动,指出各零件的名称和功用。

3.1.3 气门传动组零件的类型与结构

(1)凸轮轴的功用与结构

1)凸轮轴的功用

控制气门的开闭,每一个气门分别有相应的凸轮。

2)凸轮轴的材料

凸轮轴一般采用优质钢模锻而成,也有采用合金铸铁或球墨铸铁的。

3)凸轮轴的结构特点

• 凸轮轴上除驱动进、排气门的凸轮外,还有驱动分电器和机油泵的螺旋齿轮和驱动汽油泵的偏心轮等结构(图3.14)。

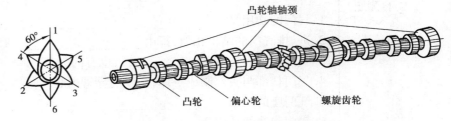

图 3.14　直列六缸汽油机凸轮轴

● 凸轮的排列方式决定发动机的做功顺序,根据凸轮轴可以判断发动机的做功顺序(图3.15)。

● 凸轮的轮廓形状决定气门的开闭时刻及开启高度(图3.16)。

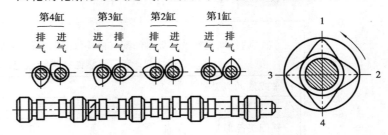

图 3.15　直列四缸发动机凸轮轴凸轮的排列

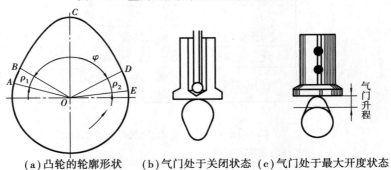

(a)凸轮的轮廓形状　(b)气门处于关闭状态　(c)气门处于最大开度状态

图 3.16　凸轮的轮廓形状

● 凸轮轴(与曲轴一样)也有全支承与非全支承两种形式。

● 凸轮轴轴颈的直径一般大于凸轮的最大向径,且前大后小,便于安装。

● 凸轮轴轴颈衬套有油孔与机体油道相通,以便润滑。

● 凸轮轴的轴向定位常采用止推片、止推套、止推螺钉等结构(图3.17)。

(2)**挺柱、推杆与摇臂组的功用与结构**

1)挺柱的功用与结构

● 挺柱的功用:将凸轮的推力传给推杆(或气门杆),并承受凸轮轴旋转时施加的侧向力。

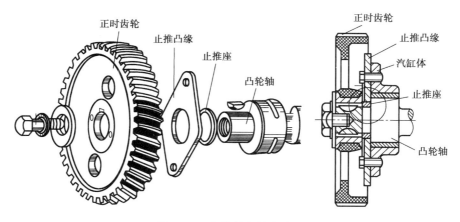

图 3.17　凸轮轴的轴向定位

- 普通挺柱的形式主要有:菌式、筒式和滚轮式等(图 3.18)。
- 挺柱与凸轮接触处有 1 ~ 3 mm 的偏心距或呈球面,使挺柱在上下运动的同时产生旋转,以便磨损均匀(图 3.18(a)、(b))。
- 挺柱与推杆接触处呈球面(凹坑或球头)。
- 近年来,液力挺柱被广泛地采用。

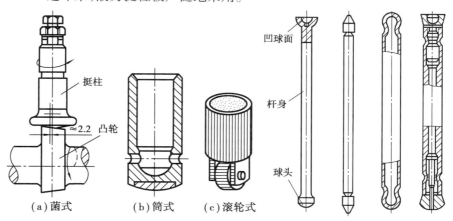

图 3.18　普通挺柱的形式　　　　　图 3.19　推杆的结构

2)推杆的功用与结构

- 推杆的功用:将挺柱传来的推力传给摇臂。用于凸轮轴下置或中置式配气机构。
- 推杆的结构:推杆是空心或实心细长杆,两端呈球头或凹球面(图3.19)。

3)摇臂组与摇臂的功用与结构

- 摇臂组:主要由摇臂、摇臂轴、摇臂轴支座及定位弹簧等零件组成(图 3.20)。
- 摇臂的功用:将推杆传来的力改变方向,作用到气门杆打开气门。
- 摇臂实际上是一个双臂杠杆(图 3.20)。

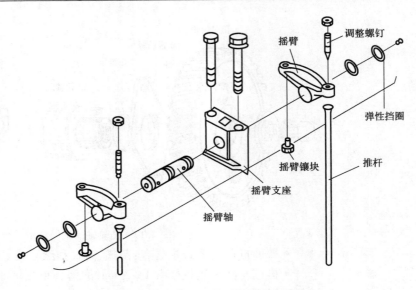

图 3.20 摇臂组的组成

自测题3

1. 凸轮轴的功用是＿＿＿＿＿＿＿＿＿＿＿＿＿＿＿＿＿＿＿＿。

2. 凸轮的排列决定＿＿＿＿＿＿＿，根据凸轮轴可以判断发动机的＿＿＿＿＿＿。

3. 凸轮的轮廓形状决定气门的＿＿＿＿＿＿和＿＿＿＿＿＿。

4. 凸轮轴的轴向定位常采用＿＿＿＿、＿＿＿＿、＿＿＿＿等结构。

5. 挺柱的功用是＿＿＿＿＿＿＿＿＿＿＿＿＿＿＿＿＿＿＿，

＿＿＿＿＿＿＿＿＿＿＿＿＿＿＿＿＿＿＿＿＿＿＿＿＿＿＿＿。

6. 普通挺柱的形式主要有＿＿＿＿、＿＿＿＿和＿＿＿＿等。

7. 摇臂组主要包括＿＿＿＿、＿＿＿＿、＿＿＿＿和＿＿＿＿等零件。

8. 摇臂的功用是＿＿＿＿＿＿＿＿＿＿＿＿＿＿＿＿＿＿＿＿。

⚙️ 学习活动 3

（1）请仔细观察教师提供的配气机构气门传动组零件的结构特点，完成表 3.3。

表 3.3   气门传动组零件结构特点记录表

汽车或发动机型号	
凸轮轴材料	
凸轮轴上的结构	凸轮 □ 螺旋齿轮 □ 偏心轮 □ 其他（ ）
凸轮轴支承形式	全支承 □ 非全支承 □
凸轮轴轴向定位方式	止推片 □ 止推套 □ 止推螺钉 □ 其他（ ）
是否液力挺柱	是 □ 否 □
挺柱结构形式	菌式 □ 筒式 □ 滚轮式 □
挺柱与推杆接触处形式	凹坑 □ 球头 □
推杆（如果有）杆身结构	空心 □ 实心 □
推杆（如果有）端部形式	球头 □ 凹坑 □

（2）请根据教师提供的配气机构零部件进行气门传动组零件的确认活动，指出各零件的名称和功用。

（3）请根据教师提供的发动机凸轮轴凸轮的排列情况，判断发动机的点火顺序。

（判断步骤：a. 确定凸轮轴的旋转方向；b. 判断进、排气凸轮；c. 判断发动机的做功顺序。）

汽车或发动机型号：＿＿＿＿＿＿＿，做功次序：＿＿＿＿＿＿＿＿＿＿＿。

汽车或发动机型号：＿＿＿＿＿＿＿，做功次序：＿＿＿＿＿＿＿＿＿＿＿。

3.1.4   气门间隙与配气相位

（1）气门间隙

1）气门间隙的定义

气门间隙是指气门完全关闭时气门杆尾端与摇臂或挺柱之间的间隙（图 3.21）。

2）气门间隙的功用

给配气机构零件的热膨胀留下余地，保证气门密封严密。

3）气门间隙的大小及其对发动机工作的影响

• 气门间隙的大小：不同机型，气门间隙的大小不同，根据实验确定。

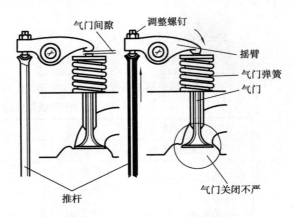

图 3.21　气门间隙及其调整装置

● 一般冷态时,排气门间隙大于进气门间隙:进气门间隙为 0.25 ~ 0.30 mm,排气门间隙为 0.30 ~ 0.35 mm。

● 气门间隙过大的影响:气门开启滞后,缩短了进排气时间,降低了气门的开启高度,使发动机因进气不足和排气不净而功率下降;同时,零件的撞击声增加,磨损加快。

● 气门间隙过小的影响:零件受热膨胀后,使气门关闭不严,造成漏气,功率下降,甚至气门撞击活塞。

 注意

　■ 采用液压挺柱的配气机构不需要留气门间隙。

（2）配气相位与配气相位图

1）配气相位与配气相位图的定义

● 配气相位:用曲轴转角表示的进、排气门的开启时刻和开启延续时间(图 3.22(a))。

● 配气相位图:用环形图表示的配气相位的关系图(图 3.22(b))。

2）进、排气门的配气相位

● 由于发动机曲轴转速很高,活塞每一行程历时都很短。为了使发动机进气充分和排气干净,进、排气门都是早开晚关的。

● 气门早开晚关角度的大小,根据车型,经过实验确定,由凸轮的形状、位置及配气机构的动力传递来保证。

一般进、排气门的配气相位如下(图 3.22):

● 进气提前角:$\alpha = 10° \sim 30°$;

● 进气延迟角:$\beta = 40° \sim 80°$。

● 排气提前角:$\gamma = 40° \sim 80°$;

● 排气延迟角:$\delta = 10° \sim 30°$。

● 进气门实际开启时间对应的曲轴转角:$\alpha + 180° + \beta = 230° \sim 290°$;

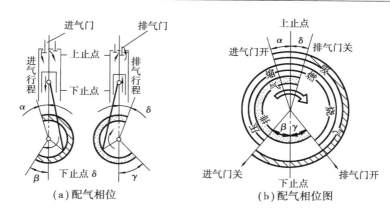

图 3.22 发动机的配气相位与配气相位图

- 排气门实际开启时间对应的曲轴转角：$\gamma + 180° + \delta = 230° \sim 290°$。

3）气门重叠与气门重叠角

- 气门重叠：进、排气门同时开启的现象。
- 气门重叠角：进、排气门同时开启时间内的曲轴转角 $\alpha + \delta = 20° \sim 60°$（图 3.22（b））。

自测题4

1. 气门间隙是指＿＿＿＿＿＿＿＿＿＿＿＿＿＿＿＿＿＿＿＿＿＿。
2. 气门间隙的功用是＿＿＿＿＿＿＿＿＿＿＿＿＿＿＿＿＿＿＿。
3. 配气相位是＿＿＿＿＿＿＿＿＿＿＿＿＿＿＿＿＿＿＿＿＿＿。
4. 配气相位图是＿＿＿＿＿＿＿＿＿＿＿＿＿＿＿＿＿＿＿＿。
5. 气门重叠是＿＿＿＿＿＿＿＿＿＿＿＿＿＿＿＿＿＿＿＿＿＿。
6. 气门重叠角是＿＿＿＿＿＿＿＿＿＿＿＿＿＿＿＿＿＿＿＿。

学习活动4

请仔细观察教师提供的配气机构的结构特点，在发动机上指出气门间隙的具体位置，并查找该发动机的配气相位，在下方画出配气相位图。

3.2 维护配气机构

3.2.1 查找与排除配气机构常见故障

- 配气机构的常见故障主要是以异响形式表现出来的机械故障。

• 配气机构的常见异响主要有：气门响、气门挺柱响、气门座圈响、气门弹簧响、正时齿轮响、凸轮轴响等。

• 配气机构的常见异响的主要原因及排除方法见表3.4。

表3.4　配气机构常见异响的主要原因及排除方法

主要原因	排除方法
①气门响	
气门弹簧座脱落	重新安装或更换有关零件
气门挺柱固定螺母松动	坚固或更换有关零件
气门间隙过大	调整气门间隙
凸轮磨损过量	更换凸轮轴
气门导管积炭咬住气门	清除积炭
②气门挺柱响	
气门挺柱与导孔配合松旷	检查、更换有关零件
气门挺柱杯形球面磨损变形	更换气门挺柱
凸轮磨损变形	更换凸轮轴
润滑不良	检查、排除润滑系故障
③气门座圈响	
气门座圈松旷	更换气门座圈
气门座圈材料膨胀系数太小	更换气门座圈
④气门弹簧响	
气门弹簧折断	更换气门弹簧
气门弹簧弹力太小	更换气门弹簧
⑤正时齿轮响	
正时齿轮损坏	更换正时齿轮
正时齿轮松动	坚固或更换有关零件
正时齿轮啮合间隙过大或过小	调整或更换正时齿轮
正时齿轮啮合不正常	调整或更换正时齿轮
⑥凸轮轴响	
凸轮轴与衬套配合松旷	更换凸轮轴或衬套
凸轮轴衬套转动	更换衬套
凸轮轴弯曲变形	校正或更换凸轮轴
凸轮轴轴向间隙过大	调整轴向间隙
凸轮轴衬套合金层烧毁或脱落	更换衬套

3.2.2　检测汽缸压缩压力的方法和步骤

实作活动 1

请在教师的指导下,按照下述方法和步骤,进行发动机汽缸压缩压力的检测活动,并完成表3.5。

表 3.5　检测汽缸压缩压力数据记录表

汽车或发动机型号		汽缸压缩压力推荐值				
缸　号	1 缸	2 缸	3 缸	4 缸	5 缸	6 缸
第 1 次测量值						
第 2 次测量值						
平均值						
分析测量结果						
修复方案建议						

- 汽缸压缩压力用汽缸压力表检测(图 3.23)。

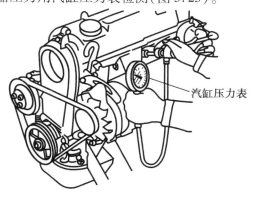

汽缸压力表

图 3.23　检测汽缸压缩压力

- 将发动机启动并运转至正常工作温度后熄火。
- 拆除全部火花塞或喷油器(汽油机将阻风门和节气门全开)。
- 将汽缸压力表的锥形橡皮头压紧在火花塞或喷油器孔上。
- 用起动机驱动曲轴 3 ~ 5 s(汽油机转速 150 ~ 180 r/min,柴油机转速约 500 r/min)。
- 记录汽缸压力表的读数。各缸至少测量两次,取平均值。
- 若所测得的气压压缩压力与标准规定不相符,说明汽缸密封不良。

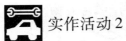学习活动5

请在检测汽缸压缩压力实作活动后完成以下内容：

车型或发动机型号：_____

使用的工量具及设备：_____

_____

安全及其他注意事项：_____

_____

主要步骤：_____

_____

_____

_____

_____

3.2.3　检查与调整气门间隙的方法和步骤

实作活动2

请在教师的指导下，按照下述方法和步骤，进行发动机气门间隙的检查与调整活动，并完成表3.6。

表3.6　检查气门间隙数据记录表

汽车或发动机型号			气门间隙推荐值		进气门：	
					排气门：	
缸　号	1缸	2缸	3缸	4缸	5缸	6缸
进气门测量值						
排气门测量值						
分析测量结果						
修复方案建议						

（1）检查气门间隙的方法

● 摇转曲轴，使被检查的气门完全关闭。

● 用适当厚度的厚薄规片插入气门杆尾端与促动零件之间。

● 来回拉动厚薄规片，感到稍有阻力时的厚薄规片厚度值即为气门间隙。

（2）**逐缸法调整气门间隙的步骤**

● 摇转曲轴至第1缸压缩行程上止点位置，使第1缸压缩上止点记号对准（图3.24）。

● 拧松该缸进、排气门的锁紧螺母。

● 用符合规定气门间隙的厚薄规片插入气门间隙处。

● 一般所选厚薄规片的厚度比规定气门间隙约薄0.05 mm。

● 边拉动厚薄规，边旋转调整螺钉，直到拉动厚薄规稍有阻力为止（图3.25）。

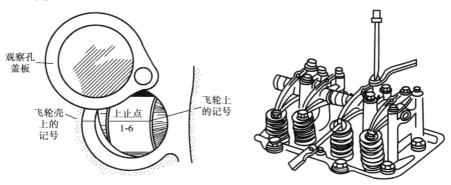

图3.24　发动机1、6缸上止点记号　　　　图3.25　调整气门间隙

● 固定调整螺钉，拧紧锁紧螺母。

● 用厚薄规复查一次。

● 按发动机工作顺序，摇转曲轴至下一缸压缩行程上止点（每次摇转曲轴的角度为发动机的做功间隔角）。

● 按上述方法调整该缸气门间隙。

● 用相同方法调整其余各缸气门间隙。

（3）**两次法调整气门间隙的步骤**

● 摇转曲轴至第1缸压缩行程上止点，使第1缸压缩上止点记号对准（图3.24）。

● 按上述调整方法调整半数可调气门的气门间隙。

● 四行程发动机的可调气门按图3.26至图3.29确定。

● 摇转曲轴一周，调整其余半数气门的气门间隙。

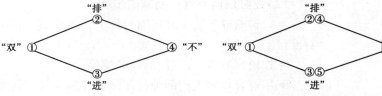

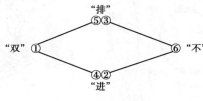

"双":进、排气门均可调;

"排":排气门可调;

"不":进、排气门均不可调;

"进":进气门可调。

"双":进、排气门均可调;

"排":排气门可调;

"不":进、排气门均不可调;

"进":进气门可调;

"0":单数缸机的虚设缸。

图 3.26　四缸发动机的可调气门　　图 3.27　五缸发动机的可调气门
　　　（点火顺序 1-2-4-3）　　　　　　　（点火顺序 1-2-4-5-3）

"双":进、排气门均可调;

"排":排气门可调;

"不":进、排气门均不可调;

"进":进气门可调。

"双":进、排气门均可调;

"排":排气门可调;

"不":进、排气门均不可调;

"进":进气门可调。

图 3.28　六缸发动机的可调气门　　图 3.29　八缸发动机的可调气门
　　　（点火顺序 1-5-3-6-2-4）　　　　　（点火顺序 1-5-4-8-6-3-7-2）

学习活动 6

请在检查与调整气门间隙实作活动后完成以下内容:

车型或发动机型号:＿＿＿＿＿＿＿＿＿＿＿＿＿＿＿＿＿＿＿

使用的工量具及设备:＿＿＿＿＿＿＿＿＿＿＿＿＿＿＿＿＿

＿＿＿＿＿＿＿＿＿＿＿＿＿＿＿＿＿＿＿＿＿＿＿＿＿＿＿＿

安全及其他注意事项:＿＿＿＿＿＿＿＿＿＿＿＿＿＿＿＿＿

＿＿＿＿＿＿＿＿＿＿＿＿＿＿＿＿＿＿＿＿＿＿＿＿＿＿＿＿

主要步骤:＿＿＿＿＿＿＿＿＿＿＿＿＿＿＿＿＿＿＿＿＿＿＿

＿＿＿＿＿＿＿＿＿＿＿＿＿＿＿＿＿＿＿＿＿＿＿＿＿＿＿＿

＿＿＿＿＿＿＿＿＿＿＿＿＿＿＿＿＿＿＿＿＿＿＿＿＿＿＿＿

＿＿＿＿＿＿＿＿＿＿＿＿＿＿＿＿＿＿＿＿＿＿＿＿＿＿＿＿

＿＿＿＿＿＿＿＿＿＿＿＿＿＿＿＿＿＿＿＿＿＿＿＿＿＿＿＿

3.2.4　拆装配气机构的要点

 实作活动 3

请在教师的指导下,按照下述拆装要点和正确的拆装顺序进行配气机构的拆装活动。

不同类型的配气机构,其拆装顺序有很大区别,这里仅介绍配气机构的拆装要点。

（1）**配气机构各总成的拆装顺序**

• 拆卸摇臂轴总成。

• 拆卸凸轮轴及正时齿轮总成。

• 拆卸气门组零件。

• 安装顺序与拆卸顺序相反,只是增加了在零件的摩擦表面涂抹机油的程序。

 注意

■ 气门与气门座是成对配研的,拆装时不得错乱。

■ 挺柱与导孔经过磨合,彼此已经相适,也不应错乱。

（2）**摇臂轴总成的拆装要点**

• 拆卸摇臂轴总成时,应将全部摇臂轴支座的固定螺栓分几次逐渐拧松,使摇臂轴平行地远离汽缸盖。

• 安装时也应分几次逐渐拧紧其固定螺栓,以防摇臂轴弯曲。

（3）**凸轮轴总成的拆装要点**

• 拆卸前先确认正时记号（图 3.30）。

• 若无记号或记号不清楚,应重做记号。

• 安装时对号安装。

• 拆卸时应先解除凸轮轴的轴向定位。

• 下置式凸轮轴与曲轴的正时齿轮是一对圆柱斜齿轮,其拆装应在不断转动中进行。

• 承受处于气门开启的气门弹簧力作用的上置式凸轮轴,应按前述摇臂轴总成的拆装要点进行拆装。

（4）**气门组拆装要点**

• 拆装气门弹簧与气门导管,应使用专用工具（图 3.31、图 3.32）。

• 拆除气门座,可使用专用工具,也可采用镗削的方法将旧气门座镗除。

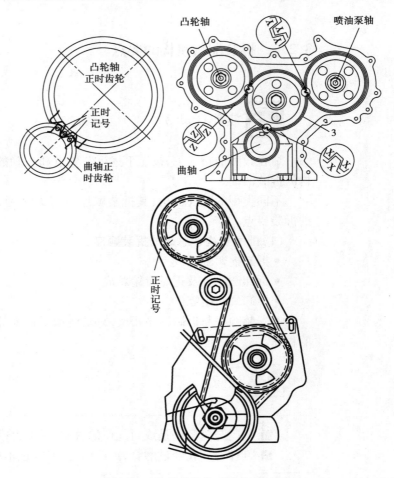

图 3.30 几种常见发动机的正时记号

图 3.31 几种拆装气门弹簧的专用工具

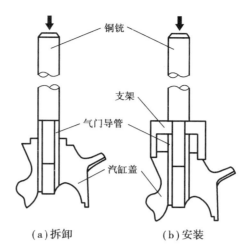

（a）拆卸　　　　　（b）安装

图 3.32　拆装气门导管

学习活动 7

请在拆装配气机构实作活动后完成以下内容：

车型或发动机型号：_____

使用的工量具及设备：_____

_____

安全及其他注意事项：_____

_____

主要步骤：_____

_____

_____

_____

_____

3.3　检修配气机构

3.3.1　检修气门的方法和步骤

实作活动 4

请在教师的指导下，按照下述方法和步骤，进行气门的检修活动，并完成表3.7、表3.8。

表3.7 测量气门头、气门杆及端面磨损数据记录表

单位:mm

汽车或发动机型号			气门头边缘厚度推荐值			端面磨损推荐值			气门杆直径推荐值			
气门编号		1	2	3	4	5	6	7	8	9	10	11	12
气门头边缘厚度													
端面磨损													
气门杆直径	上部	A—A											
		B—B											
	中部	A—A											
		B—B											
	下部	A—A											
		B—B											
分析测量结果													
修复方案建议													

表3.8 检测气门杆弯曲度与气门头部倾斜度数据记录表

单位:mm

汽车或发动机型号			气门杆弯曲度推荐值				气门头倾斜度推荐值			
气门编号	1	2	3	4	5	6	7	8	9	10	11	12
气门杆弯曲度测量值											
气门头倾斜度测量值											
分析测量结果											
修复方案建议											

● 气门有裂纹、破损或烧损,应更换。

● 气门工作面有严重的斑点、烧蚀、刻痕和凹陷,应更换。

● 气门工作面磨损可在专用的气门光磨机上磨削(图3.33),气门经光磨后,其头部最小边缘厚度 a 应不小于允许极限(图3.34)。

● 气门杆端面磨损未超过允许值(图3.35),可在气门光磨机上磨削(图3.36);超过允许值时,应更换气门。

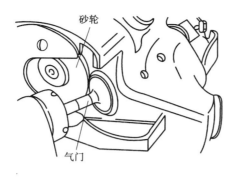
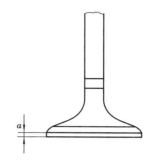

图 3.33 使用气门光磨机磨削气门工作面   图 3.34 气门头边缘厚度

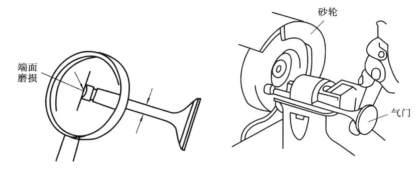

图 3.35 气门杆端面磨损   图 3.36 使用气门光磨机磨削气门杆端面

• 气门杆的磨损用外径千分尺测量上、中、下三个截面相互垂直的两个方向(A—A、B—B)的直径(图 3.37),测得的直径小于最小允许值时,应更换气门。

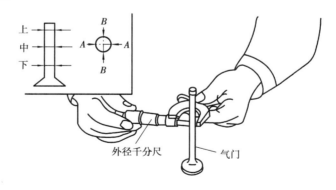

图 3.37 测量气门杆的直径

• 气门杆的弯曲度与气门头部的倾斜度可用百分表检测(图 3.38)。

• 将气门支承在两个相距 100 mm 的 V 形架上。

• 将百分表触头抵在气门杆中部,转动气门杆一周,百分表最大与最小读数之差即为气门杆的弯曲度。

• 将百分表触头抵住气门头部,转动气门一周,百分表最大与最小读数之差即为气门头部的倾斜度。

• 气门杆的弯曲度也可在平台上用厚薄规检查(图3.39)。

• 气门杆弯曲度超过0.05 mm,气门头部倾斜度超过0.03 mm,应更换气门。

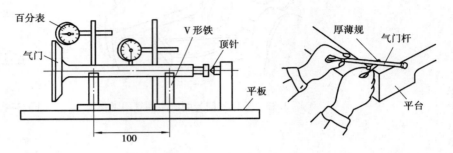

图3.38 百分表检测气门杆弯曲度与 　图3.39 平台上检查气门杆弯曲度
　　　　气门头部倾斜度

学习活动8

请在检修气门实作活动后完成以下内容:

车型或发动机型号:＿＿＿＿＿＿＿＿＿＿＿＿＿＿＿

使用的工量具及设备:＿＿＿＿＿＿＿＿＿＿＿＿＿＿＿

＿＿＿＿＿＿＿＿＿＿＿＿＿＿＿＿＿＿＿＿＿＿＿＿＿

安全及其他注意事项:＿＿＿＿＿＿＿＿＿＿＿＿＿＿＿

＿＿＿＿＿＿＿＿＿＿＿＿＿＿＿＿＿＿＿＿＿＿＿＿＿

主要步骤:＿＿＿＿＿＿＿＿＿＿＿＿＿＿＿＿＿＿＿＿＿

＿＿＿＿＿＿＿＿＿＿＿＿＿＿＿＿＿＿＿＿＿＿＿＿＿

＿＿＿＿＿＿＿＿＿＿＿＿＿＿＿＿＿＿＿＿＿＿＿＿＿

＿＿＿＿＿＿＿＿＿＿＿＿＿＿＿＿＿＿＿＿＿＿＿＿＿

＿＿＿＿＿＿＿＿＿＿＿＿＿＿＿＿＿＿＿＿＿＿＿＿＿

3.3.2 检修气门座的方法和步骤

 实作活动5

请在教师的指导下,按照下述方法和步骤,进行气门座的检修活动。

• 气门座与气门的密封锥面只有轻微磨损时,可直接研磨气门与气门座。

● 气门座与气门的密封锥面磨损较严重时,应先铰削或磨削气门座,再用气门配对研磨。

（1）铰削气门座的方法和步骤

● 选择铰刀:铰削气门座应使用专用的成套铰刀。

● 选择刀杆:根据气门导管内径选择铰刀导杆,一般以能穿入气门导管内滑动自如又无松旷感为合适。

● 砂磨硬化层:用砂纸垫在铰刀下进行砂磨(图 3.40)。

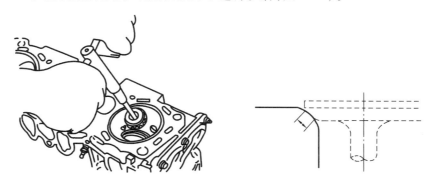

图 3.40　铰削气门座方法

● 粗铰:选用与气门密封锥角相同的粗铰刀,套在导杆上,用气门导管导向进行铰削。铰削时,两手用力要均匀,转速要一致,防止起棱(图 3.40、图 3.41(a))。

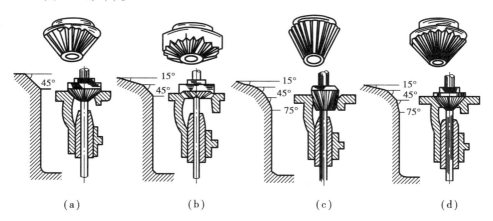

(a)　　　　(b)　　　　(c)　　　　(d)

图 3.41　铰削气门座步骤

● 试配:初铰后用气门试配,检查密封锥面的接触位置,要求气门头上的接触位置居中略偏向锥面小端为合适;若接触位置偏上,可用 15°铰刀铰削上口;若接触位置偏下,可用 75°铰刀铰削下口(图 3.41(b)、(c))。

● 修整密封带:选用与气门锥角相同的铰刀修整密封带宽度,一般进、排气门密封带的宽度分别为 1~2 mm 和 1.5~2.5 mm。

● 精铰:选用与气门锥角相同的细铰刀精铰,或在铰刀下垫砂纸光磨(图 3.41(d))。

（2）研磨气门与气门座的方法和步骤

· 准备研磨:研磨前应先用汽油清洗气门、气门座和气门导管,并将气门按顺序排列或在气门顶做上记号,以免错乱。

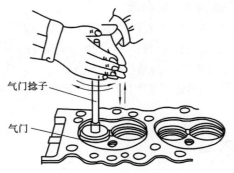

气门捻子

气门

· 粗研:在气门密封锥面涂薄薄一层粗研磨砂,气门杆上涂适量机油,将气门插入导管内,利用气门捻子吸住气门顶部,使气门做上下往复和左右旋转运动与气门座进行研磨(图3.42)。

· 细研:当气门与气门座的密封锥面磨出一条较完整且无斑痕的接触环带时,将粗研磨砂洗去,换用细研磨砂研磨。

图3.42　手工研磨气门与气门座

· 油研:当密封锥面出现一条整齐的灰色环带时,洗去细研磨砂,涂上机油再继续研磨几分钟。

 注意

■ 不要将研磨砂掉入气门导管内。
■ 旋转的角度不宜过大(一般为10°~30°),且不应过分用力。

（3）检验气门密封性的方法

· 拍打法:将气门在相配气门座上轻拍数次,然后查看接触带,如有明亮的连续光环,表明气门密封良好。

· 渗油法:将气门放入相配的气门座,将汽油或煤油浇在气门顶面上,如5 min内无渗漏,表明气门密封良好。

· 画线法:用软铅笔在气门密封锥面顺轴向均匀画上直线,将气门对号插入导管中,用气门捻子吸住气门顶部上下拍击数次,若所画直线全部被均匀切断,表明气门密封良好(图3.43)。

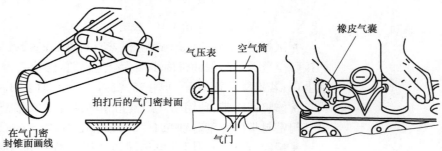

在气门密封锥面画线

拍打后的气门密封面

气压表　空气筒

气门

橡皮气囊

图3.43　画线法检验气门密封性　　　图3.44　检验仪器检验气门密封性

● 检验仪器检查:如有条件,气门的密封性也可采用带有气压表的气门密封性检验仪进行检验(图 3.44)。先将检验仪的空气筒紧紧地压在有气门的气门座上,捏动橡皮气囊,使空气筒内具有 60～70 kPa 的压力,停留 30 s,如气压表的压力不下降,即密封性合格。

学习活动 9

请在检修气门座实作活动后完成以下内容:

车型或发动机型号:＿＿＿＿＿＿＿＿＿＿＿＿＿＿＿＿＿＿

使用的工量具及设备:＿＿＿＿＿＿＿＿＿＿＿＿＿＿＿＿

＿＿＿＿＿＿＿＿＿＿＿＿＿＿＿＿＿＿＿＿＿＿＿＿＿＿＿

安全及其他注意事项:＿＿＿＿＿＿＿＿＿＿＿＿＿＿＿＿

＿＿＿＿＿＿＿＿＿＿＿＿＿＿＿＿＿＿＿＿＿＿＿＿＿＿＿

主要步骤:＿＿＿＿＿＿＿＿＿＿＿＿＿＿＿＿＿＿＿＿＿＿

＿＿＿＿＿＿＿＿＿＿＿＿＿＿＿＿＿＿＿＿＿＿＿＿＿＿＿

＿＿＿＿＿＿＿＿＿＿＿＿＿＿＿＿＿＿＿＿＿＿＿＿＿＿＿

＿＿＿＿＿＿＿＿＿＿＿＿＿＿＿＿＿＿＿＿＿＿＿＿＿＿＿

＿＿＿＿＿＿＿＿＿＿＿＿＿＿＿＿＿＿＿＿＿＿＿＿＿＿＿

3.3.3   检修凸轮轴及轴承的方法和步骤

实作活动 6

请在教师的指导下,按照下述方法和步骤,进行凸轮轴及轴承的检修活动,并完成表 3.9、表 3.10。

表 3.9   测量凸轮高度数据记录表

单位:mm

汽车或发动机型号						凸轮高度推荐值						
凸轮编号	1	2	3	4	5	6	7	8	9	10	11	12
凸轮高度测量值 左												
右												
分析测量结果												
修复方案建议												

表 3.10   测量凸轮轴轴颈直径数据记录表

单位:mm

汽车或发动机型号						轴颈直径推荐值				
轴颈编号			1	2	3	4	5	6	7	8
轴颈直径测量值	左方	A—A								
		B—B								
	右方	A—A								
		B—B								
分析测量结果										
修复方案建议										

● 检修传动齿轮:驱动分电器及机油泵的传动齿轮齿厚磨损 0.5 mm,应更换凸轮轴。

● 检修偏心轮:偏心轮的表面磨损或固定正时齿轮的螺纹损坏超过 2 牙,可堆焊后重新加工,或更换凸轮轴。

● 键与键槽磨损:正时齿轮键与键槽磨损,应更换键或凸轮轴。

● 检修凸轮:凸轮的磨损可用外径千分尺测量左右两个截面(H_1、H_2)的高度(图 3.45),如超过磨损极限(凸轮升程的减小一般不超过0.4 mm),应更换凸轮轴。

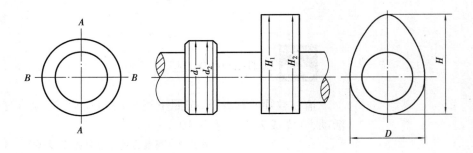

图 3.45   凸轮高度及凸轮轴轴颈的测量

● 检修凸轮轴轴颈:轴颈的磨损可用外径千分尺测量左右两个截面(d_1、d_2)相互垂直的两个方向(A—A、B—B)的直径(图 3.45),如超过磨损极限,应更换凸轮轴或按修理尺寸磨削轴颈,再配用相应修理尺寸的轴承。

● 检修凸轮轴的弯曲变形:将凸轮轴放在车床两顶尖之间,或放在平台的 V 形铁上(图 3.46),用两端轴颈为支点,将百分表触头抵在中间轴颈上,缓慢转动凸轮轴一周,如百分表摆差超过 0.1 mm,可采用冷压法校正,校正后的弯曲度一般不大于 0.03 mm。

● 轴颈与轴承的配合间隙:一般为 0.03 ~ 0.07 mm,最大不超过

0.15 mm,如超限应更换轴承。

● 止推片磨损:凸轮轴的轴向间隙超过规定,应更换止推片。

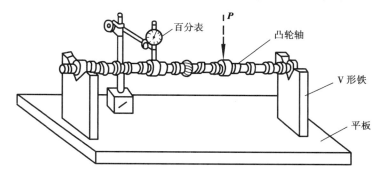

图 3.46　检验与校正凸轮轴的弯曲变形

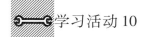学习活动 10

请在检修凸轮轴及轴承实作活动后完成以下内容:

车型或发动机型号:＿＿＿＿＿＿＿＿＿＿＿＿＿＿＿＿＿＿＿＿

使用的工量具及设备:＿＿＿＿＿＿＿＿＿＿＿＿＿＿＿＿＿＿

＿＿＿＿＿＿＿＿＿＿＿＿＿＿＿＿＿＿＿＿＿＿＿＿＿＿＿＿＿＿

安全及其他注意事项:＿＿＿＿＿＿＿＿＿＿＿＿＿＿＿＿＿＿＿

＿＿＿＿＿＿＿＿＿＿＿＿＿＿＿＿＿＿＿＿＿＿＿＿＿＿＿＿＿＿

主要步骤:＿＿＿＿＿＿＿＿＿＿＿＿＿＿＿＿＿＿＿＿＿＿＿＿＿

＿＿＿＿＿＿＿＿＿＿＿＿＿＿＿＿＿＿＿＿＿＿＿＿＿＿＿＿＿＿

＿＿＿＿＿＿＿＿＿＿＿＿＿＿＿＿＿＿＿＿＿＿＿＿＿＿＿＿＿＿

＿＿＿＿＿＿＿＿＿＿＿＿＿＿＿＿＿＿＿＿＿＿＿＿＿＿＿＿＿＿

＿＿＿＿＿＿＿＿＿＿＿＿＿＿＿＿＿＿＿＿＿＿＿＿＿＿＿＿＿＿

3.3.4　检修气门挺柱、气门推杆、气门导管与气门弹簧的方法和步骤

实作活动 7

请在教师的指导下,按照下述方法和步骤,进行气门挺柱、气门推杆、气门导管与气门弹簧的检修活动,并完成表 3.11—表 3.14。

表 3.11 测量挺柱直径数据记录表

单位:mm

汽车或发动机型号				挺柱直径推荐值			圆度误差推荐值			圆柱度误差推荐值		
挺柱编号		1	2	3	4	5	6	7	8	9	10	11	12
挺柱直径	上部	A—A											
		B—B											
	中部	A—A											
		B—B											
	下部	A—A											
		B—B											
圆度误差													
圆柱度误差													
分析测量结果													
修复方案建议													

表 3.12 测量推杆弯曲度数据记录表

单位:mm

汽车或发动机型号				推杆弯曲度推荐值								
推杆编号	1	2	.3	4	5	6	7	8	9	10	11	12
推杆弯曲度测量值												
分析测量结果												
修复方案建议												

表 3.13 测量气门杆与其导管配合间隙数据记录表

单位:mm

汽车或发动机型号				气门杆与其导管配合间隙推荐值								
气门编号	1	2	3	4	5	6	7	8	9	10	11	12
配合间隙测量值												
分析测量结果												
修复方案建议												

表 3.14　测量气门弹簧自由长度数据记录表

单位:mm

汽车或发动机型号					气门弹簧自由长度推荐值							
气门弹簧编号	1	2	3	4	5	6	7	8	9	10	11	12
自由长度测量值												
分析测量结果												
修复方案建议												

（1）检修气门挺柱

● 检查挺柱工作面:单点剥落直径大于 2 mm,或多点剥落连成一片,或边缘剥落,应更换挺柱(图 3.47)。

● 检测挺柱直径:用外径千分尺测量挺柱上、中、下三个截面相互垂直的两个方向($A—A$,$B—B$)的直径(图 3.48),若磨损量超过 0.05 mm,或圆度和圆柱度误差超过 0.03 mm,应更换气门挺柱。

● 检查挺柱与导孔配合间隙的经验法:在不涂机油时,用拇指将挺柱推入导孔应稍有阻力;如涂上机油,挺柱上下运动和旋转应灵活,晃动时无间隙感为合适。

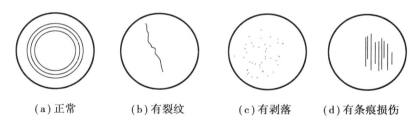

（a）正常　　　　（b）有裂纹　　　　（c）有剥落　　　　（d）有条痕损伤

图 3.47　挺柱工作面的损伤

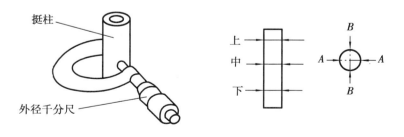

图 3.48　检测挺柱直径

（2）检修气门推杆

● 推杆上下端球面应光滑,无裂纹,无变形及磨损起槽。

● 杆身表面光滑、平直,无锈蚀和裂纹现象。

113

• 推杆的弯曲度可用百分表检测(图3.49),也可在平台上用厚薄规检查(图3.50),其误差一般不大于0.3 mm。

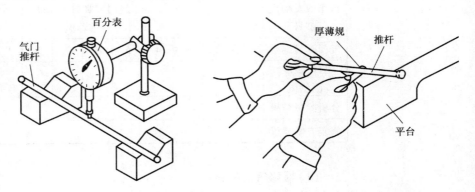

图3.49　用百分表检测推杆的弯曲度　　图3.50　在平台上用厚薄规检查推杆的弯曲度

(3)检测气门杆与气门导管的配合间隙

• 百分表检测:将气门提离汽缸盖平面15 mm左右,百分表触头抵在气门头部边缘,左右摆动气门,百分表摆动读数的一半即为配合间隙(图3.51),如不符合规定,应更换气门导管。

• 经验法检查:将气门杆和气门导管孔洗擦干净,在气门杆上涂一层机油放入导管中,上下拉动气门数次,然后提起气门,松手后气门借自身重量慢慢下降为合适。

(4)检查与选配气门弹簧

• 气门弹簧外表面应无变形、裂纹等缺陷。

• 气门弹簧的自由长度应符合规定,可用游标卡尺测量(图3.52),也可用新旧气门弹簧对比法检查。

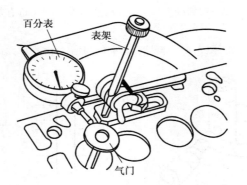
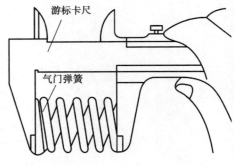

图3.51　检测气门杆与气门导管配合间隙　　图3.52　测量气门弹簧的自由长度

学习活动 11

请在检修气门挺柱、气门推杆、气门导管与气门弹簧实作活动后完成以下内容：

车型或发动机型号：_____

使用的工量具及设备：_____

_____

安全及其他注意事项：_____

_____

主要步骤：_____

_____

_____

_____

_____

3.3.5　检修摇臂及摇臂轴总成和正时带、正时链及链轮的方法和步骤

实作活动 8

请在教师的指导下，按照下述方法和步骤，进行摇臂及摇臂轴总成和正时带、正时链及链轮的检修活动，并完成表 3.15。

表 3.15　检测正时链长度、正时链轮直径数据记录表

单位：mm

汽车或发动机型号		
正时链长度	推荐值	
	测量值	
正时链轮直径	推荐值	
	测量值	
分析测量结果		
修复方案建议		

（1）检修摇臂及摇臂组总成

● 摇臂和摇臂轴工作面无缺口、凹陷、沟槽、麻点、划损等缺陷。

图 3.53　检查正时带张紧度

● 摇臂与摇臂轴的配合应转动灵活,但无间隙感。

● 检查、疏通摇臂润滑油孔。

● 气门间隙调整螺钉螺纹应完好无损。

(2)检修正时带、正时链及链轮

● 检查与调整正时带张紧度:用手指在两带轮中间捏住正时带,以手指的力量能将正时带捏转 90°为合适(图 3.53),不符时应通过张紧轮调整。

● 检测正时链长度:对链条施加一定拉力(一般为 50 N),测量其长度(图 3.54(a)),如不符合规定,应更换链条。

● 检测正时链轮:将链条分别包住凸轮轴和曲轴的正时齿轮,用游标卡尺测量其直径(图 3.54(b)),若小于允许值,应更换链条和链轮。

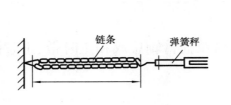

(a)测量链条长度

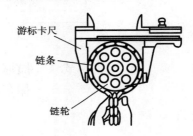

(b)测量链轮直径

图 3.54　检测正时链与链轮

学习活动 12

　　请在检修摇臂及摇臂轴总成和正时带、正时链及链轮实作活动后完成以下内容:

　　车型或发动机型号:＿＿＿＿＿＿＿＿＿＿＿＿＿＿＿＿＿＿

　　使用的工量具及设备:＿＿＿＿＿＿＿＿＿＿＿＿＿＿＿＿

＿＿＿＿＿＿＿＿＿＿＿＿＿＿＿＿＿＿＿＿＿＿＿＿＿＿＿＿

　　安全及其他注意事项:＿＿＿＿＿＿＿＿＿＿＿＿＿＿＿

＿＿＿＿＿＿＿＿＿＿＿＿＿＿＿＿＿＿＿＿＿＿＿＿＿＿＿＿

　　主要步骤:＿＿＿＿＿＿＿＿＿＿＿＿＿＿＿＿＿＿＿＿

＿＿＿＿＿＿＿＿＿＿＿＿＿＿＿＿＿＿＿＿＿＿＿＿＿＿＿＿

＿＿＿＿＿＿＿＿＿＿＿＿＿＿＿＿＿＿＿＿＿＿＿＿＿＿＿＿

＿＿＿＿＿＿＿＿＿＿＿＿＿＿＿＿＿＿＿＿＿＿＿＿＿＿＿＿

＿＿＿＿＿＿＿＿＿＿＿＿＿＿＿＿＿＿＿＿＿＿＿＿＿＿＿＿

 单元鉴定单

单元3 实施配气机构维护

班　级	学　号	姓　名	单元鉴定结果	
			合　格	
			不合格	

鉴定内容	鉴定结果	
	是	否
你是否完成1~4的自测题及1~12的学习活动,并得到教师的确认?		
你是否根据已有程序和预定标准,收集、分析和组织完成资料?		
你是否通过标准的精确性和有效性,正确地交流信息?		
你是否按计划有组织地完成了活动目标?		
你是否充分使用学习资源,达到了学习目标?		

操作技能完成水平:

　　上述所有项目都是肯定回答,则单元鉴定结果为合格。

　　如果不是,请你咨询你的教师,直至合格为止。

　　你还可以要求附加有关活动,帮助你完成要求的操作技能。

　　完成上述内容后,请你的教师签字。

教师签字:＿＿＿＿＿＿＿＿＿＿

学生签字:＿＿＿＿＿＿＿＿＿＿

完成日期:＿＿＿＿＿＿＿＿＿＿

单元评估表

单元3　实施配气机构维护　　　　姓名＿＿＿＿＿＿＿＿　日期＿＿＿＿＿＿

评估内容	非常同意	同意	没有意见	不同意	非常不同意
①这一单元给我很好地提供了……的综述。					
②这一单元帮助我理解了……的理论。					
③我现在对尝试……感到了自信。					
④该单元的内容适合我的需求。					
⑤该单元中举办了各种活动。					
⑥该单元中不同部分融合得很好。					
⑦单元学习中教师待人友善，愿意帮忙。					
⑧单元学习让我做好了参加鉴定的准备。					
⑨该单元中所有的教学方法对我学习起到了帮助的作用。					
⑩该单元提供的信息量适当。					
⑪该单元鉴定是公平、适当的。					
你对改善本科目后面单元的教学建议：					

单元 4　实施汽油机燃料供给系维护

 学习目的

学完这一单元应具有以下能力：
- 正确识别汽油机燃料供给系各构件及其结构。
- 知道汽油的性能与选用的相关知识。
- 诊断与排除汽油机燃料供给系的常见故障。
- 实施汽油机燃料供给系的正确维护与检修。

 学习资源

- 多媒体教室,有关汽油机燃料供给系组成、结构,常见故障诊断与排除和维护与检修方面的参考书及 VCD 等。
- 汽车实训中心、实训用各种型号的汽车或发动机及其零部件实物和模型等。
- 汽车维护与检修常用设备及工量具。

 职场安全

- 一般的安全知识:穿戴安全帽、劳保服、劳保鞋,车间实作安全规则,设备个人操作安全等。
- 主动查阅以下政府和企业的安全法律法规,并自觉遵守有关的安全法规:《国家劳动法》《国家安全生产法》《国家消防法》《汽车维修作业安全操作规程》《钳工作业安全操作规程》《焊接作业安全操作规程》《公民的权利和义务》等。

学习信息与学习步骤

4.1 认识汽油机燃料供给系各零部件

4.1.1 汽油机燃料供给系的功用、类型和组成

（1）**汽油机燃料供给系的功用**

根据汽油机不同工作情况的要求,配制出一定数量和浓度的可燃混合气,供入汽缸,并将燃烧后的废气排出汽缸。

（2）**汽油机燃料供给系的类型**

● 汽油机燃料供给系的基本类型有:化油器式和电子控制汽油喷射式两种。

● 本单元仅介绍化油器式燃料供给系(以下简称"汽油机燃料供给系"),电子控制汽油喷射式燃料供给系将另开课程介绍。

（3）**汽油机燃料供给系的组成**

汽油机燃料供给系由汽油供给装置、空气供给装置、可燃混合气形成装置和废气排出装置四部分组成(图4.1)。

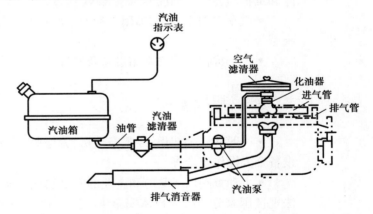

图4.1 汽油机燃料供给系组成

1)汽油供给装置的组成和功用

● 组成:汽油箱、汽油泵、汽油滤清器、油管等。

● 功用:储存、滤清和输送汽油。

2)空气供给装置的组成和功用

● 组成:空气滤清器。

● 功用:将空气中的尘土分离出来,保证供给汽缸足够量的清洁空气。

3)可燃混合气形成装置的组成和功用

● 组成:化油器。

● 功用:根据汽油机不同工作情况的要求,配制出一定数量和浓度的可燃混合气。

4)混合气供给和废气排出装置的组成和功用
- 组成:进、排气管,排气消音器等。
- 功用:将可燃混合气引入汽缸,并将燃烧后的废气引入大气。

自测题1

1. 汽油机燃料供给系的功用是＿＿＿＿＿＿＿＿＿＿＿＿＿＿＿＿＿＿＿

　＿＿＿＿＿＿＿＿＿＿＿＿＿＿＿＿＿＿＿＿＿＿＿＿＿＿＿＿＿＿＿＿＿

　＿＿＿＿＿＿＿＿＿＿＿＿＿＿＿＿＿＿＿＿＿＿＿＿＿＿＿＿＿＿。

2. 汽油机燃料供给系的基本类型有＿＿＿＿＿和＿＿＿＿＿两种。

3. 汽油机燃料供给系由＿＿＿＿＿、＿＿＿＿＿、＿＿＿＿＿和＿＿＿＿＿

　四部分组成。

4. 汽油供给装置包括＿＿＿＿＿、＿＿＿＿＿、＿＿＿＿＿、＿＿＿＿＿等。

5. 空气供给装置主要是指＿＿＿＿＿＿＿＿＿＿＿。

6. 可燃混合气形成装置(化油器)的功用是＿＿＿＿＿＿＿＿＿＿＿,

　＿＿＿＿＿＿＿＿＿＿＿＿＿＿＿＿＿。

学习活动 1

　　请根据教师提供的汽车或发动机进行汽油机燃料供给系零部件的确认活动,在汽车或发动机上指出各零部件的位置,并描述正常工作情况下汽油的流动方向。

4.1.2　汽油供给装置的类型与结构

- 汽油供给装置组成:汽油箱、汽油泵、汽油滤清器、油管等(图 4.2)。
- 汽油供给装置功用:储存、滤清、输送汽油。

(1)汽油箱的功用和结构

1)汽油箱的功用

储存汽油。普通汽车只有一个油箱,越野车和军用车有两个油箱。

2)汽油箱的结构

- 货车和客车的油箱一般用薄钢板冲压焊接而成(图 4.3)。
- 上部有加油管、油面指示传感器、出油开关等。
- 下部有放油螺塞,箱内有隔板,以加强油箱的强度,并减轻行车时汽油的振荡。
- 油箱是密封的,一般在油箱盖上装有空气—蒸气阀(图 4.4),以保持油箱内的压力正常。

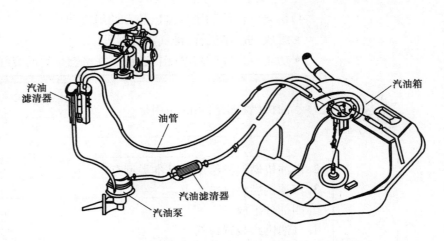

图 4.2　一汽奥迪 100 型轿车发动机汽油供给装置

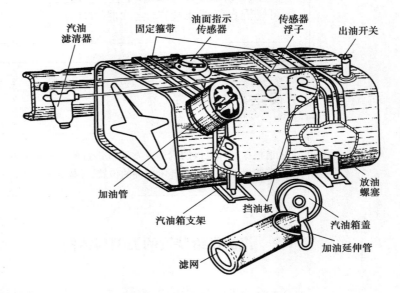

图 4.3　货车和客车的汽油箱

（2）汽油滤清器的功用和类型

1）汽油滤清器的功用

除去汽油中的杂质和水分。

2）汽油滤清器的类型

● 汽油滤清器的类型有可拆式和不可拆式两种。

● 可拆式汽油滤清器由盖、滤芯、沉淀杯等主要零件组成（图 4.5）。

● 不可拆式汽油滤清器多用于轿车发动机，为纸质滤芯（图 4.6），一般每行驶 15 000 km 即更换新滤清器。

（3）汽油泵的功用和结构原理

1）汽油泵的功用

将汽油从油箱吸出，经油管和汽油滤清器，泵入化油器浮子室。

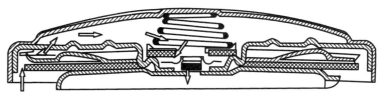

空气阀打开,空气进入油箱

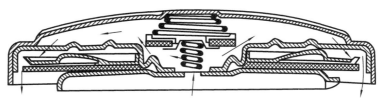

蒸气阀打开,汽油蒸气排除油箱

图4.4 带有空气-蒸气阀的油箱盖

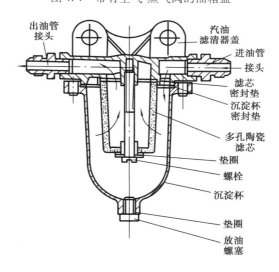

图4.5 可拆式汽油滤清器

2)汽油泵的结构

化油器式汽油机多采用机械驱动膜片式汽油泵,主要由膜片、进出油阀、拉杆、摇臂、手摇臂、膜片弹簧、壳体等组成(图4.7)。

3)汽油泵的工作过程

• 机械驱动膜片式汽油泵装在曲轴箱一侧,由配气凸轮轴上的偏心轮驱动。

• 进油过程:当凸轮轴转动时,偏心轮的凸起部分通过摇臂、内摇臂、拉杆将膜片向下拉,使膜片克服弹簧力而下移,泵室容积增大,油压下降,进油阀被吸开,出油阀关闭,汽油经过进油室,进油阀进入泵室(图4.8(a))。

• 泵油过程:当偏心轮偏心部分转过后,膜片弹簧将膜片向上顶,使膜片上移,泵室容积减小,油压上升,进油阀关闭,出油阀打开,汽油泵对外泵油(图4.8(b))。

　　4)手摇臂的功用

　　在发动机启动前,如果化油器浮子室内无油或储油不足,可通过手摇臂的上下摇动实现手动泵油。

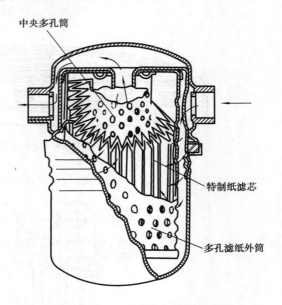

图4.6　不可拆式汽油滤清器

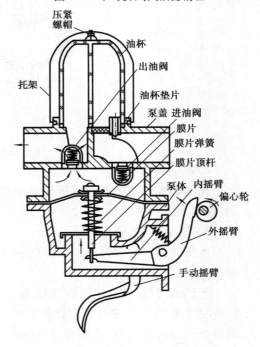

图4.7　膜片式汽油泵构造

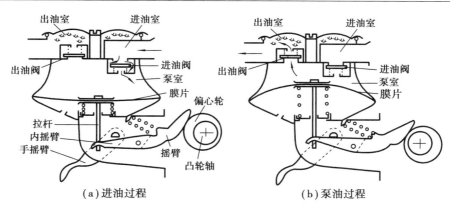

图4.8　膜片式汽油泵工作过程

自测题2

1. 汽油滤清器的功用是 _____。
2. 汽油泵的功用是 _____。
3. 汽油泵手摇臂的功用是 _____
_____。

学习活动2

（1）请仔细观察教师提供的发动机的汽油供给装置（类型）特点，完成表4.1。

表4.1　汽油供给装置的（类型）特点记录表

汽车或发动机型号				
汽油箱	数　目		材　料	
汽油滤清器类型	可拆式	□	不可拆式	□

（2）请将下列简短语句进行重新正确排序，并指出它们说明了一个汽油泵的什么工作状态。

　　a. 膜片上腔容积增大

　　b. 拉杆将膜片向下拉

　　c. 汽油经过进油阀进入膜片上腔

　　d. 进油阀被吸开，出油阀关闭

　　e. 偏心轮的凸起部分顶动摇臂

　　排序结果是：_____；

　　汽油泵处的工作状态是：_____。

（3）请根据教师提供的汽油泵进行汽油泵零部件的确认活动，指出各零部件的位置、名称和功用。

4.1.3 空气供给装置及进、排气装置的类型与结构

(1)空气滤清器的功用和类型

1)空气滤清器的功用

滤除进气中的尘土和沙粒,保证供给汽缸清洁的空气。

2)空气滤清器的类型

● 根据滤清方式,空气滤清器有:惯性式、油浴式、过滤式、综合式等多种类型。

● 惯性式:利用惯性原理,引导气流突然改变流动方向,比空气重的尘土和沙粒就会从空气中分离出去。

● 油浴式:利用吸附原理,使气流在转向时流过机油表面,因惯性作用而甩出的尘土和沙粒被机油黏附。

● 过滤式:利用过滤原理,使气流通过滤芯(金属网、丝、棉质或纸质等),将尘土和沙粒隔离和黏附在滤芯上,使空气得到滤清。

● 综合式:综合了上述滤清方式,由于滤清能力强,因此得到了广泛应用(图4.9)。

● 近年来,汽车发动机上还广泛采用纸质干式空气滤清器(图4.10)。

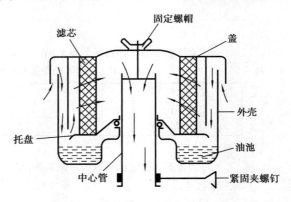

图4.9 综合式空气滤清器

(2)进气管与排气管的功用和结构

1)进、排气管的功用

● 进气管的功用:将可燃混合气引入汽缸。多缸机还要保证各缸进气量均匀一致。

● 排气管的功用:将燃烧后的废气通过排气消声器引入大气。

2)进、排气管的材料

进、排气管一般用铸铁制成。进气管也有用铝合金铸造的(图4.11)。

3)进、排气管的结构

● 进、排气管可铸成一体,也可分别铸成。

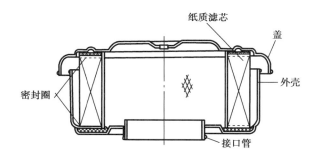

图 4.10　纸质干式空气滤清器

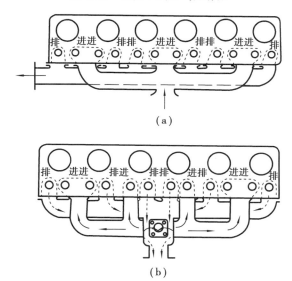

图 4.11　进、排气管的排列

● 进、排气管固定在汽缸盖上,接合处装有石棉衬垫,以防漏气。

● 进气总管以凸缘连通化油器,排气总管连通排气消声器。

● 进、排气支管分别与进、排气门的通道连通。

● 汽油机的进、排气管一般布置在汽缸盖的同一侧,以便利用排气的热量预热进气管中的混合气;柴油机的进、排气管一般布置在汽缸盖的两侧,以免排气高温对进气管加热而降低充气量。

自测题3

1. 空气滤清器的功用是 _____。

2. 根据滤清方式,空气滤清器有 _____、_____、_____、_____ 等多种类型。

3. 进气管的功用是 _____。

4. 排气管的功用是 _____。

127

🔧 学习活动 3

请仔细观察教师提供的发动机空气滤清器及进、排气装置(类型)特点,完成表4.2。

表 4.2　空气滤清器及进、排气装置的(类型)特点记录表

汽车或发动机型号		
空气滤清器类型	惯性式 □　油浴式 □　过滤式 □　综合式 □ 纸质干式 □	
进、排气管类型	铸成一体 □	分别铸成 □
进、排气管材料	进气管材料	排气管材料

4.1.4　化油器的类型与结构

(1)简单化油器的结构

简单化油器主要由浮子室、喉管、量孔、喷管和节气门等组成(图4.12)。

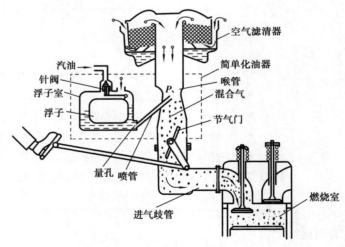

图 4.12　简单化油器的构造

1)浮子室和浮子的结构与功用

● 浮子室:内装浮子,浮子室内油面高度和压力始终不变。

● 浮子:由薄铜皮制成并为空心,上有针阀,用来保持浮子室油面在规定的高度。

● 浮子室与大气相通,使油面在工作时始终承受大气压力。

2）量孔、喉管和喷管的结构与功用

●量孔：一个尺寸和形状都很精确的小孔，用来控制汽油的流量。

●喉管：化油器进气通道最狭窄处，用来减小空气流通断面，提高空气流速。

●喷管：装在喉管断面最狭窄处，用来喷出汽油。

3）节气门（油门）的结构与功用

●节气门：位于喉管后面，通常是一个椭圆形的片状阀门。

●功用：控制进入汽缸的可燃混合气数量。

（2）可燃混合气及其浓度

1）有关定义

●可燃混合气：燃料与空气的混合物，汽油机的可燃混合气"汽油 + 空气"由化油器形成。

●可燃混合气浓度：用空燃比或过量空气系数表示。

●空燃比：空燃比 $= \dfrac{混合气中空气质量}{混合气中燃油质量}$。

●过量空气系数用 α 表示：

$$\alpha = \dfrac{燃烧 1\ kg\ 汽油实际消耗的空气质量}{完全燃烧 1\ kg\ 汽油理论上需要的空气质量}$$

●理论上 1 kg 汽油完全燃烧需要 14.7 kg 空气。

●标准（理论）混合气：空燃比 $= 14.7（\alpha = 1）$的可燃混合气。

●浓混合气：空燃比小于 $14.7（\alpha < 1）$的可燃混合气。

●稀混合气：空燃比大于 $14.7（\alpha > 1）$的可燃混合气。

2）可燃混合气浓度对汽油机性能的影响

可燃混合气浓度对汽油机性能的影响见表4.3。

表4.3　可燃混合气浓度对汽油机性能的影响

混合气种类	过量空气系数	发动机功率	耗油率	备　注
火焰传播上限	0.4	—	—	混合气不燃烧
过浓混合气	0.43～0.87	减小	显著增大	燃烧室积炭，排气管冒黑烟等
浓混合气	0.88	最大	增大18%	—
标准混合气	1.0	减小2%	增大4%	—
稀混合气	1.11	减小8%	最小	不易加速
过稀混合气	1.13～1.33	显著减小	显著增大	化油器回火，发动机过热等
火焰传播下限	1.4	—	—	混合气不燃烧

3)车用汽油机各种工况对可燃混合气浓度的要求

①发动机工况与负荷的概念

• 发动机工况:发动机的转速和负荷情况。

• 发动机负荷:汽车施加给发动机的阻力矩,它随汽车的工作情况(如怠速、起步、高速行驶、超车、刹车等)的变化而变化。

• 负荷的大小:通常用节气门开度的百分数表示,节气门全关负荷为零,节气门全开负荷为 100%。

②车用汽油机各种工况对可燃混合气浓度的要求

• 启动工况:供给少量的极浓混合气,$\alpha = 0.2 \sim 0.6$。

• 怠速工况:供给少量的过浓混合气,$\alpha = 0.6 \sim 0.8$。

• 小负荷工况:供给少量的较浓混合气,$\alpha = 0.7 \sim 0.9$。

• 中负荷工况:经济性要求为主,混合气浓度 $\alpha = 0.9 \sim 1.1$,量多。$\alpha = 1.05 \sim 1.15$ 的混合气称为经济混合气。

• 大(全)负荷工况:要求发动机发出最大功率,$\alpha = 0.85 \sim 0.95$,量多。$\alpha = 0.85 \sim 0.95$ 的混合气称为功率混合气。

• 加速工况:混合气量要突增,并保证浓度不下降,因此,必须额外增加供油量。

4)化油器的供油特性

• 化油器的供油特性:发动机在一定的转速下,化油器提供的混合气浓度随着节气门的开度而变化的规律。

• 简单化油器的供油特性:如图 4.13 所示。

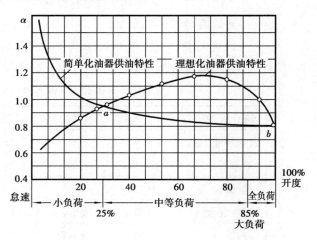

图 4.13　化油器的供油特性曲线

• 简单化油器的供油特性不能满足车用汽油机各种工况对可燃混合气浓度的要求,为此,在简单化油器上增设了五大供油装置,形成现代化油器的结构,使其接近理想化油器的供油特性。

自测题4

1. 简单化油器主要由_____、_____、_____、_____和_____等组成。
2. 量孔是一个尺寸和形状都很精确的小孔,用来_____。
3. 喉管是化油器进气通道最狭窄处,用来_____。
4. 喷管装在喉管断面最狭窄处,用来_____。
5. 节气门的功用是_____。
6. 可燃混合气是_____,汽油机的可燃混合气"汽油＋空气"由_____形成。
7. 可燃混合气浓度用_____或_____表示。
8. 标准(理论)混合气是_____的可燃混合气。
9. 浓混合气是_____的可燃混合气。
10. 稀混合气是_____的可燃混合气。
11. 发动机工况是指_____。
12. 发动机负荷是指_____。

学习活动 4

请将下列表中描述的内容与提供的选项进行搭配。

内　容	搭配结果	选　项
发动机的转速和负荷情况		A. 启动工况
汽车施加给发动机的阻力矩		B. 小负荷工况
供给少量的极浓混合气,$\alpha = 0.2 \sim 0.6$		C. 发动机工况
供给少量的过浓混合气,$\alpha = 0.6 \sim 0.8$		D. 加速工况
供给少量的较浓混合气,$\alpha = 0.7 \sim 0.9$		E. 中负荷工况
供给大量的经济混合气,$\alpha = 0.9 \sim 1.1$		F. 发动机负荷
供给大量的功率混合气,$\alpha = 0.85 \sim 0.95$		G. 怠速工况
须额外增加供油量		H. 大(全)负荷工况

(3)现代化油器五大装置的类型与结构

1)主供油装置的功用与结构原理

①主供油装置的功用

● 保证发动机正常工作时,化油器供给的混合气浓度随节气门开大而逐渐变稀。

②主供油装置的原理

• 降低主量孔处真空度:在主量孔和主喷管之间增设通气管(油井)和空气量孔(图4.14)。

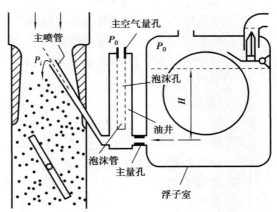

图4.14 主供油装置的结构原理

③主供油装置的工作过程

• 发动机不工作时:通气管内油面与主喷管、浮子室油面等高。

• 节气门开度小时:喉管真空度小,从主喷管喷出的油量较少,通气管内的油面下降不多。

• 节气门开大时:喉管真空度增大,从主喷管喷出的油量增多,通气管内的油面很快降低,直到被吸净为止。这时,空气通过主空气量孔流入通气管,并与主量孔来的汽油一起从主喷管喷出,减少了汽油的供给量。

2)怠速装置的功用与结构原理

①怠速装置的功用

保证发动机怠速时,供给量少而浓的混合气。

②怠速装置的结构

增设了怠速喷口、怠速过渡喷口、怠速量孔、怠速空气量孔、怠速调节螺钉、怠速油道及限止螺钉等(图4.15)。

③怠速装置的工作过程

• 怠速时,发动机转速低,节气门开度很小。

• 节气门前方真空度很小,不能从主喷管吸出汽油或吸出的汽油很少。

• 节气门后面的真空度很大,汽油经怠速量孔、怠速油道上升,同来自怠速空气量孔以及过渡喷口的空气混合成泡沫乳剂,从怠速喷口喷出。

④怠速空气量孔的功用

• 怠速工况时,不过多地供给油量。

• 防止停车后(发动机不工作)产生虹吸作用,汽油自动由浮子室经怠速喷口流出。

⑤怠速过渡喷口的功用

• 怠速时,起第二空气量孔的作用。

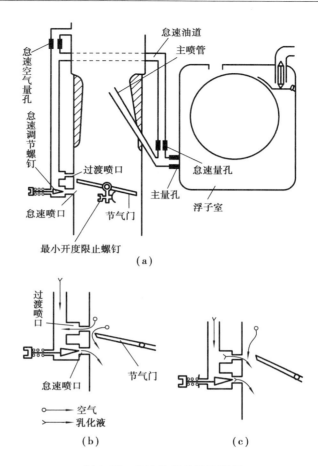

图4.15　怠速装置的结构原理

- 节气门开大时,使发动机工况过渡圆滑,不致熄火。

3)加浓装置(省油器)的功用与结构原理

①加浓装置的功用

在大负荷或全负荷时额外供油,保证全负荷时供给多而浓的混合气,使发动机发出最大功率。

②加浓装置的类型

加浓装置有机械式和真空式两种(图4.16)。

A.机械式加浓装置的结构原理

- 结构:浮子室内装有加浓量孔和加浓阀,加浓量孔与主量孔并联,加浓阀上方有推杆与拉杆固连为一体,拉杆又通过摇臂与节气门轴相连(图4.16(a))。

- 工作过程:当节气门开度达到80% ~85%时,摇臂转动,带动拉杆和推杆一起向下移动,顶开加浓阀,汽油便从浮子室经加浓阀和加浓量孔流入主喷管,与主量孔来的汽油汇合从主喷管喷出,使混合气加浓;当节气门开度减小时,拉杆与推杆上移,加浓阀在弹簧作用下关闭。

- 机械加浓装置起作用的时刻:只与节气门的开度有关,与发动机的转速无关。

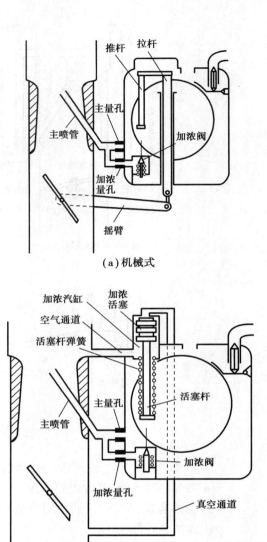

(a)机械式

(b)真空式

图 4.16　加浓装置(省油器)的结构原理

B. 真空式加浓装置的结构原理

● 结构:推杆与位于空气缸中的加浓活塞连接,在推杆上装有弹簧,空气缸的下方借通道与喉管前面的空间连通,空气缸的上方有通道通到节气门后面(图 4.16(b))。

● 工作过程:中、小负荷时,节气门开度不大,节气门前面(即加浓活塞下部)的气压接近大气压,而节气门后面(即加浓活塞上部)的气压则比大气压小很多,在真空度作用下,弹簧被压缩,加浓活塞处于最上面的位置,加浓阀被其弹簧压紧在进油口上,真空加浓装置不起作用;大负荷或全负荷时,节气门接近全开,节气门后面(即加浓活塞上部)的气压增大,真空度减小,当它小于弹簧的张力时,推杆在弹簧作用下下移,推开加浓阀,汽油经加浓量孔流入主喷管,与主量孔来的汽油汇合,一起由主喷管喷出,起到加浓作用。

• 真空加浓装置起作用的时刻:取决于节气门后面真空度的大小,不仅与负荷和节气门开度有关,而且与发动机转速也有关。在同样的节气门开度下,转速越高,节气门后面的真空度越大。

③两种加浓装置的比较

• 机械加浓装置:在节气门开度达到一定程度时才起加浓作用。即加浓时刻只与节气门开度有关,而与发动机转速无关。

• 真空加浓装置:起作用的时刻取决于节气门后面的真空度,与节气门的开度和发动机的转速都有关。因此,真空加浓装置在负荷小、转速低时也能起加浓作用。

• 现代化油器一般同时设有机械式和真空式两种加浓装置。

4)加速装置(加速泵)的功用与结构原理

①加速装置的功用

在节气门突然开大时,及时加浓混合气,以适应汽车加速的需要。

②加速装置的结构

现代化油器大多采用活塞式机械加速泵(图4.17)。在浮子室内有一泵缸,泵缸内有加速泵活塞,活塞通过活塞杆、弹簧及连接板与拉杆相连,拉杆由固定在节气门轴上的摇臂操纵。泵缸与浮子室之间装有进油阀,与加速量孔之间装有出油阀。

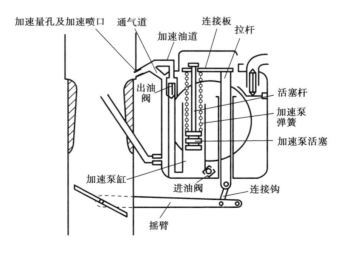

图4.17 活塞式机械加速泵的结构原理

③加速装置的工作过程

• 不加速时:进油阀开、闭不严,出油阀则靠重力经常保持关闭。

• 加速时:节气门突然开大,加速泵活塞受摇臂、连杆、拉杆、连接板、活塞杆的带动下移很快,泵缸内油压迅速增大,使进油阀关闭,出油阀开启,泵缸内储存的汽油便从加速量孔喷入喉管内,加浓混合气。

④通气道的功用

连通加速油道与浮子室,防止发动机转速升高后,加速量孔处的高真空度将出油阀吸开,导致加速装置在汽车不需加速时也喷油的可能。

5)启动装置的功用与结构原理

①启动装置的功用

在冷启动时,供给极浓的混合气。

②启动装置的结构

喉管前装有阻风门,用弹簧保持它经常处于全开位置(图4.18)。

③启动装置的工作过程

● 冷启动时,关闭阻风门,减少了进入化油器的空气量,同时提高了阻风门后面空腔的真空度,使得主供油系统和怠速系统都供油,获得极浓的混合气。

● 热启动时,所需混合气浓度比冷态时稀,只需将阻风门半闭。

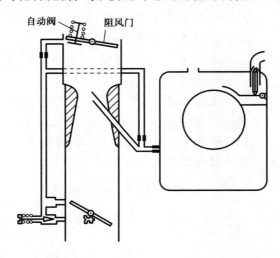

图4.18　阻风门式启动装置的结构原理

自测题5

1. 主供油装置的功用是_____
_____。
2. 主供油装置的原理是_____。
3. 怠速装置的功用是_____。
4. 怠速装置增设了_____、_____、_____、
_____、_____及_____等结构。
5. 加浓装置的功用是_____
_____。
6. 加浓装置有_____和_____两种。
7. 加速装置的功用是_____
_____。
8. 启动装置的功用是_____。

⚊学习活动 5

(1)请指出车用汽油机各工况有哪些装置参与工作,将带圈的序号填在横线上。

a.主供油装置;b.怠速装置;c.加速装置;d.加浓装置;e.启动装置。

①热启动工况:_____;

②冷启动工况:_____;

③怠速工况:_____;

④怠速过渡工况:_____;

⑤小负荷工况:_____;

⑥中负荷工况:_____;

⑦加速工况:_____;

⑧大(全)负荷工况:_____。

(2)请根据教师提供的化油器进行现代化油器五大工作装置零部件的确认活动,指出各工作装置零部件的位置、名称和功用。

(4)**化油器的类型与型号**

1)化油器的类型

● 按喉管处空气流动的方向可分为:上吸式、下吸式和平吸式(图4.19)。

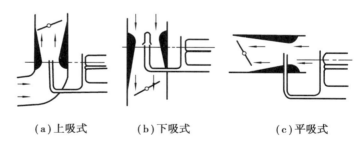

(a)上吸式   (b)下吸式   (c)平吸式

图 4.19 化油器类型(按喉管处气流方向分)

● 按喉管的数目可分为:单喉管式、双喉管式和多重喉管式(图4.20)。采用多重喉管的目的:是解决充气量与汽油雾化的矛盾。

● 按空气管腔数目可分为:单腔式、双腔式和四腔式等(图4.21)。

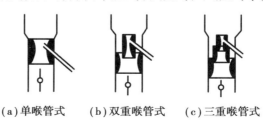

(a)单喉管式   (b)双重喉管式   (c)三重喉管式

图 4.20 化油器类型(按喉管数目分)

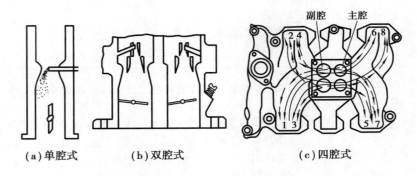

（a）单腔式　　　　（b）双腔式　　　　（c）四腔式

图 4.21　化油器类型（按空气管腔数目分）

2）化油器型号的编制方法

• 1985 年，机械工业部颁发了部标《汽车化油器、汽油泵型号编制方法》（JB 1672—84），规定了化油器、汽油泵型号的符号顺序及意义如下：

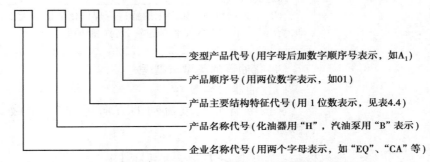

变型产品代号（用字母后加数字顺序号表示，如A₁）

产品顺序号（用两位数字表示，如01）

产品主要结构特征代号（用 1 位数表示，见表4.4）

产品名称代号（化油器用"H"，汽油泵用"B"表示）

企业名称代号（用两个字母表示，如"EQ"、"CA"等）

表 4.4　化油器、汽油泵型号的产品主要结构特征代号

产品名称	代号	1	2	3	4	5	6
化油器	H	单腔	双腔		四腔		
汽油泵	B					电动式	机械式

• 化油器型号示例

①EQH101 表示二汽生产的化油器，单腔，序号为 1。

②BJH101A₁ 表示北京生产的化油器，单腔，序号为 1；A₁ 表示与基本型通用的第一次变型产品。

③BJH101B₁ 表示北京生产的化油器，单腔，序号为 1；B₁ 表示不通用的第一次变型产品。

④CAH101 表示一汽生产的化油器，单腔，序号为 1。

自测题6

1. 化油器按喉管处空气流动的方向可分为＿＿＿＿、＿＿＿＿和 ＿＿＿＿。

2. 化油器按喉管的数目可分为 ＿＿＿＿、＿＿＿＿和 ＿＿＿＿。

3. 化油器按空气管腔数目可分为＿＿＿＿、＿＿＿＿和＿＿＿＿等。

学习活动6

(1)请仔细观察教师提供的化油器特点,完成表4.5。

表4.5　化油器的(类型)特点记录表

汽车或发动机型号		
化油器型号		
按喉管处气流方向分	上吸式 □　　下吸式 □ 平吸式 □	上吸式 □　　下吸式 □ 平吸式 □
按喉管数目分	单喉管 □　　双喉管 □ 多喉管 □	单喉管 □　　双喉管 □ 多喉管 □
按空气管腔数目分	单腔式 □　　双腔式 □ 四腔式 □	单腔式 □　　双腔式 □ 四腔式 □

(2)请在教师提供的汽车上记录下化油器的型号,并说明其含义。

①型号:_____,含义:_____;

②型号:_____,含义:_____;

③型号:_____,含义:_____。

4.2　认识汽油的性能与选用

- 汽油是汽油机的燃料,是从石油中提炼出来的碳氢化合物。

- 过去采用在汽油中添加四乙基铅以提高抗爆性的含铅汽油,因对环境造成严重污染而不再使用。

- 目前广泛使用的是无铅汽油。

4.2.1　汽油的主要性能指标

(1)汽油的挥发性

- 汽油的挥发性:汽油由液态转化为气态的性能。

- 挥发性好的汽油容易汽化,与空气混合均匀,燃烧速度快,燃烧完全,发动机容易启动,加速及时,各工况之间转换灵敏柔和;但在油路中容易形成气泡,产生"气阻"。

- 挥发性差的汽油汽化不完全,增加油耗及排放污染,破坏润滑油膜,增加磨损。

（2）**汽油的抗爆性**

• 汽油的抗爆性:汽油在发动机汽缸内燃烧时防止产生爆燃的能力,用辛烷值来评定。

• 辛烷值:代表点燃式发动机燃料抗爆性的一个约定数值。

• 辛烷值越高,抗爆性越好。

4.2.2　汽油的牌号

• 我国车用汽油按辛烷值不同分为: RQ-92、RQ-95 和 RQ-98 三个牌号。

• 牌号中,"R"表示:燃料("燃"的汉语拼音字头);

"Q"表示:汽油("汽"的汉语拼音字头);

"92、95、98"分别表示:汽油的辛烷值。

4.2.3　汽油的选用

• 汽油的选用原则:按照汽车使用说明书的要求选用汽油。

• 在没有使用说明书时,可根据发动机的压缩比等因素来选择。

• 一般来说,压缩比高的发动机爆燃倾向严重,应选用辛烷值较高的汽油。

• 汽油的牌号还要靠驾驶员凭经验进行选择,以在正常运行条件下不发生爆燃为原则。

4.2.4　使用汽油的注意事项

• 经过维修的发动机,如改变了压缩比,应考虑更换汽油牌号。

• 原用低牌号汽油改用高牌号汽油时,应适当提前点火;反之,应适当延迟点火。

• 在炎热夏季和高原地区,应加强发动机散热,使油管和汽油泵隔热,避免发生气阻。

• 汽车从平原驶到高原地区后,可换用较低辛烷值汽油,或适当调前点火提前角。

• 不能在汽油中掺入煤油或柴油使用。

• 不要使用长期存放已变质的汽油。

- 加油时尽可能加满油箱,以减少蒸发损失。

- 汽油易燃、易爆、易产生静电,使用中要注意安全。

自测题7

1. 汽油的挥发性是指＿＿＿＿＿＿＿＿＿＿＿＿＿＿＿＿＿＿＿＿＿。

2. 汽油的抗爆性是指＿＿＿＿＿＿＿＿＿＿＿＿＿＿＿＿＿＿,
用＿＿＿＿＿＿来评定。辛烷值＿＿＿＿＿,抗爆性＿＿＿＿＿。

3. 汽油的选用原则是＿＿＿＿＿＿＿＿＿＿＿＿＿＿＿＿＿＿＿。

4. 在没有使用说明书时,可根据发动机的＿＿＿＿＿＿＿＿等因素来选
择汽油。

4.3　维护与检修汽油机燃料供给系

4.3.1　查找与排除汽油机燃料供给系常见故障

- 汽油机燃料供给系的常见故障主要有:不来油或来油不畅、加速不良、中高速不良、怠速不良、混合气过浓或过稀等。

- 汽油机燃料供给系的常见故障部位如图 4.22 所示。

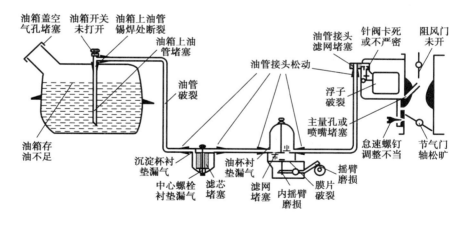

图 4.22　汽油机燃料供给系常见故障部位

- 汽油机燃料供给系常见故障的外部特征见表 4.6。

- 汽油机燃料供给系常见故障的主要原因及排除方法见表 4.7。

表 4.6 汽油机燃料供给系常见故障的外部特征

故　障	外部特征
不来油或来油不畅	发动机不能启动或工作中熄火 向化油器注入少量汽油后能启动,但燃烧完后就熄火 用手油泵泵油,充满浮子室后可暂时启动,燃烧完后又熄火
加速不良	突然加速时,消声器有短期"突、突"声 发动机加速缓慢 化油器有时回火
中高速不良	急速时运转正常,加速时即熄火或转速不能提高 化油器有时回火
急速不良	急速熄火 急速过高 急速运转不稳定
混合气过浓	发动机不易启动,节气门轴孔处渗漏 发动机启动后运转不稳定,排气管冒黑烟 加速时消声器有"突、突"声或放炮声 不易加速,动力不足
混合气过稀	发动机不易启动 发动机转速不易提高,行驶无力 化油器有时回火 急速时容易熄火

表 4.7 汽油机燃料供给系常见故障的主要原因和排除方法

主要原因	排除方法
①不来油或来油不畅	
油箱无油或开关未打开	检查油箱及其开关,必要时补加汽油
汽油滤清器滤芯堵塞	清洗或更换滤芯
汽油泵损坏	检修或更换汽油泵
油路接头漏气	检查、紧固或更换油管(接头)
油管中有水结冰	清理油管并检查、排除油中水分
气阻	排除油路气泡及气泡来源
化油器进油口堵塞	检查、疏通进油口
化油器进油滤网堵塞	清洗或更换进油滤网
化油器进油针阀卡住	检修或更换进油针阀
化油器主量孔堵塞	检修或更换主量孔
②加速不良	
加速装置连接勾脱落	重新连接并检查原因

续表

主要原因	排除方法
加速喷管或油路堵塞	疏通喷管或油路
加速柱塞磨损过甚	更换加速柱塞
加速泵弹簧弹力过弱	更换加速泵弹簧
加速泵进、出油阀失效	更换进、出油阀
③中高速不良	
主量孔堵塞或配剂针调整不良	疏通主量孔或调整配剂针
浮子室油面过低	检查、调整油面高度
加速喷嘴堵塞	疏通或更换加速喷嘴
节气门轴磨损松旷	检修或更换节气门轴
节气门不能全开	检查、调整节气门拉杆
空气滤清器堵塞	清洗或更换滤芯
省油器工作失常或失效	检修或更换省油器有关零件
④怠速不良	
进气管与缸体结合平面处漏气	检修或更换相关零件
化油器中、下体连接处漏气	检修或更换相关零件
怠速量孔、怠速油道或主量孔堵塞	检查、疏通或更换有关零件
节气门轴或回位弹簧损坏	检修或更换有关零件
⑤混合气过浓	
主量孔配剂针旋出过多	调整主量孔配剂针
浮子室油面过高	调整浮子室油面高度
主量孔磨损过大	更换主量孔
阻风门处于关闭状态	打开阻风门
空气滤清器阻力过大	清洗或更换滤芯
浮子破裂或针阀关闭不严	检修或更换相关零件
主供油装置空气量孔堵塞	疏通或更换空气量孔
⑥混合气过稀	
主量孔配剂针旋入过多	调整主量孔配剂针
主量孔或主喷管部分堵塞	疏通或更换相关零件
浮子室油面过低	调整浮子室油面高度
化油器进油滤网或针阀半堵塞	检修或更换相关零件
化油器小喉管环形槽半堵塞	检修或更换小喉管
油内有水	更换燃油并查明原因
油管破裂、漏气或部分堵塞	检修或更换油管
汽油泵有故障	检修或更换汽油泵
夏季行驶有气阻现象	排除气泡并查明原因

4.3.2　维护与检修进、排气管及节气门操纵机构的方法和步骤

 实作活动1

请在教师的指导下,按照下述方法和步骤,进行进、排气管及节气门操纵机构的维护与检修活动。

- 进、排气歧管应无裂纹和变形,否则应修复或更换。
- 按规定拧紧力矩紧固进、排气歧管螺栓和螺母,螺杆不能与进、排气歧管外壁相碰。
- 消声器及进、排气管密封圈无裂纹和不漏气,环箍及吊板无裂纹。
- 紧固各部螺栓,消声器消声正常。
- 化油器操纵机构连接可靠,操纵灵活,不松旷,不发卡。
- 化油器操纵机构及支架紧固螺栓齐全、有效。
- 用机油润滑节气门操纵机构及各连接点。

学习活动7

请在维护与检修进排气管及节气门操纵机构实作活动后完成以下内容:

车型或发动机型号:＿＿＿＿＿＿＿＿＿＿＿＿＿＿＿＿＿

使用的工量具及设备:＿＿＿＿＿＿＿＿＿＿＿＿＿＿＿＿

＿＿＿＿＿＿＿＿＿＿＿＿＿＿＿＿＿＿＿＿＿＿＿＿＿＿＿＿

安全及其他注意事项:＿＿＿＿＿＿＿＿＿＿＿＿＿＿＿＿

＿＿＿＿＿＿＿＿＿＿＿＿＿＿＿＿＿＿＿＿＿＿＿＿＿＿＿＿

主要步骤:＿＿＿＿＿＿＿＿＿＿＿＿＿＿＿＿＿＿＿＿＿

＿＿＿＿＿＿＿＿＿＿＿＿＿＿＿＿＿＿＿＿＿＿＿＿＿＿＿＿

＿＿＿＿＿＿＿＿＿＿＿＿＿＿＿＿＿＿＿＿＿＿＿＿＿＿＿＿

＿＿＿＿＿＿＿＿＿＿＿＿＿＿＿＿＿＿＿＿＿＿＿＿＿＿＿＿

＿＿＿＿＿＿＿＿＿＿＿＿＿＿＿＿＿＿＿＿＿＿＿＿＿＿＿＿

4.3.3　维护与检修空气滤清器的方法和步骤

 实作活动 2

请在教师的指导下,按照下述方法和步骤,进行空气滤清器的维护与检修活动。

- 拆下空气滤清器前后支架,松开外壳卡箍,取下空气滤清器总成。
- 拆下空气滤清器盖上蝶形螺母,取下滤芯。
- 一般汽车行驶 20 万 km 应更换滤芯。
- 将滤芯置于平板上轻拍端面,再用 0.4 ~ 0.5 MPa 的压缩空气由里向外吹净。
- 若滤芯表面破损或灰尘堵塞难以吹净应更换。
- 滤芯严禁粘有油污和水。
- 用布擦净滤芯密封垫圈。
- 用碱水清洗其余零件,再用汽(柴)油清洗一遍。
- 空气滤清器各零件应无损伤,固定螺栓不松动,螺纹损伤不超过 2 牙。
- 装复空气滤清器,注意密封垫圈不要装反。

学习活动 8

请在维护与检修空气滤清器实作活动后完成以下内容:

车型或发动机型号: _____

使用的工量具及设备: _____

_____

安全及其他注意事项: _____

_____

主要步骤: _____

_____

_____

_____

_____

4.3.4 维护与检修汽油滤清器的方法和步骤

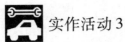 实作活动 3

请在教师的指导下,按照下述方法和步骤,进行汽油滤清器的维护与检修活动。

- 拆下汽油滤清器,取出滤芯。
- 一般汽车行驶 8 万 km 应更换滤芯。
- 滤芯无损伤,否则应更换。
- 将滤芯置于汽油中,用软毛刷洗净。
- 装复汽油滤清器,各密封圈装配正确,各接头处无漏油、漏气现象。

 学习活动 9

请在维护与检修汽油滤清器实作活动后完成以下内容:

车型或发动机型号:＿＿＿＿＿＿＿＿＿＿＿＿＿＿＿＿＿＿

使用的工量具及设备:＿＿＿＿＿＿＿＿＿＿＿＿＿＿＿＿＿

＿＿＿＿＿＿＿＿＿＿＿＿＿＿＿＿＿＿＿＿＿＿＿＿＿＿＿＿

安全及其他注意事项:＿＿＿＿＿＿＿＿＿＿＿＿＿＿＿＿＿＿

＿＿＿＿＿＿＿＿＿＿＿＿＿＿＿＿＿＿＿＿＿＿＿＿＿＿＿＿

主要步骤:＿＿＿＿＿＿＿＿＿＿＿＿＿＿＿＿＿＿＿＿＿＿＿

＿＿＿＿＿＿＿＿＿＿＿＿＿＿＿＿＿＿＿＿＿＿＿＿＿＿＿＿

＿＿＿＿＿＿＿＿＿＿＿＿＿＿＿＿＿＿＿＿＿＿＿＿＿＿＿＿

＿＿＿＿＿＿＿＿＿＿＿＿＿＿＿＿＿＿＿＿＿＿＿＿＿＿＿＿

＿＿＿＿＿＿＿＿＿＿＿＿＿＿＿＿＿＿＿＿＿＿＿＿＿＿＿＿

4.3.5 维护与检修汽油泵的方法和步骤

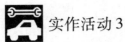 实作活动 4

请在教师的指导下,按照下述方法和步骤,进行汽油泵的维护与检修活动。

整体式汽油泵应按规定的更换周期进行更换。可拆式汽油泵应进行下列检修。

（1）**检查进、出油阀**

●检查出油阀：用一手指堵住进油口后提拉手摇臂，若感觉到有吸力，且能维持 5 s 以上，说明出油阀密封性良好（图 4.23（a））。

●检查进油阀：用一手指堵住出油口后提拉手摇臂，若感觉到有推力，且能维持 5 s 以上，说明进油阀密封性良好（图 4.23（b））。

●若进、出油阀密封性差，应进行研磨或更换。

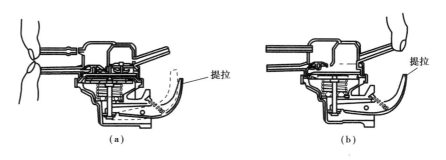

图 4.23　检查汽油泵进、出油阀

（2）**检查摇臂**

●摇臂磨损超过 0.2 mm，应修复或更换。

●摇臂轴与摇臂的配合间隙超过 0.2 mm，应修复或更换。

（3）**检查膜片与弹簧**

●汽油泵膜片应完好，无渗漏，若膜片硬化或破损应更换。

●膜片及进、出油阀弹簧的自由长度和规定载荷下的长度应符合规定，否则应更换。

◆━━━**学习活动 10**

请在维护与检修汽油泵实作活动后完成以下内容：

车型或发动机型号：_____

使用的工量具及设备：_____

_____

安全及其他注意事项：_____

_____

主要步骤：_____

_____

_____

_____

_____

4.3.6 检查与调整化油器浮子室油面高度的方法和步骤

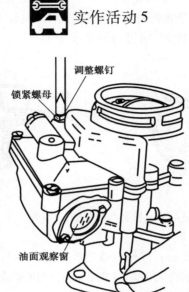
调整螺钉
锁紧螺母
油面观察窗

图4.24 检查与调整化油器浮子
室油面高度

实作活动 5

请在教师的指导下,按照下述方法和步骤,进行化油器浮子室油面高度的检查与调整活动。

● 将汽车停放在水平路面上,使发动机怠速稳定运转。

● 从化油器浮子室油面观察窗检查油平面高度(图4.24)。

● 油平面应与油面观察窗中央的标线平齐或略低,否则应进行调整。

● 调整油平面高度时,先松开锁紧螺母,再转动调整螺钉(图4.24)。

● 不同类型的化油器,油面升高或下降的调整螺钉转动方向也不同。

● 每转动调整螺钉一次,应等待片刻,待油面稳定后,再继续调整。

● 调整、检查完毕后,固定调整螺钉,紧固锁紧螺母。

学习活动 11

请在检查与调整化油器浮子室油面高度实作活动后完成以下内容:

车型或发动机型号:＿＿＿＿＿＿＿＿＿＿＿＿＿＿＿＿＿＿

使用的工量具及设备:＿＿＿＿＿＿＿＿＿＿＿＿＿＿＿＿＿

＿＿＿＿＿＿＿＿＿＿＿＿＿＿＿＿＿＿＿＿＿＿＿＿＿＿＿

安全及其他注意事项:＿＿＿＿＿＿＿＿＿＿＿＿＿＿＿＿＿

＿＿＿＿＿＿＿＿＿＿＿＿＿＿＿＿＿＿＿＿＿＿＿＿＿＿＿

主要步骤:＿＿＿＿＿＿＿＿＿＿＿＿＿＿＿＿＿＿＿＿＿＿

＿＿＿＿＿＿＿＿＿＿＿＿＿＿＿＿＿＿＿＿＿＿＿＿＿＿＿

＿＿＿＿＿＿＿＿＿＿＿＿＿＿＿＿＿＿＿＿＿＿＿＿＿＿＿

＿＿＿＿＿＿＿＿＿＿＿＿＿＿＿＿＿＿＿＿＿＿＿＿＿＿＿

＿＿＿＿＿＿＿＿＿＿＿＿＿＿＿＿＿＿＿＿＿＿＿＿＿＿＿

4.3.7　调整怠速的方法和步骤

实作活动6

请在教师的指导下,按照下述方法和步骤,进行怠速的调整活动。

● 使发动机水温达到 60 ℃ 以上,阻风门全开,配气机构、点火系工作正常,且进气系统无堵塞和漏气现象。

● 缓慢旋出节气门限位螺钉,使发动机转速尽可能低,但不熄火(图4.25)。

● 旋进或旋出怠速油量调整螺钉,使发动机转速升高至不再升高为止(图4.25)。

● 重复上述两项操作,直至怠速稳定在规定转速,发动机排放符合规定。

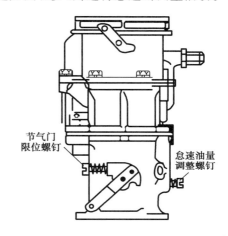

图 4.25　调整怠速

● 怠速调整结束后要求:节气门突然开大时,发动机转速能迅速升高;节气门突然关闭时,发动机不熄火。

学习活动 12

请在调整怠速实作活动后完成以下内容:

车型或发动机型号:＿＿＿＿＿＿＿＿＿＿＿＿＿＿＿＿＿＿＿＿＿＿＿＿＿

使用的工量具及设备:＿＿＿＿＿＿＿＿＿＿＿＿＿＿＿＿＿＿＿＿＿＿＿＿

＿＿＿＿＿＿＿＿＿＿＿＿＿＿＿＿＿＿＿＿＿＿＿＿＿＿＿＿＿＿＿＿＿＿＿

安全及其他注意事项:＿＿＿＿＿＿＿＿＿＿＿＿＿＿＿＿＿＿＿＿＿＿＿＿＿

＿＿＿＿＿＿＿＿＿＿＿＿＿＿＿＿＿＿＿＿＿＿＿＿＿＿＿＿＿＿＿＿＿＿＿

主要步骤:＿＿＿＿＿＿＿＿＿＿＿＿＿＿＿＿＿＿＿＿＿＿＿＿＿＿＿＿＿＿

＿＿＿＿＿＿＿＿＿＿＿＿＿＿＿＿＿＿＿＿＿＿＿＿＿＿＿＿＿＿＿＿＿＿＿

＿＿＿＿＿＿＿＿＿＿＿＿＿＿＿＿＿＿＿＿＿＿＿＿＿＿＿＿＿＿＿＿＿＿＿

＿＿＿＿＿＿＿＿＿＿＿＿＿＿＿＿＿＿＿＿＿＿＿＿＿＿＿＿＿＿＿＿＿＿＿

＿＿＿＿＿＿＿＿＿＿＿＿＿＿＿＿＿＿＿＿＿＿＿＿＿＿＿＿＿＿＿＿＿＿＿

4.3.8 检修化油器的方法和步骤

 实作活动 7

请在教师的指导下,按照下述方法和步骤,进行化油器的拆装、清洗和检查活动。

(1)拆装化油器注意事项

• 防止损坏和丢失量孔、弹簧、钢球、顶杆及衬垫等小零件,若有缺损,须更换或配齐。

• 装配时,各量孔、弹簧、钢珠、垫片等细小零件,不可错装和漏装。

• 各紧固件和密封部位应拧紧,保证密封可靠。

(2)拆装、清洗和检查化油器

• 从车上拆下化油器,清洁外部。

• 取下上、中体密封垫。

• 卸下进油针阀总成、浮子及支架、真空加浓顶杆等零部件。

• 将浮子室内的汽油倒入容器内。

• 拆下中、下体结合螺钉,卸下加速泵与节气门轴臂连接杆。

• 取下加速泵和机械加浓推杆。

• 视需要拆下各空气量孔、汽油量孔、喉管和加浓阀。

• 拆下真空加浓空气室。

• 用清洗剂清洗各零件、量孔、油道、气道。

• 用压缩空气吹净各零件、油道和气道。

• 检查针阀总成、加浓阀是否能关闭严密。

• 检查浮子有无破漏和凹瘪,加速泵活塞与泵筒是否密封和灵活。

• 各零部件检修完毕后,按照上述注意事项进行装配。

(3)检修化油器进油针阀

 实作活动 8

请在教师的指导下,按照下述方法和步骤,进行化油器进油针阀的检修活动。

进油针阀的密封性可用专用的试验器试验(图4.26),也可用下述简易方法检查:

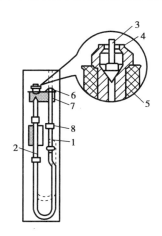

图 4.26　试验化油器进油针阀的密封性

1—压头管;2—工作管;3—针阀;4—针阀座;5—橡胶座;

6—销子;7—架子;8—夹子

● 将化油器清洗干净,拧紧进油接头和进油针阀本体。

● 将化油器上体倒置,使进油针阀自由落在阀座上。

● 用嘴吸住进油口后,将化油器上体顺置回来。

● 若嘴唇或舌尖能吸住针阀并维持一段时间不下落,说明进油针阀密封性良好,否则应研磨或更换。

(4)检修化油器其他零部件

 实作活动 9

请在教师的指导下,按照下述方法和步骤,进行化油器其他零部件的检修活动。

● 壳体有裂纹或螺孔损伤时,应更换新件。

● 上、中、下体各结合平面的平面度超过 0.1 mm 时,可研磨结合平面或更换壳体。

● 节气门轴、阻风门轴与其承孔间隙超过 0.1 mm,应修换。

● 节气门、阻风门完全关闭时,边缘与其内壁的间隙超过 0.1 mm 时,应修换。

● 铜质浮子浸入 80 ~ 90 ℃ 热水中,30 s 内应无气泡逸出,否则存在裂纹。

● 有裂纹的浮子,可用锡焊焊堵。

● 浮子焊修后的质量不应超过原厂规定的 5% 。

● 加速泵活塞磨损严重或硬化,应更换。

学习活动 13

请在检修化油器实作活动后完成以下内容：

车型或发动机型号：_____

使用的工量具及设备：_____

_____

安全及其他注意事项：_____

_____

主要步骤：_____

_____

_____

_____

_____

_____

单元鉴定单

单元4　实施汽油机燃料供给系维护

班　级	学　号	姓　名	单元鉴定结果	
			合　格	
			不合格	

鉴定内容	鉴定结果	
	是	否
你是否完成1～7的自测题及1～13的学习活动,并得到教师的确认?		
你是否根据已有程序和预定标准,收集、分析和组织完成资料?		
你是否通过标准的精确性和有效性,正确地交流信息?		
你是否按计划有组织地完成了活动目标?		
你是否充分使用学习资源,达到了学习目标?		

操作技能完成水平:

　　上述所有项目都是肯定回答,则单元鉴定结果为合格。

　　如果不是,请你咨询你的教师,直至合格为止。

　　你还可以要求附加有关活动,帮助你完成要求的操作技能。

　　完成上述内容后,请你的教师签字。

教师签字:＿＿＿＿＿＿＿＿＿＿

学生签字:＿＿＿＿＿＿＿＿＿＿

完成日期:＿＿＿＿＿＿＿＿＿＿

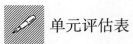 单元评估表

单元4 实施汽油机燃料供给系维护　　　　姓名_____　日期_____

评估内容	非常同意	同意	没有意见	不同意	非常不同意
①这一单元给我很好地提供了……的综述？					
②这一单元帮助我理解了……的理论？					
③我现在对尝试……感到了自信？					
④该单元的内容适合我的需求？					
⑤该单元中举办了各种活动？					
⑥该单元中不同部分融合得很好？					
⑦单元学习中教师待人友善,愿意帮忙？					
⑧单元学习让我做好了参加鉴定的准备？					
⑨该单元中所有的教学方法对我学习起到了帮助的作用？					
⑩该单元提供的信息量适当？					
⑪该单元鉴定是公平、适当的？					
你对改善本科目后面单元的教学建议：					

单元5　实施柴油机燃料供给系维护

 学习目的

学完这一单元应具有以下能力：
● 正确识别柴油机燃料供给系各构件及其结构。
● 知道柴油的性能与选用的相关知识。
● 诊断与排除柴油机燃料供给系的常见故障。
● 实施柴油机燃料供给系的正确维护与检修。

 学习资源

● 多媒体教室，有关柴油机燃料供给系组成、结构，常见故障诊断与排除和维护与检修方面的参考书及 VCD 等。
● 汽车实训中心、实训用各种型号的汽车或发动机及其零部件实物和模型等。
● 汽车维护与检修常用设备及工量具。

 职场安全

● 一般的安全知识：穿戴安全帽、劳保服、劳保鞋，车间实作安全规则，设备个人操作安全等。
● 请你主动查阅以下政府和企业的安全法律法规，并自觉遵守有关的安全法规：《国家劳动法》《国家安全生产法》《国家消防法》《汽车维修作业安全操作规程》《钳工作业安全操作规程》《焊接作业安全操作规程》《公民的权利和义务》等。

 学习信息与学习步骤

5.1 认识柴油机燃料供给系各零部件

5.1.1 柴油机燃料供给系的功用、类型和组成

（1）柴油机燃料供给系的功用

完成柴油与空气的供给，可燃混合气的形成、燃烧和废气的排出。

（2）柴油机燃料供给系的组成

柴油机燃料供给系由燃油供给装置、空气供给装置、混合气形成装置和废气排出装置四部分组成（图5.1）。

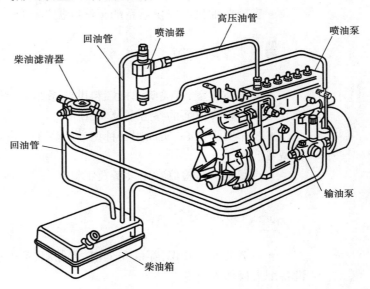

图5.1 柴油机燃油供给装置的组成

1）燃油供给装置的组成和功用

● 组成：柴油箱、输油泵、柴油滤清器、喷油泵、喷油器等。

● 功用：储存、滤清和输送柴油。

2）空气供给装置的组成和功用

● 组成：空气滤清器、进气管道。

● 功用：将空气中的尘土分离出来，保证供给汽缸足够量的清洁空气。

3）混合气形成装置的组成和功用

● 组成：即燃烧室。

● 功用：将供入燃烧室的柴油与空气迅速、均匀地混合并燃烧。

4）废气排出装置的组成和功用

● 组成：排气管道、消音器等。

● 功用：将燃烧后的废气引入大气。

1. 柴油机燃料供给系的功用是＿＿＿＿＿＿＿＿＿＿＿＿＿＿＿＿，
＿＿＿＿＿＿＿＿＿＿＿＿＿＿＿＿＿＿＿＿＿＿＿＿＿＿。
2. 柴油机燃料供给系由＿＿＿＿＿＿、＿＿＿＿＿、＿＿＿＿＿
和＿＿＿＿＿＿四部分组成。
3. 柴油机燃油供给装置包括＿＿＿＿＿＿＿、＿＿＿＿＿＿、
＿＿＿＿＿＿、＿＿＿＿＿＿、＿＿＿＿＿＿等。

学习活动 1

　　请根据教师提供的汽车或发动机进行柴油机燃料供给系零部件的确认活动，在汽车或发动机上指出各零部件的位置、名称和功用，并描述正常工作情况下柴油的流动方向。

5.1.2　柴油机混合气的形成

（1）柴油机混合气的形成过程
- 柴油机混合气的形成和燃烧都是在燃烧室内完成的。
- 在柴油机进气行程时，空气被吸入汽缸，并迅速被压缩，压力和温度急剧升高。
- 在压缩行程接近终了时，柴油喷入汽缸，立即被高温高压气体击碎蒸发，并与空气混合。
- 随后，混合气的形成和燃烧同时进行，边喷油，边混合，边燃烧。
（2）改善柴油机混合气形成条件的措施
- 过量供给空气：柴油机的过量空气系数 α 一般为 1.5 ~ 2.2。
- 提高压缩比：柴油机的压缩比一般为 15 ~ 22。
- 较高的喷油压力：柴油喷入汽缸的压力至少在 10 MPa 以上，一般可达 20 ~ 25 MPa。
- 促进空气运动：利用进气涡流、挤压涡流等加速油雾与空气的混合。

5.1.3　柴油滤清器和输油泵的类型与结构

（1）柴油滤清器的类型与结构
1）柴油滤清器的功用
除去柴油中的杂质和水分。
2）柴油滤清器的类型与结构
柴油滤清器：由一个或两个（粗、细）滤清器串联在输油泵与喷油泵之

间(图5.1、图5.2、图5.3)。

（2）**输油泵的类型与结构**

1）输油泵的功用

使柴油产生压力,克服滤清器阻力,连续不断地向喷油泵输送足够量的柴油。

2）输油泵结构类型

● 与柱塞式喷油泵配套使用的输油泵都是活塞式输油泵。

● 活塞式输油泵装在喷油泵侧面(图5.1),包括水平式和上下式,由喷油泵凸轮轴上的偏心轮驱动(图5.4)。

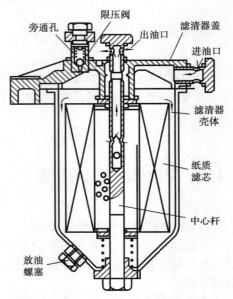

图5.2 单级柴油滤清器

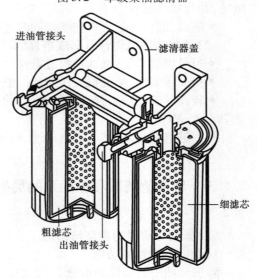

图5.3 两级串联式柴油滤清器

3)输油泵的工作过程

①输油准备过程

偏心轮凸起部分顶起滚轮,滚轮推动推杆,克服弹簧力使活塞上移,内室容积减小油压升高,进油阀关闭,出油阀开启,内室的柴油经出油阀进入外室(图5.5(a))。

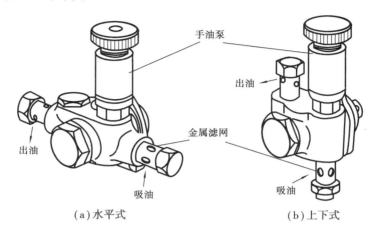

（a）水平式　　　　　　　　　　　　　　（b）上下式

图 5.4　活塞式输油泵

②输油及吸油过程

偏心轮凸起部分转过滚轮,弹簧使活塞下移,外室容积减小油压升高,将柴油经油管压入滤清器;同时,内室容积增大产生吸力,柴油被吸入内室(图5.5(b))。

③输油量的自动调节过程

发动机需油量减小时,外室油压升高,弹簧仅能将活塞推到与油压平衡位置,活塞与推杆分离。活塞行程减小,输油量减小;反之,发动机满负荷需油量最大时,活塞行程也最大,输油量最大,实现了输油量的自动调节(图5.5(c))。

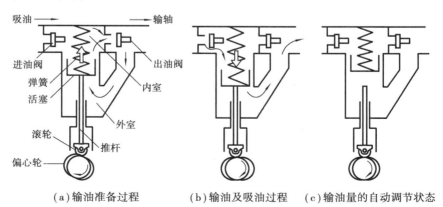

（a）输油准备过程　　　（b）输油及吸油过程　　　（c）输油量的自动调节状态

图 5.5　活塞式输油泵工作过程

4)手油泵的功用及泵油过程

需要排除低压油路中的空气时,可拧松并上下拉动手油泵手柄,实现手动泵油(图5.6)。

 注意

■ 手油泵不用时,应将其手柄扭紧,防止漏气。

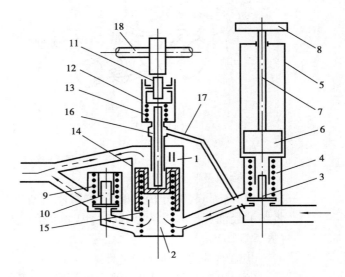

图5.6 活塞式输油泵手油泵工作过程

1—外室;2—内室;3—单向阀;4—手油泵泵腔;5—手油泵体;
6—手油泵活塞;7—手油泵杆;8—手油泵拉柄;9—单向阀弹簧;
10—单向阀;11—滚轮;12—滚轮架;13—滚轮弹簧;14—活塞;
15—活塞弹簧;16—顶杆;17—回油阀;18—喷油泵凸轮轴

自测题2

1.改善柴油机混合气形成条件的措施有_____、_____、_____、_____等。

2.柴油滤清器由一个或两个(粗、细)滤清器串联在_____与_____之间。

3.与柱塞式喷油泵配套使用的输油泵都是_____输油泵。

4.活塞式输油泵装在喷油泵侧面,包括_____和_____,由_____驱动。

◆━━学习活动 2

(1)请仔细观察教师提供的柴油发动机燃油供给装置(类型)特点,完成表5.1。

表 5.1　柴油机燃油供给装置的(类型)特点记录表

汽车或发动机型号		
柴油滤清器类型	单级□ 两级串联式 □	单级 □ 两级串联式 □
输油泵结构类型	水平式 □ 上下式 □	水平式 □ 上下式 □

(2)请将下列简短语句进行重新正确排序,并指出它们说明了一个输油泵的什么工作状态。

　a.外室容积减小油压升高;

　b.弹簧使活塞下移;

　c.柴油被吸入内室;

　d.内室容积增大产生吸力;

　e.偏心轮凸起部分转过滚轮;

　f.柴油被压入滤清器。

排序结果:＿＿＿＿＿＿＿＿＿＿＿＿＿＿＿。

输油泵处于的工作状态:＿＿＿＿＿＿＿＿＿＿＿＿＿＿。

(3)请根据教师提供的输油泵进行输油泵零部件的确认活动,指出各零部件的名称和功用。

5.1.4　喷油器的类型与结构

(1)喷油器的功用

将喷油泵供给的高压柴油,以一定的压力,呈雾状喷入燃烧室。

(2)喷油器的类型

目前采用的喷油器都是闭式喷油器,其主要类型有孔式和轴针式两种。

1)孔式喷油器的组成与工作过程

①孔式喷油器的组成

孔式喷油器:主要由针阀、针阀体、顶杆、调压弹簧、调压螺钉、喷油器体等零件组成(图 5.7),其中的关键零件是针阀和针阀体(合称为针阀偶件,俗称"喷油嘴")。

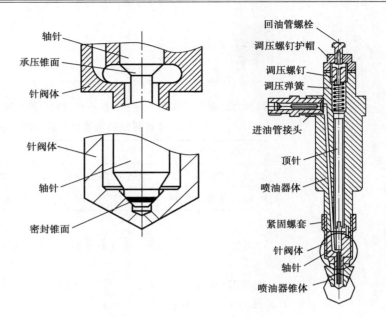

图 5.7　孔式喷油器

②孔式喷油器的工作过程

●喷油：当喷油泵开始供油时，高压柴油从进油口进入喷油器体内，沿油道进入喷油嘴阀体环形槽内，再经斜油道进入针阀体下面的高压油腔，高压柴油作用在针阀锥面上，并产生向上抬起针阀的作用力，当此力大于调压弹簧的弹力时，针阀向上升起，打开喷油孔，柴油喷入燃烧室。

●停油：当喷油泵停止供油时，高压油腔内的油压骤然下降，作用在喷油器针阀的锥形承压面上的推力迅速下降，在调压弹簧力的作用下，针阀迅速关闭喷孔，停止喷油。

2）轴针式喷油器

轴针式喷油器与孔式喷油器的不相同点：针阀密封锥面的下端还向下延伸出一个轴针，其形状有倒锥形和圆柱形，轴针伸出喷孔外，使喷孔成为圆环状的狭缝（图 5.8），其他结构及工作原理均与孔式喷油器相同。

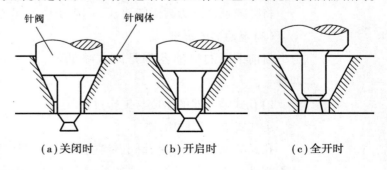

（a）关闭时　　（b）开启时　　（c）全开时

图 5.8　轴针式喷油器针阀的工作状态

自测题3

1. 喷油器的功用是_____
_____。

2. 目前采用的喷油器都是闭式喷油器,其主要类型有_____
和_____两种。

3. 孔式喷油器主要由_____、_____、_____、
_____、_____、_____等零件组成,其中的
关键零件是_____和_____。

学习活动 3

(1)请仔细观察教师提供的喷油器(类型)特点,完成表 5.2 的内容。

表 5.2 喷油器的(类型)特点记录表

汽车或发动机型号				
喷孔数目				
喷油器类型	孔式 □	轴针式 □	孔式 □	轴针式 □

(2)请根据教师提供的喷油器进行喷油器零部件的确认活动,指出各零部件的名称和功用。

5.1.5 喷油泵的类型与结构

(1)喷油泵的功用与类型

1)喷油泵的功用

提高柴油的压力,按照发动机的工作顺序、负荷大小,定时定量向喷油器输送高压柴油,且各缸供油压力均等。

2)喷油泵的类型

车用柴油机喷油泵的主要类型有:柱塞式、喷油泵—喷油器式和转子分配式三类。本单元介绍目前最常用的柱塞式喷油泵的类型、结构与工作情况。

(2)单缸柱塞式喷油泵的结构与泵油原理

1)单缸柱塞式喷油泵的结构

柱塞式喷油泵的泵油机构包括两套精密偶件:柱塞与柱塞套偶件和出油阀与出油阀座偶件。

①柱塞与柱塞套偶件的结构

• 经配对研磨后不能互换,有高的精度、粗糙度和好的耐磨性,其径向间隙为 0.002 ~ 0.003 mm。

• 柱塞头部圆柱面上切有斜槽,并通过径向孔和轴向孔与顶部相通;柱塞套上制有进、回油孔,均与泵体内低压油腔相通(图5.9)。

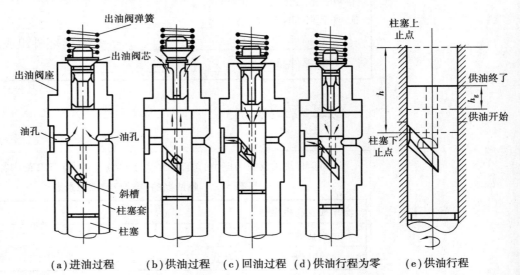

图 5.9　柱塞式喷油泵泵油原理

②出油阀与出油阀座偶件的结构

• 经配对研磨后也不能互换,其配合间隙为 0.01 mm。

• 出油阀是一个单向阀,在弹簧力作用下,上部圆锥面与阀座严密配合,保证在停止供油时,将高压油管与柱塞上端空腔隔绝,防止高压油管内的油倒流入喷油泵内。其下部十字断面,既能导向,又能通过柴油(图5.10)。

• 出油阀的锥面下方有一个小的圆柱面,称为减压环带,可保证在供油终了时,高压油管内的容积很快增大,油压迅速降低,避免喷油器喷孔处产生滴油现象。

2)单缸柱塞式喷油泵的泵油原理

①进油过程(图5.9(a))

• 在喷油泵凸轮轴上的凸轮与柱塞弹簧的作用下,柱塞做上下往复运动。

• 当凸轮的凸起部分转过后,柱塞向下运动,柱塞上部(称为泵油室)容积增大产生真空度。

• 当柱塞上端面将柱塞套上的进油孔打开后,充满在泵体油道内的低压柴油经油孔进入泵油室,直到柱塞运动到下止点,进油结束。

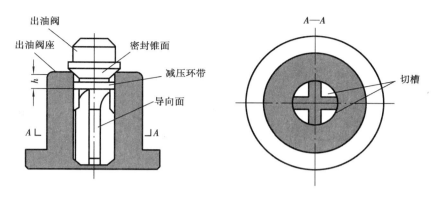

图 5.10　出油阀和出油阀座偶件

②供油过程(图 5.9(b))

● 当凸轮的凸起部分顶起滚轮体时,柱塞向上运动,泵油室内燃油受压。

● 当柱塞顶面遮住柱塞套进油孔的上缘时,泵油室成为一个密封油腔,柱塞继续上升,泵油室内的油压迅速升高。

● 当泵油室的油压大于出油阀弹簧力和高压油管剩余压力时,推开出油阀,高压柴油经出油阀进入高压油管,通过喷油器喷入燃烧室。

③回油过程(图 5.9(c))

● 当柱塞上行到其斜槽与柱塞套上的油孔相通时,泵油室内的高压柴油便通过柱塞头部的中心孔和径向孔及斜槽与泵体油道内的低压柴油相通,油压骤然下降。

● 出油阀在弹簧力的作用下迅速关闭,停止供油。

● 此后,柱塞继续上行,当凸轮的凸起部分转过后,在弹簧的作用下,柱塞又下行,开始了下一个泵油循环。

3)泵油量的调节与停止供油

● 泵油量调节:转动柱塞可改变供油行程 h_g,从而改变供油量(图 5.9(e))。

● 停止供油:当柱塞在其上行过程中始终不能完全封闭油孔时,供油行程 h_g 为零,喷油泵不能泵油(图 5.9(d))。

(3)国产系列柱塞式喷油泵的种类与结构

1)柱塞式喷油泵的种类

● 国产系列柱塞式喷油泵主要有:Ⅰ、Ⅱ、Ⅲ号和 A 型、B 型、P 型、Z 型等系列。

● 在每一个系列中都有若干种喷油泵,其结构形式、柱塞行程(凸轮升程)和分泵中心距都是相同的,但柱塞直径和分泵数不同,以满足各种柴油机的需要。

2)柱塞式喷油泵的结构

● 国产系列喷油泵的工作原理和结构类型基本相同,下面以Ⅱ号泵为例介绍柱塞式喷油泵的构造和工作情况。

• 柱塞式喷油泵由分泵、油量调节机构、传动机构和泵体四大部分组成(图5.11)。

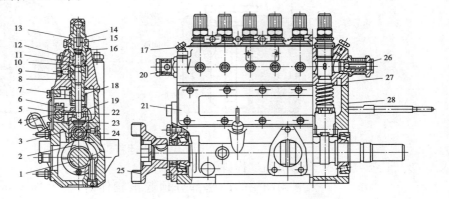

图5.11　Ⅱ号喷油泵结构

1—凸轮轴;2—凸轮;3—滚轮架部件;4—调节叉;

5—调节拉杆;6—螺钉;7—柱塞套;8—柱塞;

9—柱塞套定位螺钉;10—出油阀座;11—高压密封垫圈;

12—出油阀;13—出油阀压紧座;14—减容器;

15—出油阀弹簧;16—低压密封垫圈;17—放气螺钉;18—柱塞弹簧;

19—弹簧下座;20—进油管接头;21—侧盖;22—调节臂;

23—调整垫块;24—定位螺钉;25—联轴节从动盘;26—溢流阀;

27—喷油泵上体;28—喷油泵下体

①分泵的结构

• 分泵是带有一副柱塞偶件的泵油机构,分泵的数目与发动机的缸数相等。

• 分泵主要由柱塞偶件、柱塞弹簧、弹簧下座、出油阀偶件、出油阀弹簧、减容器、出油阀压紧座等零件组成(图5.12)。

②油量调节机构的结构

• 功用:根据柴油机负荷和转速的变化改变喷油泵的供油量。

• 组成:主要由供油拉杆、调节叉、调节臂等零件组成(图5.13)。

• 调节方法:通过供油拉杆的左右移动使柱塞转动,改变供油行程来实现供油量的调节。多缸机还要调整各缸供油的均匀性。

③传动机构的结构

• 传动机构由喷油泵凸轮轴和滚轮体总成组成(图5.14)。

• 喷油泵凸轮轴:通过曲轴正时齿轮驱动。曲轴转两圈,凸轮轴转一圈,各缸喷油一次(图5.15)。

④喷油泵供油提前角的调整

• 喷油泵的供油时刻决定喷油器的喷油时刻,喷油时刻的调整是通过调整喷油泵的供油提前角来实现的。

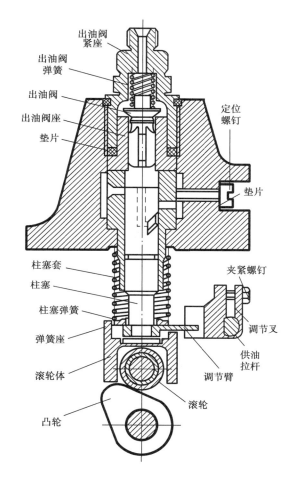

图 5.12　分泵结构

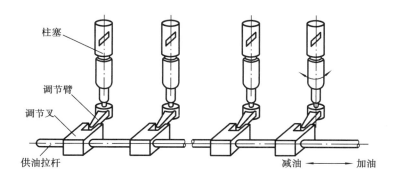

图 5.13　拨叉式油量调节机构

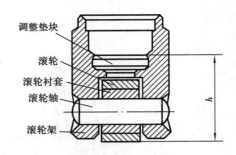

图 5.14　滚轮体总成

● 喷油泵的供油提前角是通过改变滚轮体的工作高度 h 来调整的（图 5.14、图 5.16）。

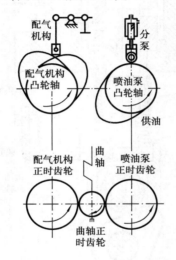

图 5.15　喷油泵凸轮轴的驱动

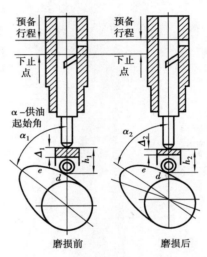

图 5.16　滚轮体的工作高度对供油提前角的影响

（4）柱塞式喷油泵的速度特性及其对柴油机工作的影响

1）喷油泵的速度特性

● 喷油泵的速度特性：在油量调节机构的供油拉杆位置不变时，喷油泵的供油量与柴油机转速之间的变化关系。

● 柱塞式喷油泵的速度特性：随着柴油机转速的增加，其供油量略有增大；反之，供油量略有减少。

2）柱塞式喷油泵的速度特性对柴油机工作的影响

● 柱塞式喷油泵的速度特性对工况多变的汽车用柴油机是非常不利的。

● 当柴油机负荷减小时，转速升高，导致供油量增加，供油量增加又使转速进一步升高，这样不断循环，将造成发动机转速越来越高，最后飞车。

● 当柴油机负荷增大时，转速降低，导致供油量减少，供油量减少又使转速进一步降低，这样不断循环，将造成发动机转速越来越低，最后熄火。

●喷油泵上必须安装调速器,使柴油机在规定的转速范围内稳定运转。

自测题4

1. 喷油泵的功用是_____
_____。
2. 喷油泵的主要类型有_____、_____和_____三类。
3. 柱塞式喷油泵的泵油机构包括_____
和_____两套精密偶件。
4. 国产系列柱塞式喷油泵主要有:Ⅰ、Ⅱ、Ⅲ号和 A 型、B 型、P 型、Z 型等系列。在每一个系列中都有若干种喷油泵,其结构形式、柱塞行程(凸轮升程)和分泵中心距都是相同的,但_____和_____不同,以满足各种柴油机的需要。
5. 柱塞式喷油泵由_____、_____、_____和_____四大部分组成。
6. 油量调节机构主要由_____、_____、_____等零件组成。
7. 传动机构由喷油泵_____和_____组成。
8. 柱塞式喷油泵的速度特性是_____
_____。

学习活动4

(1)请仔细观察教师提供的喷油泵(类型)特点,完成表5.3。

表5.3　**喷油泵的(类型)特点记录表**

汽车或发动机型号	
喷油泵类型	柱塞式 □　　　其他形式 □
喷油泵种类	Ⅰ号 □　Ⅱ号 □　Ⅲ号 □　A 型 □　B 型 □　P 型 □　Z 型 □　其他 □
分泵数目	
油量调节机构类型	拨叉式 □　　　其他形式 □
传动机构类型	调整垫块式 □　调整螺钉式 □　其他形式 □

(2)请根据教师提供的喷油泵进行喷油泵零部件的确认活动,指出各零部件的名称和功用。

5.1.6　调速器的类型与结构

（1）**调速器的功用与类型**

1）调速器的功用

调速器安装在喷油泵的后端，其功用是：根据柴油机负荷的变化自动调节供油量，保证柴油机的转速在很小的范围内变化。

2）调速器的类型

●按功能不同，调速器有：两速调速器、全速调速器、定速调速器和综合调速器。

●按转速传感方式不同，调速器有：气动式调速器、机械离心式调速器和复合式调速器。

（2）**机械离心式两速调速器的结构与工作原理**

1）两速调速器的功用

稳定怠速（低速）和限制高速。

2）机械离心式两速调速器的结构

机械离心式两速调速器：主要由支承盘、滑动盘、飞球、高速与低速调速弹簧、球面顶块与弹簧滑套、杠杆、供油拉杆等零件组成（图5.17）。

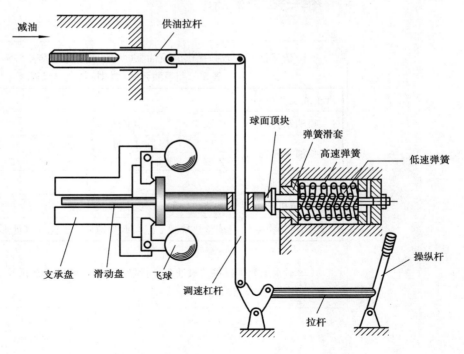

图5.17　机械离心式两速调速器结构原理

3）机械离心式两速调速器的工作原理

● 机械离心式调速器基本工作原理：根据调速弹簧的弹簧力和飞球离心力的轴向分力相平衡进行调速（图 5.17）。

● 稳定怠速：当柴油机转速超过怠速转速时，飞球离心力的轴向分力大于低速弹簧的弹力，滑动盘右移，并通过调速杠杆使供油拉杆右移（减油），柴油机减速，直至转速降至怠速转速，球面顶块碰到弹簧滑套时为止；若转速低于怠速转速，则飞球离心力下降，低速弹簧通过球面顶块将滑动盘、调速杠杆使供油拉杆向左推（加油），使转速上升至怠速范围，从而保证柴油机怠速的稳定。

● 限制高速：当柴油机超过最高转速时，飞球的离心力大于高、低速弹簧的合力而使滑动盘推动球面顶块、弹簧滑套右移（顶块的球头右侧压在滑套左端），并带动供油拉杆右移减油，从而限制了柴油的最高转速。

 注意

■ 当柴油机在怠速转速与最高转速之间工作时，飞球离心力的轴向分力小于高、低速弹簧的合力，滑动盘的位置将保持不变，调速器不起调速作用。此时，柴油机转速的调节由驾驶员通过油门踏板、操纵杆等杆件控制供油量的增减来实现。

■ 要使发动机熄火，将停车手柄扳到停止供油位置即可。

（3）机械离心式全速调速器的结构与工作原理

1）全速调速器的功用

使柴油机在允许转速范围内的任何转速稳定地工作。

2）机械离心式全速调速器的结构

图 5.18 为与 Ⅱ 号柱塞式喷油泵配套使用的球盘式机械离心全速调速器，其主要组成零部件包括：推力锥盘 1、驱动锥盘 6、飞球组件（六个块状的飞球座 11 和 12 个飞球）、四个调速弹簧（校正弹簧 3、低速弹簧 23、高速弹簧 24 和启动弹簧 25）、拉板 14 与油量调节拉杆 8、调速叉 17、操纵轴 29 与操纵臂 27、高、低速限位螺钉（18、19）与调节螺钉 21、加油口螺塞 16 与放油螺塞 26 以及停机柄 30 等。

3）机械离心式全速调速器的工作原理（图 5.19）

● 调速叉处于图中某一固定位置。

● 若柴油机发出的有效转矩正好与外界阻力矩平衡，因而转速稳定，F_A 和 F_B 相平衡。拉板和油量调节拉杆处于一定的位置，并与调节螺钉的凸肩之间保持一定的间隙 A_1。

● 当外界阻力矩突然减小，而驾驶员未改变调速叉的位置时，发动机转速将升高，则 F_A 大于 F_B，使油量调节拉杆右移，供油量减小，发动机的有效转矩随之减小，直至与外界阻力矩相等时为止，转速不再升高，F_A 与 F_B 取得新的平衡。此时，柴油机以比外界附力矩变化前略高的转速稳定运转，间隙 A_1 稍有增大。

• 当外界阻力矩突然增加,发动机转速降低时,F_A 小于 F_B,使拉板左移,增加供油量,发动机有效转矩变大,直至其有效转矩与外界阻力矩相等,转速不再降低,F_A 与 F_B 重新取得平衡为止。此时,柴油机以较前略低的转速稳定运转,间隙 A_1 稍有减小。

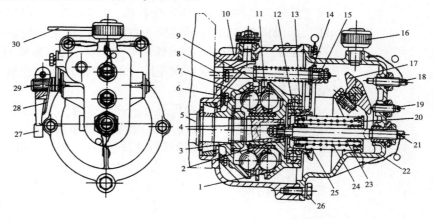

图 5.18　Ⅱ号柱塞式喷油泵机械离心式全速调速器结构
1—推力锥盘;2—校正弹簧座;3—校正弹簧;4—垫圈;
5—喷油泵凸轮轴;6—驱动锥盘;7—飞球;
8—油量调节拉杆;9—飞球保持架;10—调整器前壳;
11—飞球座;12—调速弹簧前座;13—启动弹簧前座;
14—拉板;15—拉杆螺母;16—加油口螺塞;17—调速叉;
18—高速限位螺钉;19—低速限位螺钉;20—弹簧后座;
21—调节螺钉;22—调速器后壳;23—低速调速弹簧;
24—高速调速弹簧;25—启动弹簧;26—放油螺塞;
27—操纵臂;28—扭力弹簧;29—操纵轴;30—停机柄

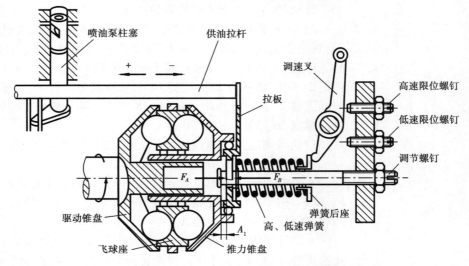

F_A:飞球组件离心力的轴向分力;F_B:调速弹簧的作用力
图 5.19　Ⅱ号柱塞式喷油泵机械离心式全速调速器结构工作原理

自测题5

1. 调速器安装在喷油泵的后端,其功用是_____
_____。
2. 按功能不同调速器有_____、_____、_____和_____。
3. 两速调速器的功用是_____和_____。
4. 全速调速器的功用是_____。

学习活动5

(1)请仔细观察教师提供的调速器(类型)特点,完成表5.4。

表5.4　调速器的(类型)特点记录表

汽车或发动机型号		
调速器类型	按功能分	两速式　□　全速式　□　定速式　□　综合式　□
	按转速传感方式分	气动式　□　机械离心式　□　复合式　□

(2)请根据教师提供的调速器进行调速器零部件的确认活动,指出各零部件的名称和功用。

5.1.7　联轴器及供油提前角调节装置的类型与结构

(1)联轴器的功用与结构
1)联轴器的功用
- 补偿喷油泵凸轮轴与其驱动轴之间的同轴度误差。
- 调节供油提前角。
2)联轴器的结构
联轴器主要由连接叉通过前后两组圆形弹性钢片,分别与驱动轴和喷油泵凸轮轴相连(图5.20)。

(2)供油提前角及其调节装置的类型与结构
1)有关定义
- 喷油正时:保证喷油泵对柴油机有正确的供油时刻。
- 供油提前角:喷油泵开始供油时刻的曲柄位置与其转至上止点位置时的曲轴转角。
- 最佳供油提前角:柴油机转速和供油量一定时,获得最大功率及最小耗油率的供油提前角。

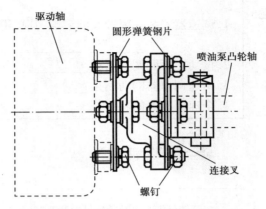

图 5.20　扰性片式联轴器结构

 注意

■　最佳供油提前角与柴油机负荷（供油量）和转速的变化关系：负荷越大、转速越高时，供油提前角应越大。

2）供油提前角调节装置的类型与结构

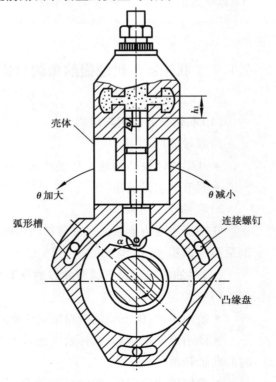

图 5.21　转动喷油泵壳体调整初始供油提前角

①供油提前角调节装置基本原理

改变喷油泵凸轮轴与曲轴的相对位置。

②供油提前角调节装置的类型

供油提前角调节装置有人工调节装置和自动调节器两种。

③供油提前角人工调节装置的功用与调节方法

· 功用:调整静态(初始)供油提前角。

· 调节方法:转动喷油泵壳体式(图 5.21)。

3)供油提前角自动调节器的结构原理

①供油提前角自动调节器的功用

使喷油泵的供油提前角随柴油机转速的变化而自动变化。

②供油提前角自动调节器的结构

供油提前角自动调节器主要由主动盘、飞块、从动臂等零件组成(图 5.22)。

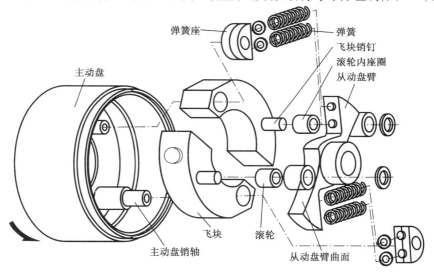

图 5.22　供油提前角自动调节器结构

③供油提前角自动调节器的工作过程(图 5.23)

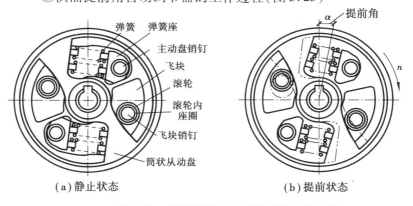

（a）静止状态　　　　　　　　　　（b）提前状态

图 5.23　供油提前角自动调节器工作过程

· 柴油机工作时,主动盘连同飞块旋转,离心力使飞块向外甩开,通过滚轮带动从动盘相对主动盘超前转过一角度 α(图 5.23(b)),至弹簧力与飞块离心力平衡为止,驱动盘与从动盘同步旋转。

● 当柴油机转速升高时,离心力增大,飞块进一步外甩,从动盘相对主动盘再超前一角度,喷油提前角增大。

● 当柴油机转速降低时,离心力减小,飞块向内收拢,从动盘相对主动盘滞后一角度,喷油提前角相应减小。

1. 联轴器的功用是 _____
_____。
2. 喷油正时是 _____。
3. 供油提前角是 _____
_____。
4. 最佳供油提前角是 _____
_____。
5. 供油提前角调节装置的基本原理是 _____。
6. 供油提前角调节装置有 _____ 和 _____ 两种。
7. 供油提前角人工调节装置用来调整 _____。
8. 供油提前角自动调节器的功用是 _____
_____。

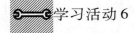学习活动6

请根据教师提供的柴油机进行联轴器及供油提前角调节装置零部件的确认活动,指出各零部件的名称、位置和功用,并口述供油提前角自动调节器的工作过程。

5.2 认识柴油的性能与选用

轻柴油(简称柴油):车用柴油机的燃料,是从石油中提炼出的碳氢化合物。

5.2.1 柴油的主要性能指标

(1)**柴油的发火性**
柴油的发火性:柴油自燃的能力,用十六烷值评定。十六烷值越高,发火性越好。
(2)**柴油的流动性**
主要评定指标是凝点。凝点是柴油冷却到开始失去流动性的温度。
(3)**柴油的黏度**
柴油的黏度越小,流动性越好。

5.2.2　柴油的牌号与选用

柴油按质量可分为优等品、一等品和合格品三个等级。

（1）**牌号**

- 每个等级的柴油按凝点分为：RCZ-10,RC-0,RC-10,RC-20,RC-35 和 RC-50 六个牌号。
- 牌号的含义：

①"R"表示：燃油（"燃"的汉语拼音字头）；

②"C"表示：柴油（"柴"的汉语拼音字头）；

③"Z"表示：牌号中凝点的数值为正（"正"的汉语拼音字头），无"Z"表示：凝点为负；

④牌号中的数字：表示柴油的凝点（单位：℃）。

（2）**柴油的选用**

- 对照当地当月的最低气温来选择。
- 所选用柴油的凝点要比当地当月最低气温低 4～6 ℃。

（3）**使用柴油注意事项**

- 不能在柴油中掺入汽油使用。
- 低温时启动柴油机应先预热。

自测题7

1. 柴油的发火性是指＿＿＿＿＿＿＿＿＿＿＿＿＿＿＿＿＿＿＿,用十六烷值评定。十六烷值＿＿＿＿＿＿,发火性＿＿＿＿＿＿。
2. 凝点是柴油＿＿＿＿＿＿＿＿＿＿＿＿＿＿＿的温度。
3. 柴油按质量可分为＿＿＿＿、＿＿＿＿和＿＿＿＿三个等级。
4. 柴油的选用原则是＿＿。
5. 柴油的使用注意事项是＿＿＿＿＿＿＿＿＿＿＿＿＿＿＿＿＿＿＿＿＿＿＿＿＿＿＿＿＿＿＿＿＿＿＿＿＿＿。

5.3　实施柴油机燃料供给系维护与检修

5.3.1　查找与排除柴油机燃料供给系常见故障

- 柴油机燃料供给系的常见故障主要有：启动困难、不易启动且排气管冒白烟、不易启动且排气管冒黑烟、动力不足、怠速不稳、超速（飞车）等。
- 柴油机燃料供给系常见故障的部位如图 5.24 所示。
- 柴油机燃料供给系常见故障的外部特征见表 5.5。
- 柴油机燃料供给系常见故障的主要原因和排除方法见表 5.6。

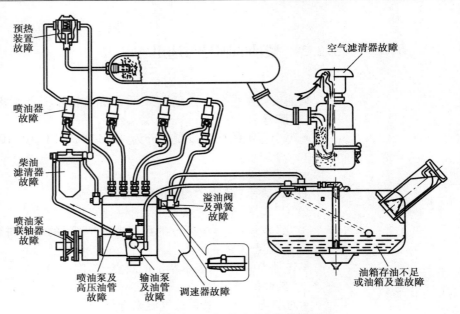

图 5.24　柴油机燃料供给系常见故障部位

表 5.5　柴油机燃料供给系常见故障的外部特征

故　障	外部特征
启动困难	发动机在启动机带动下,启动运转正常,但不能启动
不易启动且排气管冒白烟	发动机启动时,排气管排出大量白烟,且启动困难 发动机动力不足
不易启动且排气管冒黑烟	发动机启动困难,排气管排出大量黑烟
动力不足	汽车行驶无力,最高车速不足 50 km/h
急速不稳	发动机怠速运转时,忽快忽慢 发动机有发抖现象 汽车急减速或换挡时熄火
超速(飞车)	发动机转速失控,突然升高,超过最高转速,并有巨大响声

表 5.6　柴油机燃料供给系常见故障的主要原因和排除方法

主要原因	排除方法
①启动困难	
低压油路不供油	检查、排除低压油路故障
喷油泵不泵油	检修喷油泵
油路中有空气	排除油路中空气
喷油器不喷油	检修喷油器
②不易启动且排气冒白烟	

续表

主要原因	排除方法
柴油中有水	更换清洁柴油并查明原因
汽缸垫损坏,冷却水进入汽缸	更换汽缸垫
汽缸盖水套裂纹,冷却水进入汽缸	检修汽缸盖
③不易启动且排气冒黑烟	
空气滤清器过脏	清洁或更换空气滤清器
使用的柴油质量差	更换符合标准的柴油
喷油提前角过早	检查、调整喷油提前角
喷油器针阀密封不良,有滴油现象	检修喷油器
汽缸压缩压力低,柴油雾化不良	检查汽缸压缩压力,排除汽缸密封不良的故障
个别汽缸不工作或工作不良	检查各缸工作情况,检修或更换损坏的部件
④动力不足	
进气不足	检修供气相关部件
供油不足	检修供油的相关部件
汽缸密封不良	检查汽缸压缩压力,并排除汽缸密封不良的故障
⑤怠速不稳	
油管中有空气或水	排除油路中的空气或水,并查明原因
怠速稳定装置调整不当	检查、调整怠速稳定装置
低压油路供油不畅	检修低压油路各部件
喷油器工作不良	检修喷油器
喷油泵供油不均	检修喷油泵
调速器连接件磨损	检修调速器
⑥超速(飞车)	
首先应使发动机立即停下来: 　　若汽车在运行中,不脱挡、不踩离合器并紧急制动直至发动机熄火 　　若汽车静止发动机空转,采用断油或断气的方法使发动机熄火	
喷油泵卡在最大供油位置	检修喷油泵
调速器失灵	检修调速器
调速器润滑油过多或黏度过大	检查、更换调速器润滑油
柱塞调节装置脱落	检修柱塞调节装置

5.3.2 检修输油泵的方法和步骤

实作活动 1

请在教师的指导下,按照下述方法和步骤,进行输油泵的检修活动,并完成表 5.7。

表 5.7 检测输油泵数据记录表

汽车或发动机型号			
①检验输油泵密封性			
1 min 收集的气泡量/mL		气泡直径/mm	
推荐值	测量值	推荐值	测量值
②检验输油泵吸油能力(手油泵泵出油的活塞行程数目)			
推荐值		测量值	
③检验输油泵输油压力和输油量			
转速 600 r/min 时的输油压力/kPa		转速 750 r/min、输油压力 206 kPa 时的输油量/(mL·min^{-1})	
推荐值	测量值	推荐值	测量值
分析测量结果			
修复方案建议			

(1)检验输油泵的密封性
- 旋紧手油泵手柄并堵住出油口。
- 将输油泵浸入清洁的柴油或煤油中(图 5.25)。

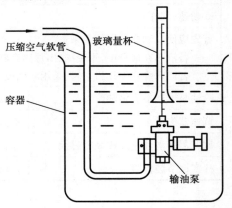

图 5.25 检验输油泵密封性

- 将147～196 kPa 的压缩空气从进油口通入。
- 检查泵体与推杆之间的漏气情况,并用量筒收集气泡(图5.25)。
- 若1 min 内收集的量在50 mL 内,且气泡直径不超过1 mm,说明密封性良好;否则,应检修或更换。

（2）检验输油泵的吸油能力

- 将输油泵装在喷油泵上。
- 用内径8 mm、长2 m 的软管为吸油管。
- 从水平高度低于输油泵1 m 的油箱中用手油泵泵油。
- 若能在手油泵30 个活塞行程内出油为合格,否则应检修或更换。

（3）检验输油泵的输油压力和输油量

- 将输油泵装在试验台上(图5.26)。

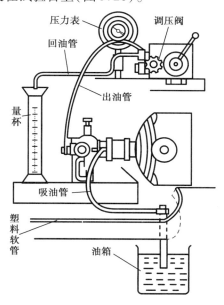

图5.26　检验输油泵输油压力和输油量

- 转速为600 r/min 时,输油压力应不低于147 kPa。
- 转速750 r/min、输油压力206 kPa 时,输油量不低于250 mL/min;否则,应检修或更换。

（4）检修输油泵零部件

- 输油泵壳体与活塞配合松旷或运动不平稳,应更换新泵。
- 单向阀和阀座轻微磨损可研磨修复,磨损严重或有裂纹应更换。

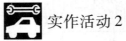

学习活动7

请在检修输油泵实作活动后完成以下内容：

车型或发动机型号：＿＿＿＿＿＿＿＿＿＿＿＿＿＿＿＿＿＿＿＿＿＿

使用的工量具及设备：＿＿＿＿＿＿＿＿＿＿＿＿＿＿＿＿＿＿＿＿＿

＿＿＿＿＿＿＿＿＿＿＿＿＿＿＿＿＿＿＿＿＿＿＿＿＿＿＿＿＿＿＿＿

安全及其他注意事项：＿＿＿＿＿＿＿＿＿＿＿＿＿＿＿＿＿＿＿＿＿

＿＿＿＿＿＿＿＿＿＿＿＿＿＿＿＿＿＿＿＿＿＿＿＿＿＿＿＿＿＿＿＿

主要步骤：＿＿＿＿＿＿＿＿＿＿＿＿＿＿＿＿＿＿＿＿＿＿＿＿＿＿＿

＿＿＿＿＿＿＿＿＿＿＿＿＿＿＿＿＿＿＿＿＿＿＿＿＿＿＿＿＿＿＿＿

＿＿＿＿＿＿＿＿＿＿＿＿＿＿＿＿＿＿＿＿＿＿＿＿＿＿＿＿＿＿＿＿

＿＿＿＿＿＿＿＿＿＿＿＿＿＿＿＿＿＿＿＿＿＿＿＿＿＿＿＿＿＿＿＿

＿＿＿＿＿＿＿＿＿＿＿＿＿＿＿＿＿＿＿＿＿＿＿＿＿＿＿＿＿＿＿＿

5.3.3 检修喷油器的方法和步骤

实作活动2

请在教师的指导下，按照下述方法和步骤，进行喷油器的检修活动，并完成表5.8。

表5.8 检测喷油器数据记录表

汽车或发动机型号			
①喷油器的喷油压力/MPa			
推荐值		测量值	
②喷油器的喷油质量			
油束形状		油压0.98～1.98 MPa时喷孔出现滴漏现象的时间/s	
孔 式	轴针式	推荐值	测量值
合格□ 不合格□	合格□ 不合格□		
分析检测结果			
修复方案建议			

（1）**清洗喷油器零件**

• 喷油器头部和针阀的积炭或污物在煤油中浸润软化后用钢丝刷清理。

• 针阀体、喷油器体的油道用专用通针或直径合适的钻头疏通。

• 堵塞的喷孔用直径小于喷孔的通针清理，防止损伤喷孔。

• 若针阀被咬住，可用鲤鱼钳衬上软布，夹住针阀尾端，稍加转动用力拉出。

• 清洗后的零件，用压缩空气吹通油道后再清洗一遍。

（2）**检查喷油器零件**

喷油器零件有下列损伤之一，应更换零件或喷油器总成。

• 零件有咬住或黏滞痕迹。

• 阀座有烧伤损坏。

• 针阀头部锥形部分有损伤或变形。

• 推杆和针阀接触部位磨损过量或弹簧座变形。

• 调压弹簧裂纹、锈蚀、折断或端面歪斜。

（3）**检验喷油嘴的滑动性**

• 将针阀体倾斜约60°，拉出针阀约1/3（图5.27）。

• 松手后，针阀应在自重作用下平稳地滑入针阀座中。

• 将针阀相对于阀座转过任意角度重复上述试验。

• 若针阀在某位置不能平稳下滑，应更换针阀偶件。

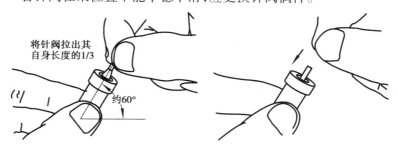

图5.27 检验喷油嘴滑动性

（4）**试验与调整喷油压力和喷油质量**

喷油器的喷油压力和喷油质量在喷油器试验器（图5.28）上进行试验。

①调试喷油器的喷油压力

• 将喷油器调压弹簧的锁紧螺母松开。

• 将喷油器装在试验器上，快速压动手油泵，排出油路和喷油器内的空气和油污。

• 以60次/min的速度泵油，同时仔细观察油压表。

• 读数开始下降时的油压即为喷油器的喷油压力。

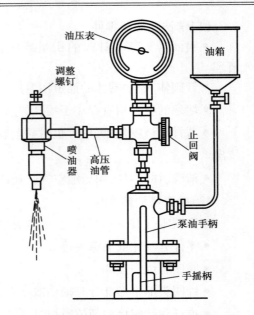

图 5.28 试验与调整喷油压力和喷油质量

● 若测量值低于(或高于)标准值,可旋入(或旋出)调压螺钉进行调整(图5.7)。

● 调整结束后,紧固锁紧螺母,再复查一次。

②试验喷油器的喷油质量

● 以 30 ~ 60 次/min 的速度连续按动试验器泵油手柄。

● 多孔式喷油器各喷孔应形成一个雾化良好的小锥状油束,各油束间隔角度应符合原厂规定(图5.29(a))。

● 轴针式喷油器,喷雾为圆锥形,不得偏斜,油雾细小均匀(图5.29(b))。

● 每次喷油时,伴随针阀的开启,有明显、清脆的爆裂声。

● 雾化锥角符合规定,无后期滴油现象。

● 若喷雾质量达不到要求或有后期滴油现象,应重新清洗或更换喷油器。

● 按动试验器泵油手柄,将油压调至 0.98 ~ 1.98 MPa,喷孔在 10 s 内不出现滴漏现象,否则应重新装配调整或更换喷油器。

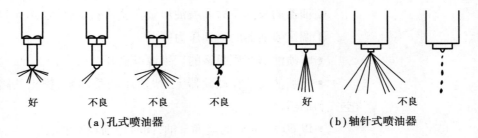

图 5.29 喷油器的喷油质量

学习活动 8

请在检修喷油器实作活动后完成以下内容：

车型或发动机型号：_____

使用的工量具及设备：_____

_____

安全及其他注意事项：_____

_____

主要步骤：_____

_____

_____

_____

_____

5.3.4　检修喷油泵的方法和步骤

（1）拆卸喷油泵总成

实作活动 3

请在教师的指导下，按照下述拆卸要点，进行喷油泵总成的拆卸活动。

不同类型的喷油泵总成，其拆卸顺序有很大区别，这里仅介绍喷油泵总成的拆卸要点：

• 拆卸喷油泵之前，用汽油、煤油或柴油仔细清洗外部，不得用碱水清洗。

• 在拆卸解体时，先分解成部件（输油泵、调速器、供油提前角自动调节装置等），然后结合检修进一步分解。

• 在拆卸过程中，要注意使用专用工具。

• 零件拆下后，按部位顺序放置。

• 柱塞副、出油阀等偶件在解体和清洗时应非常仔细，避免磕碰，且偶件之间的零件不能互换。

• 有装配位置要求的零件，应做好标记，标明原来的装配位置。

（2）检修喷油泵柱塞偶件

 实作活动 4

请在教师的指导下，按照下述方法和步骤，进行喷油泵柱塞偶件的检修活动，并完成表 5.9。

表 5.9　试验喷油泵柱塞偶件记录表

汽车或发动机型号				
试验滑动性	合格	□	不合格	□
简易试验法试验密封性	合格	□	不合格	□
喷油器试验器试验密封性	合格	□	不合格	□
分析试验结果				
修复方案建议				

1）柱塞偶件的外观检查

柱塞偶件有下列损伤之一的应更换：

- 柱塞表面有明显的磨损伤痕。
- 柱塞弯曲，头部变形或其他划擦痕迹。
- 柱塞端面、直槽、斜槽等边缘有剥落或锈蚀。
- 柱塞套内孔表面有锈蚀或较深的刮痕、裂纹等。

2）柱塞偶件的滑动性试验

- 将柱塞偶件彻底清洗干净并用柴油浸润。
- 使偶件倒置并与水平线呈 60°（图 5.30）。

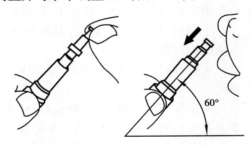

图 5.30　柱塞的滑动性试验

- 轻轻抽出柱塞约 1/3，然后松开。
- 柱塞应在自身重力作用下自由下滑。
- 将柱塞抽出并转动任何角度试验，其结果均相同，说明柱塞滑动性良好。

3）简易试验法试验柱塞偶件的密封性

- 用柴油将柱塞偶件清洗干净。

- 使柱塞处于柱塞套的中等或最大供油位置。
- 用手指堵住柱塞套上的端孔和进、回油孔。
- 将柱塞由最上位置往下拉,下拉的距离以柱塞上边缘不露出套筒油孔为限。
- 当感觉到有真空吸力时迅速松开柱塞。
- 柱塞能在真空吸力作用下迅速回到原来的位置,说明其密封性良好。

4)用喷油器试验器试验柱塞偶件的密封性

- 将喷油泵的出油阀体取出,保留阀座。
- 装好出油阀螺母,接上喷油泵试验管路,并排出油路中的空气(图5.31)。

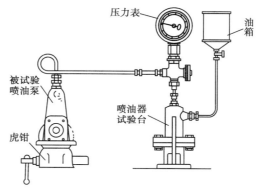

图5.31　柱塞偶件的密封性试验

- 移动供油操纵臂,使柱塞处于最大供油位置。
- 转动喷油泵凸轮轴,使柱塞上行到供油行程的中间位置。
- 手动泵油,使压力表的指示油压达到20 MPa。
- 测量油压下降到10 MPa的时间,其值少于12 s为密封性不良。

(3)检修喷油泵出油阀偶件

 实作活动5

请在教师的指导下,按照下述方法和步骤,进行喷油泵出油阀偶件的检修活动,并完成表5.10。

表5.10　试验喷油泵出油阀偶件记录表

汽车或发动机型号				
外观检查	合格	☐	不合格	☐
试验滑动性	合格	☐	不合格	☐
试验密封性	合格	☐	不合格	☐
分析试验结果				
修复方案建议				

1)出油阀偶件的外观检查
- 出油阀偶件有下列损伤之一应更换。
- 出油阀体有裂痕或阀座的端面、锥形面上有裂痕。
- 出油阀体及其座的锥面锈蚀。
- 锥形面磨损过多,有金属剥落或划痕。
- 减压环有严重磨损痕迹等。

2)试验出油阀偶件的滑动性
- 将清洗干净的出油阀偶件垂直放置。
- 将阀体从阀座中抽出约1/3。
- 松手后出油阀能在自身重力作用下缓慢均匀下落到底。
- 将出油阀转过任意角度试验结果均相同,说明滑动性良好。

3)试验出油阀偶件的密封性
- 将清洗干净的出油阀偶件垂直放置。
- 用手指堵住出油阀座的下方孔。
- 出油阀下落到减压环带进入阀座时能停住(图5.32(a))。

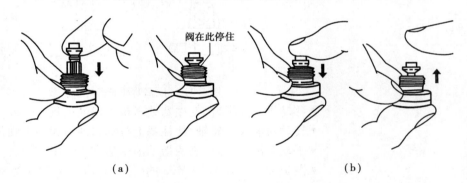

(a)   (b)

图5.32 试验出油阀偶件密封性

- 用手指轻轻将出油阀压入出油阀座。
- 放松手指后,出油阀能立即弹回原来的位置(图5.32(b)),说明密封性良好。

5.3.5 装配喷油泵总成的方法和步骤

 实作活动6

请在教师的指导下,按照下述装配方法和步骤的要点,进行喷油泵总成的装配活动。

不同类型的喷油泵总成,其装配顺序有很大区别,这里介绍喷油泵总成的装配要点。

(1)**装配要求**

● 在装配过程中,应注意工作环境、工具、操作者和零件的清洁。

● 装配过程必须使用专用工具,严格按照工艺要求进行。

(2)**安装凸轮轴**

● 先确认发动机的工作顺序和喷油泵凸轮轴的旋转方向,防止错装和倒装。

● 凸轮轴装复后,转动应灵活,轴向间隙符合规定。

● 若凸轮轴的轴向间隙不符合规定,可通过增减两端的垫片进行调整。

(3)**安装滚轮组合件**

● 滚轮组合件装入后,转动凸轮轴时,应能上下灵活运动。

● 滚轮上的调整螺钉不得外露过多,以免挤伤柱塞和出油阀等零件(图5.33)。

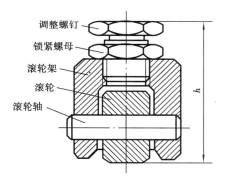

图5.33 A型泵滚轮组件

(4)**安装柱塞和出油阀偶件**

● 安装前,先确认柱塞和出油阀偶件的型号无误。

● 拧紧定位螺钉后,柱塞套应能上下移动1~2 mm,并能微量转动。

● 柱塞装入套筒后,将柱塞做上下滑动和任意转动来检查柱塞与套筒的配合情况。

● 出油阀偶件装入泵体时,要确保柱塞套与出油阀座接触面的清洁,以保证密封性。

(5)**安装油量调节机构**

● 供油拉杆或齿杆装入泵体时,要注意安装位置正确。

● 有刻线记号的零件,应使刻线对正。

● 无刻线记号的零件,应按照拆卸时所做的标记进行装配。

(6)**安装调速器**

● Ⅱ号喷油泵采用的球盘式离心全速调速器,推力盘内轴承的轴向间隙应很小。

- 拉板与轴承内圈压紧后,不能感觉出明显的晃动(图5.18)。
- 推力盘转动时,应灵活而无局部卡滞现象。
- 压紧推力盘时,供油拉杆螺母不能与拉板脱离接触(图5.18)。

学习活动9

请在拆装喷油泵总成实作活动后完成以下内容:

车型或发动机型号:＿＿＿＿＿＿＿＿＿＿＿＿＿＿＿＿＿＿＿

使用的工量具及设备:＿＿＿＿＿＿＿＿＿＿＿＿＿＿＿＿＿

＿＿＿＿＿＿＿＿＿＿＿＿＿＿＿＿＿＿＿＿＿＿＿＿＿＿＿

安全及其他注意事项:＿＿＿＿＿＿＿＿＿＿＿＿＿＿＿＿＿

＿＿＿＿＿＿＿＿＿＿＿＿＿＿＿＿＿＿＿＿＿＿＿＿＿＿＿

主要步骤:＿＿＿＿＿＿＿＿＿＿＿＿＿＿＿＿＿＿＿＿＿＿＿

＿＿＿＿＿＿＿＿＿＿＿＿＿＿＿＿＿＿＿＿＿＿＿＿＿＿＿

＿＿＿＿＿＿＿＿＿＿＿＿＿＿＿＿＿＿＿＿＿＿＿＿＿＿＿

＿＿＿＿＿＿＿＿＿＿＿＿＿＿＿＿＿＿＿＿＿＿＿＿＿＿＿

＿＿＿＿＿＿＿＿＿＿＿＿＿＿＿＿＿＿＿＿＿＿＿＿＿＿＿

5.3.6 试验与调整喷油泵总成的方法和步骤

喷油泵试验调整的内容主要有:供油时刻、供油量的试验调整和调速器的调试等。

(1)调试喷油泵供油时刻

实作活动7

请在教师的指导下,按照下述方法和步骤,进行喷油泵供油时刻的调试活动。

1)溢油法调试喷油泵供油时刻

溢油法调试喷油泵供油时刻在喷油泵试验台上进行(图5.34)。

- 调试时,从第1缸开始。
- 将试验台的变速手柄置于"0"位,油路转换阀控制杆放在高压供油位置,并拧松标准喷油器的放气螺钉。
- 启动油泵电动机,当柴油从标准喷油器的放气油管流出后,将调速器的操纵臂置于最大供油位置。
- 缓慢转动试验台传动轴,当第1缸喷油器放气油管刚停止出油时,停止转动。

● 检查喷油泵联轴器从动盘上的刻线是否与喷油泵壳前端面的刻线对正(图5.35)。

● 若联轴器从动盘上刻线超过,说明供油时刻晚,可增加滚轮组件的有效高度:增加调整垫块厚度(图5.14),或将调整螺钉旋出(图5.33)。

● 若联轴器从动盘刻线滞后,说明供油时刻早,可减小滚轮组件的有效高度。

● 第1缸供油时刻调好后,以此为基准,按柴油机的工作顺序,调试其余各缸供油时刻。如六缸柴油机按1-5-3-6-2-4缸供油时刻间隔角为60°进行检调。

● 各缸供油间隔角的误差一般为±0.5°。

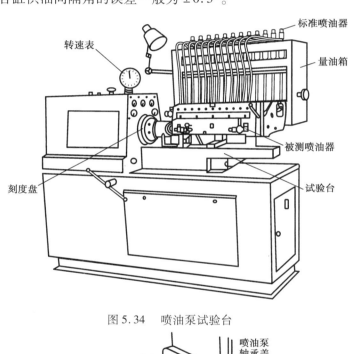

图5.34　喷油泵试验台

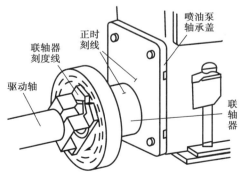

图5.35　喷油泵壳前端面正时刻线与联轴器上的正时刻线

注意

> ■ 若放气油管的燃油有断续现象,说明燃油压力过低,应将被测汽缸以外的各缸喷油器的放气螺钉拧紧,以使燃油压力提高。
>
> ■ 不要将滚轮组件的有效高度增加过多,以免柱塞在最高位置时与出油阀座下平面相碰:当柱塞在上止点时,用螺丝刀撬起柱塞弹簧座,在柱塞下部与滚轮组架之间用厚薄规检查应有 0.3~0.6 mm 的间隙。

2)测试管法调试喷油泵供油时刻

● 测试管结构如图 5.36 所示。

● 将测试管拧紧在第 1 缸的出油阀压紧座上。

● 将油量控制杆推至最大供油位置,并排除喷油泵内的空气。

● 缓慢转动喷油泵凸轮轴(曲轴或撬动油泵柱塞)使其泵油。

● 仔细观察玻璃管油面,当油面发生波动开始上升的时刻即为第 1 缸供油时刻。

● 查看联轴器上的刻线是否与喷油泵壳前端面刻线对正(图 5.35),若未对正,按前述方法调整。

● 以第 1 缸为基准,根据喷油泵的供油顺序和供油间隔角调整其余各缸的供油时刻。

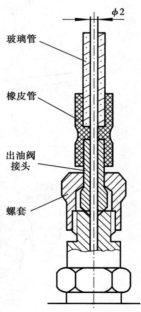

图 5.36 测试管结构

● 直至各缸供油间隔角误差不大于 ±0.5° 为止。

（2）试验与调整喷油泵供油量和各缸供油量不均匀度

 实作活动 8

请在教师的指导下，按照下述方法和步骤，进行喷油泵供油量和各缸供油量不均匀度的试验与调整活动，并完成表5.11。

● 喷油泵的供油量和各缸供油量不均匀度一般在喷油泵试验台上进行（图5.34）。

● 各缸供油量不均匀度 =（最大供油量 - 最小供油量）/平均供油量，以百分数表示。

● 将喷油泵的油量控制杆置于额定供油位置，使喷油泵以额定转速运转。

表 5.11　检测喷油泵供油量和各缸供油量不均匀度记录表

汽车或发动机型号						
额定供油量推荐值/mL			额定供油量不均匀度推荐值/%			
怠速供油量推荐值/mL			怠速供油量不均匀度推荐值/%			
缸　号	1	2	3	4	5	6
额定供油量/mL						
额定供油量不均匀度/%						
怠速供油量/mL						
怠速供油量不均匀度/%						
分析测量结果						
修复方案建议						

● 测量规定供油次数的各缸额定供油量，并计算出各缸额定供油量不均匀度。

● 将油量控制杆置于最小供油位置，使喷油泵以怠速转速运转。

● 测量规定供油次数的各缸怠速供油量，并计算出各缸怠速供油量不均匀度。

● 将测量的供油量和计算出的各缸供油量不均匀度与技术要求进行比较。

● 若某缸不符合技术要求，松开该缸调节叉（或可调齿圈）的锁紧螺钉，将柱塞的调节叉相对于供油拉杆（或控制套筒相对于可调齿圈）移动一定距离，再固定锁紧螺钉，即可改变供油量（图5.13、图5.37）。

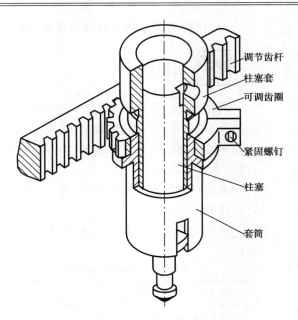

图 5.37　齿条齿圈式油量调节机构

（3）**试验与调整调速器**

实作活动 9

请在教师的指导下，按照下述方法和步骤，进行调速器的试验与调整活动，并完成表 5.12。

表 5.12　试验调速器记录表

汽车或发动机型号		
高速起作用转速 /(r · min^{-1})	推荐值	
	测量值	
低速起作用转速 /(r · min^{-1})	推荐值	
	测量值	
分析测量结果		
修复方案建议		

• 调速器的调试内容较多，且各型调速器的结构和具体调整方法也不相同。

• 下面以Ⅱ号喷油泵调速器为例介绍其高速和低速起作用转速的一般调试方法和步骤。

1）调试高速起作用转速

• 将喷油泵从低速到高速进行试运转和磨合，使各部运转正常，无阻滞现象。

● 使喷油泵转速逐渐增加到额定值,将调速器操纵臂推到底。

● 缓慢增加喷油泵转速,并注意观察供油拉杆位置的变化。

● 当供油拉杆开始向减油方向移动时的转速即为调速器高速起作用转速。

● 若测量值低于(或高于)规定值,可旋进(或旋出)高速限位螺钉进行调整(图 5.18、图 5.19)。

2)调试低速起作用转速

● 使喷油泵在低于怠速转速下运转。

● 缓慢转动调速器操纵臂,逐渐增加喷油泵转速,同时观察供油拉杆的变化。

● 当供油拉杆开始向减油方向移动时的转速即为调速器低速起作用转速。

● 若测量值低于(或高于)规定值,可旋进(或旋出)低速限位螺钉进行调整(图 5.18、图 5.19)。

 学习活动 10

请在试验与调整喷油泵总成实作活动后完成以下内容:

车型或发动机型号:＿＿＿＿＿＿＿＿＿＿＿＿＿＿＿＿＿＿＿＿＿

使用的工量具及设备:＿＿＿＿＿＿＿＿＿＿＿＿＿＿＿＿＿＿＿＿

＿＿＿＿＿＿＿＿＿＿＿＿＿＿＿＿＿＿＿＿＿＿＿＿＿＿＿＿＿＿

安全及其他注意事项:＿＿＿＿＿＿＿＿＿＿＿＿＿＿＿＿＿＿＿＿

＿＿＿＿＿＿＿＿＿＿＿＿＿＿＿＿＿＿＿＿＿＿＿＿＿＿＿＿＿＿

主要步骤:＿＿＿＿＿＿＿＿＿＿＿＿＿＿＿＿＿＿＿＿＿＿＿＿＿

＿＿＿＿＿＿＿＿＿＿＿＿＿＿＿＿＿＿＿＿＿＿＿＿＿＿＿＿＿＿

＿＿＿＿＿＿＿＿＿＿＿＿＿＿＿＿＿＿＿＿＿＿＿＿＿＿＿＿＿＿

＿＿＿＿＿＿＿＿＿＿＿＿＿＿＿＿＿＿＿＿＿＿＿＿＿＿＿＿＿＿

＿＿＿＿＿＿＿＿＿＿＿＿＿＿＿＿＿＿＿＿＿＿＿＿＿＿＿＿＿＿

注意

■ 供油时刻要影响供油量,各种转速下的供油量又与调速器有关。

■ 首先调试供油时刻,其次调试调速器,然后再调试供油量和均匀度。

■ 调试供油量时,往往需要改变调节齿杆的位置,又影响了调速器,因而需要重新调试调速器。喷油泵的试验调整需要反复进行,最后才能取得比较准确的调试结果。

5.3.7　校准喷油正时的方法和步骤

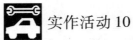实作活动 10

　　请在教师的指导下,按照下述方法和步骤,进行喷油正时的校准活动。

　　●将装配调试好的喷油泵安装到发动机上。

　　●摇转发动机曲轴,使第 1 缸压缩上止点(飞轮与飞轮壳上)的喷油正时记号对正。

　　●转动喷油泵联轴器,使联轴器转盘上的正时刻线与喷油泵壳体前端盖上的正时刻线对正(图 5.35)。

　　●使喷油泵从动凸缘盘与联轴器接合并拧紧联轴器紧固螺栓。

　　●启动柴油机试车,根据运转和排烟情况判断喷油是否正对。

　　●若喷油不正时,可松开联轴器固定螺栓,缓慢转动发动机曲轴,使联轴器转过一定角度。

　　●顺着喷油泵凸轮轴转动方向转动联轴器,喷油提前角减小。

　　●逆着喷油泵凸轮轴转动方向转动联轴器,喷油提前角增大。

　　●调整完毕后,拧紧固定螺栓,重新启动发动机试车,直至符合要求为止。

学习活动 11

　　请在完成校准喷油正时实作活动后完成以下内容:

　　车型或发动机型号:＿＿＿＿＿＿＿＿＿＿＿＿＿＿＿＿＿＿＿

　　使用的工量具及设备:＿＿＿＿＿＿＿＿＿＿＿＿＿＿＿＿＿

＿＿＿＿＿＿＿＿＿＿＿＿＿＿＿＿＿＿＿＿＿＿＿＿＿＿＿＿＿

　　安全及其他注意事项:＿＿＿＿＿＿＿＿＿＿＿＿＿＿＿＿＿

＿＿＿＿＿＿＿＿＿＿＿＿＿＿＿＿＿＿＿＿＿＿＿＿＿＿＿＿＿

　　主要步骤:＿＿＿＿＿＿＿＿＿＿＿＿＿＿＿＿＿＿＿＿＿＿＿

＿＿＿＿＿＿＿＿＿＿＿＿＿＿＿＿＿＿＿＿＿＿＿＿＿＿＿＿＿

＿＿＿＿＿＿＿＿＿＿＿＿＿＿＿＿＿＿＿＿＿＿＿＿＿＿＿＿＿

＿＿＿＿＿＿＿＿＿＿＿＿＿＿＿＿＿＿＿＿＿＿＿＿＿＿＿＿＿

＿＿＿＿＿＿＿＿＿＿＿＿＿＿＿＿＿＿＿＿＿＿＿＿＿＿＿＿＿

 单元鉴定单

单元 5   实施柴油机燃料供给系维护

班　级	学　号	姓　名	单元鉴定结果	
			合　格	
			不合格	

鉴定内容	鉴定结果	
	是	否
你是否完成 1~7 的自测题及 1~11 的学习活动,并得到教师的确认?		
你是否根据已有程序和预定标准,收集、分析和组织完成资料?		
你是否通过标准的精确性和有效性,正确地交流信息?		
你是否按计划有组织地完成了活动目标?		
你是否充分使用学习资源,达到了学习目标?		

操作技能完成水平:

　　上述所有项目都是肯定回答,则单元鉴定结果为合格。

　　如果不是,请咨询教师,直至合格为止。

　　你还可以要求附加有关活动,帮助你完成要求的操作技能。

　　完成上述内容后,请教师签字。

教师签字:＿＿＿＿＿＿＿

学生签字:＿＿＿＿＿＿＿

完成日期:＿＿＿＿＿＿＿

单元评估表

单元 5　实施柴油机燃料供给系维护　　　姓名＿＿＿＿＿＿＿　　日期＿＿＿＿＿＿

评估内容	非常同意	同意	没有意见	不同意	非常不同意
①这一单元给我很好地提供了……的综述?					
②这一单元帮助我理解了……的理论?					
③我现在对尝试……感到了自信?					
④该单元的内容适合我的需求?					
⑤该单元中举办了各种活动?					
⑥该单元中不同部分融合得很好?					
⑦单元学习中教师待人友善,愿意帮忙?					
⑧单元学习让我做好了参加鉴定的准备?					
⑨该单元中所有的教学方法对我学习起到了帮助的作用?					
⑩该单元提供的信息量适当?					
⑪该单元鉴定是公平、适当的?					
你对改善本科目后面单元的教学建议:					

单元6　实施发动机冷却系维护

 学习目的

学完这一单元应具有以下能力：
- 正确识别发动机冷却系各构件及其结构。
- 知道发动机冷却液的性能与选用的相关知识。
- 诊断与排除发动机冷却系的常见故障。
- 实施发动机冷却系的正确维护与检修。

 学习资源

- 多媒体教室，有关发动机冷却系组成、结构，常见故障诊断与排除，以及维护与检修方面的参考书及 VCD 等。
- 汽车实训中心、实训用各种型号的汽车或发动机及其零部件实物和模型等。
- 汽车维护与检修常用设备及工量具。

 职场安全

- 一般的安全知识：穿戴安全帽、劳保服、劳保鞋，车间实作安全规则，设备个人操作安全等。
- 主动查阅以下政府和企业的安全法律法规，并自觉遵守有关的安全法规：《国家劳动法》《国家安全生产法》《国家消防法》《汽车维修作业安全操作规程》《钳工作业安全操作规程》《焊接作业安全操作规程》《公民的权利和义务》等。

 学习信息与学习步骤

6.1 认识发动机冷却系各零部件

6.1.1 发动机冷却系的功用、类型和组成

(1)发动机冷却系的功用

将受热零件吸收的部分热量及时散发出去,保证发动机在最适宜的温度下工作。

(2)发动机冷却系的类型

按照冷却介质的不同发动机冷却系分为风冷却系和水冷却系两种(图6.1)。

1)风冷却系

● 利用高速空气流直接吹过汽缸盖和汽缸体的外表面,将发动机高温零件的热量散入大气中进行冷却(图6.1)。

● 由于风冷却系冷却不够均匀,工作噪声大,目前在汽车上很少使用。

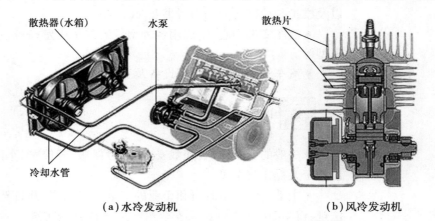

(a)水冷发动机　　　　　　　　(b)风冷发动机

图6.1　发动机冷却系的类型

2)水冷却系

● 以水(通常称为冷却液)作为冷却介质,先将发动机高温零件的热量传递给冷却液,通过冷却液再将热量散入大气中进行冷却(图6.1)。

● 由于水冷却系冷却均匀,效果好,且发动机运转噪声小,因此被汽车发动机广泛地采用。

● 目前最常用的汽车发动机水冷却系是强制循环式水冷却系(图6.2)。它是利用水泵强制冷却液在冷却系中进行循环流动。

● 采用水冷却系的发动机,应使冷却水的温度保持在 80 ~ 90 ℃之间。

(3)强制循环式水冷却系的组成

● 强制循环式水冷却系主要由冷却装置、冷却强度调节装置和水温显

示装置三部分组成(图6.3)。

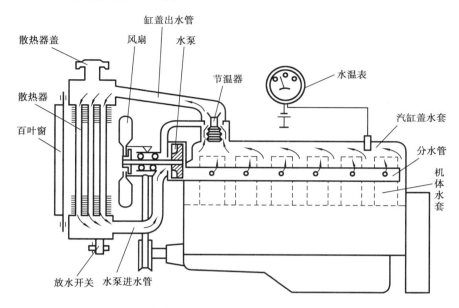

图6.2　发动机强制循环式水冷却系冷却液的循环流动

● 本单元主要介绍冷却装置和冷却强度调节装置的结构、原理及维护等知识。

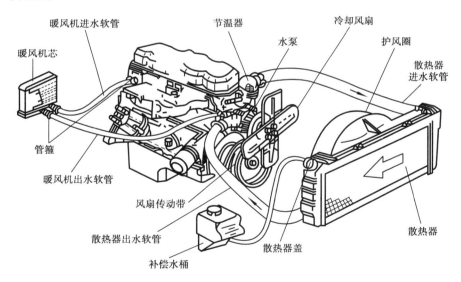

图6.3　发动机强制循环式水冷却系组成

1)冷却装置的组成与功用
● 组成:风扇、散热器、水泵等。
● 功用:输送冷却液、散发冷却液中的热量等。
2)冷却强度调节装置的组成与功用
● 组成:百叶窗、自动风扇调节装置、节温器等。

• 功用：根据发动机不同的工况和使用条件，改变冷却系的散热能力。

3）水温显示装置的组成与功用

• 组成：水温表、水温传感器等。

• 功用：向驾驶员指示发动机冷却液的温度。

自测题1

1. 发动机冷却系的功用是＿＿＿＿＿＿＿＿＿＿＿＿＿＿＿＿

＿＿＿＿＿＿＿＿＿＿＿＿＿＿＿＿＿＿＿＿＿＿。

2. 按照冷却介质的不同发动机冷却系分为＿＿＿＿＿和＿＿＿＿＿两种。

3. 强制循环式水冷却系主要由＿＿＿＿＿、＿＿＿＿＿和＿＿＿＿三部分组成。

4. 冷却装置主要由＿＿＿＿＿、＿＿＿＿＿、＿＿＿＿＿等组成。其功用是＿＿＿＿＿＿＿＿＿＿＿＿＿＿＿＿＿＿＿。

5. 冷却强度调节装置主要由＿＿＿＿＿、＿＿＿＿＿、＿＿＿＿＿等组成。其功用是＿＿＿＿＿＿＿＿＿＿＿＿＿＿。

学习活动 1

请根据教师提供的汽车或发动机进行发动机水冷却系零部件的确认活动，在汽车上指出各零部件的位置、名称和功用，并描述正常工作情况下冷却液的流动方向。

6.1.2 冷却装置的结构和工作原理

（1）风扇的结构和工作原理

1）风扇的功用

提高通过散热器芯的空气流速，增强散热效果，提高散热能力。

2）风扇的结构和工作原理

• 风扇通常安装在散热器后面，并与水泵同轴，由发动机曲轴通过三角皮带驱动（图6.2）。

• 当风扇旋转时，对空气产生吸力，使之沿轴向流动。空气流由前向后通过散热器芯，加速流经散热器芯冷却水的冷却（图6.4）。

（2）散热器的结构和工作原理

1）散热器的功用

增大散热面积，加速冷却液的散热。

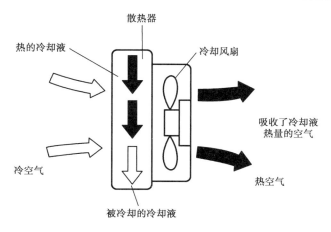

图6.4 风扇的作用原理

2)散热器的材料

散热器一般用铜或铝合金制成,以提高其导热性能。

3)散热器的结构

• 散热器(又称为水箱)主要由上下贮水室,散热器芯和散热器盖等组成(图6.5)。

• 上下贮水室分别装有进、出水管,并用橡胶软管与水泵的进水口和汽缸盖上的出水口相连(图6.2)。

• 下贮水室的出水管上有放水开关(图6.5),必要时可将散热器内的冷却水放掉。

• 散热器芯由许多冷却管和散热片组成。

• 散热器芯常用的结构形式有:管片式和管带式(图6.6)。

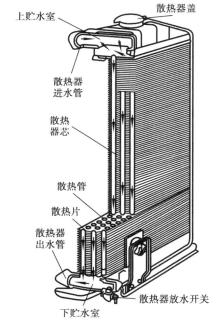

图6.5 散热器结构

4)散热器盖(水箱盖)的结构和工作原理

• 散热器盖带有空气—蒸汽阀(图6.7),具有保持散热器内压力恒定的功用。

• 当散热器内水温升高,压力增大到126 ~ 137 kPa 时,蒸汽阀打开,水蒸气排入大气中(图6.7(a))。

• 当散热器内水温下降,压力减小到10 ~ 20 kPa 时,空气阀打开,空气进入散热器内(图6.7(b))。

警告

◆ 不要从热态的发动机中排放冷却液,它将导致你的皮肤严重烫伤!

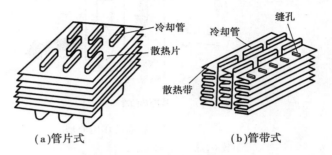

(a)管片式　　　　　　(b)管带式

图 6.6　散热器芯结构

 警告

◆ 不要从热态的发动机上拆下散热器盖,它将导致你的皮肤严重烫伤!

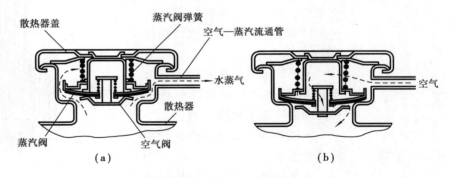

(a)　　　　　　　　　　(b)

图 6.7　散热器盖结构原理

5)膨胀水箱的结构和工作原理

● 膨胀水箱又称为副水箱(或储液罐),其功用是:减少冷却液(防冻液)的损失。

● 当冷却液在散热器内受热膨胀时,多余的冷却液通过橡胶软管进入膨胀水箱;当冷却液温度降低及水箱内产生真空时,膨胀水箱内的冷却液又返回散热器(图 6.8)。

● 当水温低于 50 ℃时,膨胀水箱内冷却液面的高度不应低于其上的"DI"(低)刻线,否则应补加冷却液,但液面高度不应超过"GAO"(高)刻线(图 6.8)。

（3）水泵的结构和工作原理

1）水泵的功用

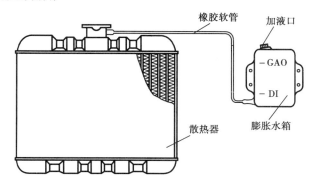

图 6.8　膨胀水箱结构原理

对冷却水加压，加速冷却水的循环流动，保证冷却可靠。

2）水泵的结构原理

● 车用发动机多采用离心式水泵，主要由泵体、叶轮和水泵轴等零件组成（图 6.9）。

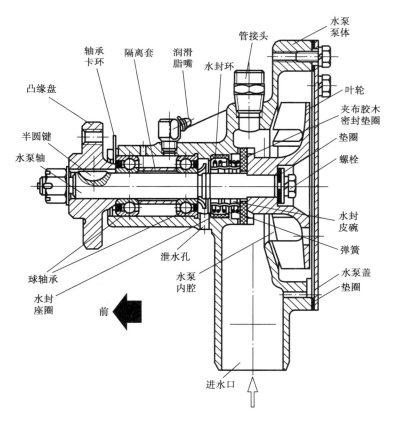

图 6.9　离心式水泵的结构

● 叶轮一般径向或向后弯曲，其数目一般为 6～9 片。

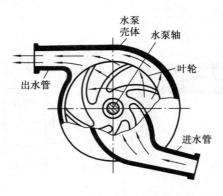

图 6.10　离心式水泵的工作原理

• 当叶轮旋转时,水泵中的水被叶轮带动一起旋转,在离心力作用下,水被甩向叶轮边缘,然后经外壳上与叶轮成切线方向的出水管压送到发动机水套内(图 6.10)。

• 与此同时,叶轮中心处的压力降低,散热器中的水便经进水管被吸进叶轮中心部位。

• 如此连续作用,使冷却水在水路中不断地循环。

自测题2

1. 风扇的功用是＿＿＿＿＿＿＿＿＿＿＿＿＿＿＿＿＿＿＿＿＿。
2. 散热器的功用是＿＿＿＿＿＿＿＿＿＿＿＿＿＿＿＿＿＿＿＿。
3. 散热器主要由＿＿＿＿＿＿、＿＿＿＿＿＿和＿＿＿＿＿＿等组成。
4. 散热器盖带有＿＿＿＿＿＿,具有＿＿＿＿＿＿的功用。
5. 膨胀水箱又＿＿＿＿＿＿,其功用是＿＿＿＿＿＿＿＿＿＿＿。
6. 水泵的功用是＿＿＿＿＿＿＿＿＿＿＿＿＿＿＿＿＿＿＿＿＿。

学习活动 2

请根据教师提供的发动机水冷却系冷却装置进行风扇、散热器、水泵等零部件的确认活动,指出各零部件的名称和功用。

6.1.3　冷却强度调节装置的结构和工作原理

冷却强度的调节通常有两种方式:一种是改变通过散热器的空气流量,另一种是改变冷却液的循环流量与循环范围。

• 第一种方式通过百叶窗、各种自动风扇调节装置等部件来实现。
• 第二种方式通过节温器等部件来实现。

(1)百叶窗的功用与结构

1)百叶窗的功用

改变通过散热器芯的空气流量,以调节发动机的工作温度。

2)百叶窗的结构

• 百叶窗安装在散热器前面,由许多活动叶片组成。

●百叶窗的开度多由人工调节,也有些汽车采用节温器自动调节其开度(图6.11)。

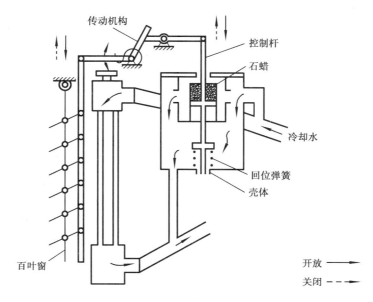

图6.11　百叶窗自动调节装置

（2）**自动风扇调节装置的类型与结构**

1）自动风扇调节装置的功用

根据发动机温度自动控制风扇的转速,调节风扇风量,以改变通过散热器的空气流速。

2）自动风扇调节装置的类型与结构

●自动风扇调节装置的类型包括:温控电动风扇、自动风扇离合器等。

●温控电动风扇主要由带感温元件的温控开关、电动风扇和风扇继电器等组成(图6.12)。

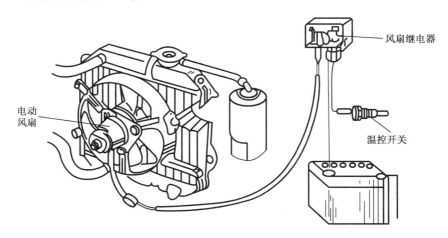

图6.12　温控电动风扇组成

• 自动风扇离合器的类型包括:硅油式(图6.13)、电磁式(图6.14)等。

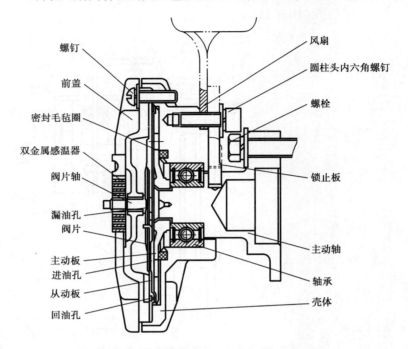

图6.13　硅油风扇离合器结构

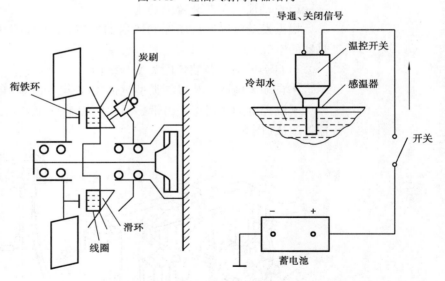

图6.14　电磁式风扇离合器组成

(3)节温器的结构和工作原理

1)节温器的功用

控制通过散热器的冷却液流量。

2)节温器的类型

• 大多数发动机采用装在汽缸盖出水口处的蜡式节温器。

● 蜡式节温器分为:双阀式和单阀式两种(图6.15)。目前多采用双阀式蜡式节温器。

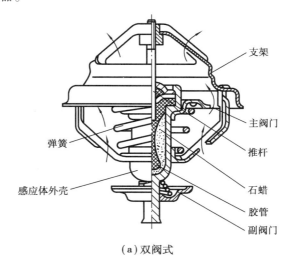

（a）双阀式

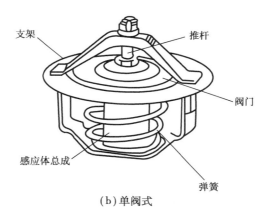

（b）单阀式

图6.15 蜡式节温器结构

3)双阀式蜡式节温器的工作原理

● 节温器可以使冷却水有小循环、大循环和混合循环三种循环水路(图6.16)。

● 小循环:当发动机水温低于70 ℃时,石蜡呈固态,节温器主阀门关闭,副阀门打开,关闭了通往散热器的水路,来自发动机汽缸盖出水口的冷却水,经旁通管、水泵又流回汽缸体水套中进行循环,这种循环水路称为小循环。

● 混合循环:当发动机水温升高(70～80 ℃),石蜡逐渐变成液态,体积随之增大,使节温器主、副阀门都处于部分开启状态,一部分冷却水经旁通管、水泵流回汽缸体水套,另一部分冷却水通往散热器进行散热,这种循环水路称为混合循环。

● 大循环：当发动机水温高于 80 ℃时，石蜡变成液态，体积增至最大，使节温器主阀门全开、副阀门全关，冷却水全部通往散热器散热后再流回水泵，这种循环称为大循环。

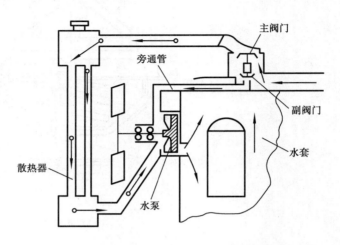

图 6.16　冷却水的循环水路

自测题3

1. 冷却强度的调节通常有两种方式：一种是＿＿＿＿＿＿＿＿＿＿＿，
   通过＿＿＿＿＿＿＿＿＿＿＿＿＿＿＿＿＿＿＿＿＿＿＿等部
   件来实现；另一种是＿＿＿＿＿＿＿＿＿＿＿＿＿＿，
   通过＿＿＿＿＿＿＿＿＿＿＿＿＿等部件来实现。

2. 百叶窗的功用是＿＿＿＿＿＿＿＿＿＿＿＿＿＿＿＿＿＿＿＿。

3. 自动风扇调节装置的功用是＿＿＿＿＿＿＿＿＿＿＿＿＿＿，
   调节扇风量以＿＿＿＿＿＿＿＿＿＿＿＿＿＿＿＿＿＿＿。

4. 自动风扇调节装置的类型包括＿＿＿＿＿、＿＿＿＿＿等。

5. 节温器的功用是＿＿＿＿＿＿＿＿＿＿＿＿＿＿＿＿＿＿＿＿。

6. 节温器可以使冷却水有＿＿＿＿＿、＿＿＿＿＿和＿＿＿＿＿三
   种循环水路。

══════ 学习活动3

(1)请仔细观察教师提供的发动机水冷却系冷却强度调节装置(类型)特点,完成表6.1。

表6.1 发动机水冷却系冷却强度调节装置(类型)特点记录表

汽车或发动机型号					
百叶窗开度的调节	人工调节	☐	自动调节	☐	
自动风扇调节装置类型	温控电动风扇	☐	自动风扇离合器	☐	
自动风扇离合器类型	硅油式 ☐		电磁式 ☐		其他 ☐
蜡式节温器类型	双阀式	☐	单阀式	☐	

(2)请根据节温器的工作原理判断下列各图所示的冷却水路是小循环、大循环还是混合循环?

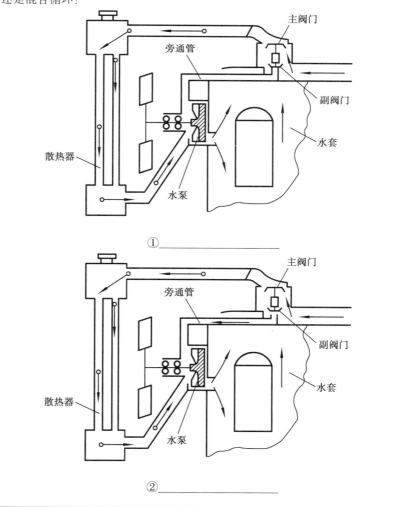

①＿＿＿＿＿＿＿＿＿＿＿＿

②＿＿＿＿＿＿＿＿＿＿＿＿

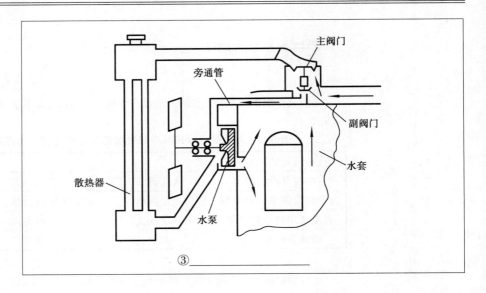

③＿＿＿＿＿＿＿＿＿＿

6.2　知道防冻液的性能及选用

6.2.1　防冻液及其功用

- 防冻液(即防冻冷却液):加入了防冻剂的水冷却系发动机冷却液。
- 防冻液功用:降低冷却液冰点,防止冬季室外停车时冷却液冻结而损坏发动机机件。

6.2.2　防冻剂的类型

- 防冻剂的类型主要有:乙二醇、酒精和甘油等。
- 目前常用的防冻剂是:乙二醇。其防冻液称为乙二醇型防冻液。
- 乙二醇型防冻液中多加有:防腐剂和染色剂,可长期使用,被称为长效冷却液。

6.2.3　乙二醇型防冻液的牌号与选用

(1)乙二醇型防冻液的牌号

- 乙二醇型防冻液按冰点不同有:－25、－30、－35、－40、－45 和 －50

六种牌号。

- 按乙二醇与水的配比不同,可将其制成各种冰点牌号的成品液直接使用;也可制成浓缩液,由用户或零售商加水稀释后使用。
- 乙二醇型防冻浓缩液加入50%(体积比)的蒸馏水后,冰点不高于-37 ℃。

(2)乙二醇型防冻液的选用

- 乙二醇型防冻液的选用:根据当地冬季最低气温选用,其冰点至少低于最低气温5 ℃。
- 乙二醇型防冻浓缩液的使用:按照产品说明书规定的比例加入蒸馏水稀释后使用。

6.2.4　乙二醇型防冻液的使用注意事项

- 乙二醇对人体有毒性,使用中应严防入口。
- 乙二醇型防冻液不仅有较低的冰点,防止冬季冻结,而且可提高沸点,防止在夏季沸腾,因此可四季使用。
- 乙二醇型防冻液只要使用维护得当,可连续使用3~5年,但要求每年检测一次,检测其密度是否符合相应牌号的规定,并将防冻液的冰点调整到该牌号的最高值。
- 乙二醇的沸点很高,使用后冷却液液面下降,在无渗漏的情况下,主要是水蒸发引起的。因此,只需补加少量水即可(补至膨胀水箱规定的刻线或冷却系容积的95%)。
- 乙二醇防冻液价格较高,应注意节约使用。注意随时消除渗漏现象,有的地区夏季车辆不用时可换下密封保存,在避免污染的条件下,可在冬季再次加车使用。
- 防冻液在使用保管时,应保持清洁,特别注意防止石油产品混入,以免在受热后产生泡沫。

自测题4

1. 防冻液(即防冻冷却液)是＿＿＿＿＿＿＿＿＿＿＿＿＿＿＿＿＿。
2. 防冻液功用是＿＿＿＿＿＿＿＿＿＿＿＿＿＿＿＿＿

　＿＿＿＿＿＿＿＿＿＿＿＿＿＿＿＿＿。
3. 目前常用的防冻剂是＿＿＿＿＿＿,其防冻液称为＿＿＿＿＿。
4. 乙二醇型防冻液根据＿＿＿＿＿＿选用,其冰点至少低于当地冬季最低气温＿＿＿＿＿℃。
5. 乙二醇型防冻浓缩液按照＿＿＿＿＿＿加入蒸馏水稀释后使用。

6.3 维护与检修发动机冷却系

6.3.1 查找与排除发动机冷却系常见故障

● 发动机水冷却系的常见故障主要有：水温过高、水温过低和冷却液泄漏等。

● 发动机水冷却系常见故障部位如图6.17所示。

● 发动机水冷却系常见故障的外部特征见表6.2。

● 发动机水冷却系常见故障的主要原因及排除方法见表6.3。

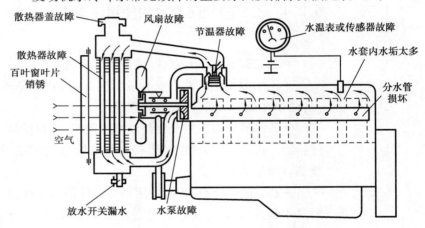

图6.17　发动机水冷却系的常见故障部位

表6.2　发动机水冷却系常见故障的外部特征

常见故障	外部特征
水温过高	水温表指示在100 ℃以上 散热器(水箱)开锅 发动机爆燃,不易熄火
水温过低	暖机后水温表指示在80 ℃以下 汽车行驶无力,加速困难
冷却液泄漏	冷却液消耗过快,机油液面升高 出车前加满冷却液,途中发现冷却液不足

表 6.3　发动机水冷却系常见故障的主要原因及排除方法

主要原因	排除方法
①水温过高	
水温表或水温传感器损坏	检修或更换水温表及水温传感器
冷却液不足	补加冷却液并查明原因后排除故障
百叶窗打不开	检修或更换百叶窗
护风罩坏或不起作用	检修或更换护风罩
风扇不转	检修或更换风扇及皮带
节温器故障	检修或更换节温器
水泵故障	检修或更换水泵
散热器盖损坏	检修或更换散热器盖
散热器性能下降	检修或更换散热器
②水温过低	
水温表或水温传感器损坏	检修或更换水温表及水温传感器
百叶窗、挡风帘关闭不严	检修或更换百叶窗及挡风帘
节温器故障	检修或更换节温器
③冷却液泄漏	
散热器,进出水管或水泵处漏水	检修或更换相关零部件
汽缸垫或水堵头处漏水	检修或更换相关零部件
水套或汽缸套漏水	解体发动机,检修或更换相关零部件

6.3.2　检查风扇、皮带与调整风扇皮带松紧度的方法和步骤

实作活动 1

请在教师的指导下,按照下述方法和步骤,进行风扇、皮带的检查与风扇皮带松紧度的调整活动。

- 用手轻轻轴向扳动风扇叶片,水泵轴应无轴向间隙,叶片安装牢固。

● 风扇皮带无表面开裂、油污等。

● 用大拇指以 49 N 的力量垂直作用于风扇皮带的中部,其挠度 10 ~ 15 mm 为合格(图 6.18)。

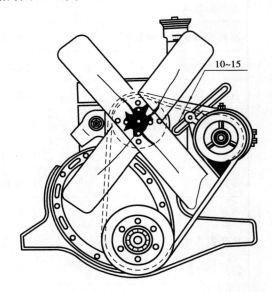

图 6.18 检查与调整风扇皮带松紧度

● 若风扇皮带的挠度不符合要求,可松开发电机固定螺钉,适当移动发电机,使皮带张力发生变化,再紧固螺钉。

● 最后再复查一次。

学习活动 4

请在检查风扇皮带与调整风扇皮带松紧度实作活动后完成以下内容:

车型或发动机型号:_____

使用的工量具及设备:_____

_____

安全及其他注意事项:_____

_____

主要步骤:_____

_____

_____

_____

_____

6.3.3　清洗发动机水冷却系的方法和步骤

 实作活动2

请在教师的指导下,按照下述方法和步骤,进行发动机水冷却系的清洗活动。

- 拆去节温器。
- 将强力水(或用专用冲洗枪)从冷却水循环的反方向(即汽缸盖出水口处)压入,直到冲洗出清洁的水为止。
- 若发动机水套和散热器内水垢较厚,可用清洗液使沉积在金属表面的硫酸钙、碳酸钙等物质溶解,而后用清水冲洗,其清洗液配方和清洗方法见表6.4。
- 拆下分水管进行清洗,并清除管内和分水口处的积垢,然后再装回发动机。

表6.4　发动机水冷却系清洗液配方和清洗方法

类　别	溶液成分	清洗方法	备　注
1	苛性钠(火碱)　750 g 煤油　150 g 水　10 L	将溶液过滤后,加入冷却系中,停留10~12 h以后启动发动机,以怠速运转10~15 min,直到溶液开始有沸腾现象为止,然后放出溶液,再用清水冲洗干净	适用于铸铁缸盖、缸套的清洗
2	磷酸钠(洗衣碱)　1 000 g 煤油　150 g 水　10 L		
3	2.5%盐酸溶液	将盐酸溶液加入冷却系中,然后便发动发动机,以怠速运转1 h后,放出溶液,以超过冷却系容量3倍的清水冲洗	
4	水玻璃　15 g 液态肥皂　2 g 水　1 L	将配好的溶液注入冷却系中,启动发动机到正常温度,再运转1 h后,放出清洗液,用清水冲洗干净	适用于铝制缸盖、水套的清洗
5	煤油接触剂 (石油碳酸)　70~100 g 水　1 L	将配好的溶液注入冷却系中,启动发动机运转1~2 h,再放出清洗溶液,用清水冲洗干净	

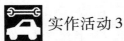学习活动 5

请在清洗发动机水冷却系实作活动后完成以下内容：

车型或发动机型号：_____

使用的工量具及设备：_____

_____

安全及其他注意事项：_____

_____

主要步骤：_____

_____

_____

_____

_____

6.3.4 检查节温器的方法和步骤

实作活动 3

请在教师的指导下，按照下述方法和步骤，进行节温器的检查活动，并完成表 6.5。

表 6.5 检查节温器数据记录表

汽车或发动机型号		
节温器形式	双阀式 □	单阀式 □
主阀门 开启温度/℃	推荐值	
	测量值	
主阀门 全开温度/℃	推荐值	
	测量值	
主阀门 升程/mm	推荐值	
	测量值	
分析测量结果		
修复方案建议		

- 节温器可用温度可调式恒温加热器进行检查（图 6.19）。
- 将节温器和温度计装入加热器的水中。
- 分别测量出节温器主阀门的开启温度、全开温度及升程。
- 其中有一项不符合规定值，则应更换节温器。

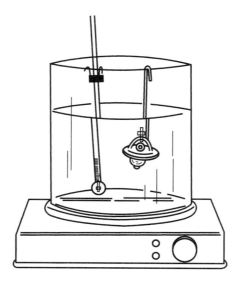

图 6.19　检查节温器

学习活动 6

请在检查节温器实作活动后完成以下内容：

车型或发动机型号：_____

使用的工量具及设备：_____

_____

安全及其他注意事项：_____

_____

主要步骤：_____

_____

_____

_____

6.3.5　检修散热器及盖的方法和步骤

实作活动 4

请在教师的指导下，按照下述方法和步骤，进行散热器及盖的检修活动，并完成表 6.6。

表6.6　检查散热器盖数据记录表

汽车或发动机型号		
散热器盖蒸汽阀 打开时的压力/kPa	推荐值	
	测量值	
分析测量结果		
修复方案建议		

(1)检修散热器盖

- 将散热器盖通过接头旋装在测试器上(图6.20)。
- 推动测试器,直至蒸汽阀打开为止,同时观察压力表读数。
- 若蒸汽阀打开时的压力不符合规定值,则应更换散热器盖。

(2)检修散热器

1)清理散热器外部

- 散热器外部一般采用机械方法疏通,结合压缩空气或高压水流沿其工作时空气流动的反方向冲洗的方法清理。

2)检修散热器渗漏

检修散热器渗漏的方法(图6.21):

- 将散热器注满水,并通过接头与测试器相连,推动测试器加压至98～196 kPa,检查散热器是否渗漏。
- 若散热器严重渗漏,应进行检修或更换。
- 若散热器轻微渗漏,可采用与水的比例为1∶20的堵漏剂就车堵漏。

3)堵漏剂就车堵漏

- 在冷却系中注满1∶20的堵漏液。
- 启动发动机,使水温升至80～85 ℃,保持15～30 min。
- 待冷却水完全冷却后,再启动发动机,保持10～15 min后即可行车。
- 堵漏液在冷却系中至少保留3～4 d,保留时间越长,效果越好。

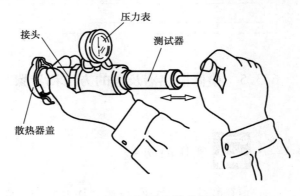

图6.20　检查散热器盖

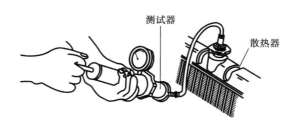

图 6.21　检查散热器渗漏

 学习活动 7

请在检修散热器及盖实作活动后完成以下内容:

车型或发动机型号: _____

使用的工量具及设备: _____

安全及其他注意事项: _____

_____

主要步骤: _____

_____

_____

_____

6.3.6　检修水泵总成的方法和步骤

实作活动 5

请在教师的指导下,按照下述方法和步骤,进行水泵总成的检修活动,并完成表 6.7。

表 6.7　试验水泵数据记录表

汽车或发动机型号		
试验转速/(r·min^{-1})		
水泵压力 /kPa	推荐值	
	测量值	
水泵流量 /(L·min^{-1})	推荐值	
	测量值	
分析测量结果		
修复方案建议		

221

• 用手转动皮带轮,泵轴转动灵活自如,叶轮与泵壳无碰擦现象。

• 用手径向扳动皮带轮,无松旷感觉;轴向拉动皮带轮,允许稍有旷动。

• 堵住进水孔,将水注满泵腔,转动泵轴,泄水孔无漏水现象。

• 将水泵装在试验台上试验,规定转速下的压力和流量应符合原厂规定。

• 不符合上述要求的水泵总成应拆修或更换。

学习活动 8

请在检修水泵总成实作活动后完成以下内容:

车型或发动机型号:＿＿＿＿＿＿＿＿＿＿＿＿＿＿＿＿＿＿＿

使用的工量具及设备:＿＿＿＿＿＿＿＿＿＿＿＿＿＿＿＿＿

＿＿＿＿＿＿＿＿＿＿＿＿＿＿＿＿＿＿＿＿＿＿＿＿＿＿＿

安全及其他注意事项:＿＿＿＿＿＿＿＿＿＿＿＿＿＿＿＿＿

＿＿＿＿＿＿＿＿＿＿＿＿＿＿＿＿＿＿＿＿＿＿＿＿＿＿＿

主要步骤:＿＿＿＿＿＿＿＿＿＿＿＿＿＿＿＿＿＿＿＿＿＿＿

＿＿＿＿＿＿＿＿＿＿＿＿＿＿＿＿＿＿＿＿＿＿＿＿＿＿＿

＿＿＿＿＿＿＿＿＿＿＿＿＿＿＿＿＿＿＿＿＿＿＿＿＿＿＿

＿＿＿＿＿＿＿＿＿＿＿＿＿＿＿＿＿＿＿＿＿＿＿＿＿＿＿

＿＿＿＿＿＿＿＿＿＿＿＿＿＿＿＿＿＿＿＿＿＿＿＿＿＿＿

单元鉴定单

单元6　实施发动机冷却系维护

班　级	学　号	姓　名	单元鉴定结果	
			合　格	
			不合格	

鉴定内容	鉴定结果	
	是	否
你是否完成1～4的自测题及1～8的学习活动,并得到教师的确认?		
你是否根据已有程序和预定标准,收集、分析和组织完成资料?		
你是否通过标准的精确性和有效性,正确地交流信息?		
你是否按计划有组织地完成了活动目标?		
你是否充分使用学习资源,达到学习目标?		

操作技能完成水平:
　　上述所有项目都是肯定回答,则单元鉴定结果为合格。
　　如果不是,请你咨询你的教师,直至合格为止。
　　你还可以要求附加有关活动,帮助你完成要求的操作技能。

　　完成上述内容后,请你的教师签字。

教师签字:＿＿＿＿＿＿＿

学生签字:＿＿＿＿＿＿＿

完成日期:＿＿＿＿＿＿＿

223

单元评估表

单元6　实施发动机冷却系维护　　　　　姓名＿＿＿＿＿＿＿　　日期＿＿＿＿＿＿

评估内容	非常同意	同意	没有意见	不同意	非常不同意
①这一单元给我很好地提供了……的综述。					
②这一单元帮助我理解了……的理论。					
③我现在对尝试……感到了自信。					
④该单元的内容适合我的需求。					
⑤该单元中举办了各种活动。					
⑥该单元中不同部分融合得很好。					
⑦单元学习中教师待人友善,愿意帮忙。					
⑧单元学习让我做好了参加鉴定的准备。					
⑨该单元中所有的教学方法对我学习起到了帮助的作用。					
⑩该单元提供的信息量适当。					
⑪该单元鉴定是公平、适当的。					
你对改善本科目后面单元的教学建议:					

单元 **7** 实施发动机润滑系维护

 学习目的

学完这一单元应具有以下能力：
- 正确识别发动机润滑系各构件及其结构。
- 知道发动机润滑油的性能与选用的相关知识。
- 诊断与排除发动机润滑系的常见故障。
- 实施发动机润滑系的正确维护与检修。

 学习资源

- 多媒体教室,有关发动机润滑系组成、结构,常见故障诊断与排除,以及维护与检修方面的参考书及 VCD 等。
- 汽车实训中心,实训用各种型号的汽车或发动机及其零部件实物和模型等。
- 汽车维护与检修常用设备及工量具。

 职场安全

- 一般的安全知识:穿戴安全帽、劳保服、劳保鞋,车间实作安全规则,设备个人操作安全等。
- 主动查阅以下政府和企业的安全法律法规,并自觉遵守有关的安全法规:《国家劳动法》《国家安全生产法》《国家消防法》《汽车维修作业安全操作规程》《钳工作业安全操作规程》《焊接作业安全操作规程》《公民的权利和义务》等。

学习信息与学习步骤

7.1 认识发动机润滑系各零部件

7.1.1 发动机润滑系的功用、润滑方式、润滑油路和组成

（1）**发动机润滑系的功用**

发动机润滑系主要具有润滑、清洗、冷却、密封和防锈五大功用。

- 润滑：润滑运动零件表面，减小摩擦阻力和磨损，减小发动机的功率消耗。
- 清洗：机油在润滑系内不断循环，带走磨屑和其他杂物，清洗摩擦表面。
- 冷却：机油在润滑系内循环，带走摩擦表面产生的热量，冷却零件。
- 密封：机油在运动零件之间形成油膜，提高密封性，防止漏油或漏气。
- 防锈：机油在零件表面形成的油膜可防止零件表面腐蚀生锈。

（2）**发动机润滑系的润滑方式**

发动机主要的润滑方式有：压力润滑、飞溅润滑和定期润滑三种。

- 压力润滑：利用机油泵将具有一定压力的润滑油不断地送往摩擦表面进行润滑。用于载荷大、相对运动速度高的摩擦面。例如，主轴承、连杆轴承、凸轮轴轴承等。
- 飞溅润滑：利用发动机工作时运动的零件飞溅起来的油滴或油雾来润滑摩擦表面。例如，汽缸壁、活塞销、凸轮、挺柱等。
- 定期润滑：定期加注润滑脂进行润滑。例如，水泵、发电机、启动机的轴承等。

（3）**发动机润滑系典型的润滑油路和组成**

1）发动机典型的润滑油路

- 润滑油路：发动机润滑系中机油的循环路线。油路的基本结构如图7.1所示。
- 东风 EQ6100-1 型发动机的润滑系油路如图7.2所示。
- 桑塔纳 2000GSi 轿车发动机的润滑系油路如图7.3所示。

2）发动机润滑系的组成

- 发动机润滑系一般由机油供给装置、机油滤清装置、机油压力显示与报警装置和辅助装置等组成。
- 本单元主要介绍机油供给装置、机油滤清装置及辅助装置主要零部件的结构、原理及维护等知识。

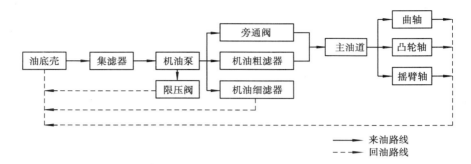

图 7.1　油路的基本结构

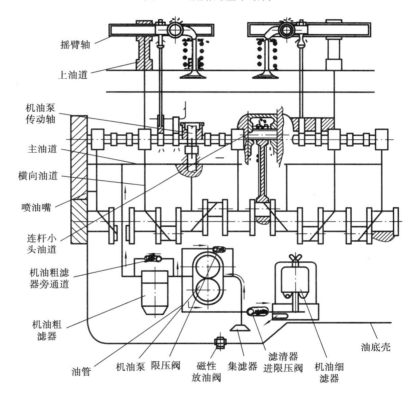

图 7.2　东风 EQ6100-1 型发动机润滑系油路

①机油供给装置的组成与功用

• 组成:油底壳、机油泵、油管、油道等。

• 功用:储存、输送机油。

②机油滤清装置的组成与功用

• 组成:机油集滤器,机油粗、细滤清器。

• 功用:滤除机油中的各种杂质。

③机油压力显示与报警装置的组成与功用

• 组成:机油压力表、机油压力传感器、报警器、指示灯等。

• 功用:显示润滑系中的机油压力。

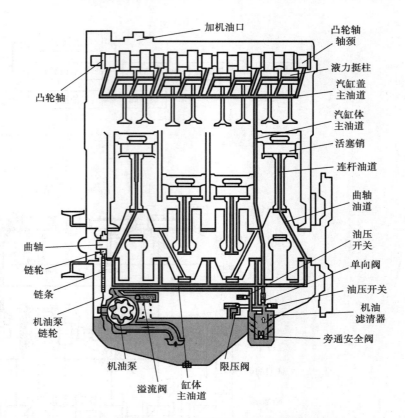

图 7.3　桑塔纳 2000GSi 轿车发动机的润滑系油路

④辅助装置的组成与功用

• 组成：机油散热器、各种阀以及机油尺等检视设备。

• 功用：使润滑系的性能更加完善。

自测题1

1. 发动机润滑系主要具有_____、_____、_____、_____和_____五大功用。

2. 发动机主要的润滑方式有_____、_____和_____三种。

3. 发动机润滑系一般由_____、_____、_____和_____等组成。

4. 机油供给装置主要由_____、_____、_____、_____等组成。

5. 机油滤清装置主要由_____、_____、_____组成。

6. 机油压力显示与报警装置由_____、_____、_____等组成。

7. 发动机润滑系辅助装置主要由_____、_____、_____等检视设备组成。

学习活动 1

请根据教师提供的汽车或发动机进行发动机润滑系零部件的确认活动,在汽车上指出各零部件的位置、名称和功用,并描述发动机正常工作情况下润滑油的流动方向。

7.1.2 机油供给装置的类型、结构和工作原理

机油供给装置主要由油底壳、机油泵、油管、油道等组成。这里主要介绍机油泵的类型、结构和工作原理。

（1）**机油泵的功用**

提高机油压力,保证机油在润滑系统内不断循环。

（2）**机油泵的类型**

目前发动机润滑系中广泛采用的机油泵有:外啮合齿轮式(简称齿轮式机油泵,如图7.4所示)和内啮合转子式(简称转子式机油泵,如图7.6所示)两种。

（3）**齿轮式机油泵的结构和工作原理**

1）齿轮式机油泵的结构

●齿轮式机油泵主要由主动轴、主动齿轮、从动轴、从动齿轮、壳体等零件组成(图7.4)。

●装在壳体内的两个齿数相同的主、从动齿轮相互啮合,与壳体的径向和端面间隙都很小。

●主动齿轮与主动轴通过键连接,从动齿轮空套在从动轴上。

2）齿轮式机油泵的工作原理(图7.5)

●工作时,主动齿轮带动从动齿轮反向旋转。

●两齿轮旋转时,充满在齿轮齿槽间的机油沿泵壳内壁由进油腔带到出油腔。

●在进油腔一侧,由于齿轮脱开啮合以及机油被不断带出而产生真空,使油底壳内的机油在大气压力作用下经集滤器进入进油腔。

●在出油腔一侧,由于齿轮进入啮合和机油被不断带入而产生挤压作用,机油以一定压力被泵出。

（4）**转子式机油泵的结构和工作原理**

1）转子式机油泵的结构

●转子式机油泵主要由壳体、内转子、外转子和泵盖等零件组成(图7.6)。

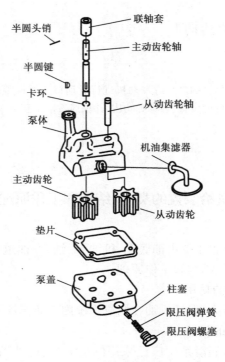

图 7.4　齿轮式机油泵结构

• 内转子用键或销固定在转子轴上,带动外转子转动。

• 内转子有 4 个凸齿,外转子有 5 个凹齿。

　2)转子式机油泵的工作原理(图 7.7)

• 内、外转子的中心有一偏心距,使内转子带动外转子同向不同步旋转。

• 内、外转子转到任何角度时,每个齿的齿形廓线上总能互相成点接触,使内、外转子间形成 4 个工作腔。

• 随着转子的转动,这 4 个工作腔的容积是不断变化的。

• 在进油腔一侧,由于转子脱开啮合,容积逐渐增大,产生真空,机油被吸入。

• 转子继续旋转,机油被带到出油腔。

• 在出油腔一侧,由于转子进入啮合,空腔容积减小,油压升高,机油从齿间挤出并经出油道压送出去。

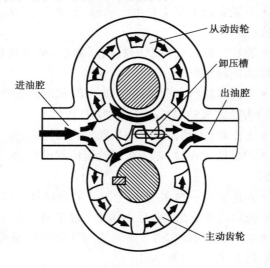

图 7.5　齿轮式机油泵的工作原理

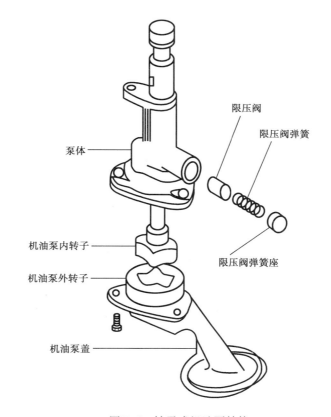

泵体

限压阀

限压阀弹簧

机油泵内转子

机油泵外转子

限压阀弹簧座

机油泵盖

图 7.6　转子式机油泵结构

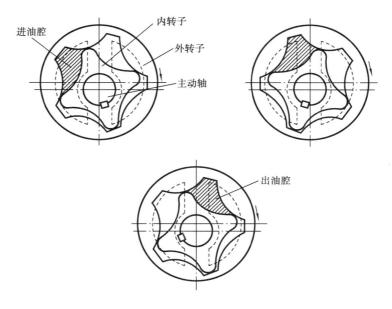

进油腔

内转子

外转子

主动轴

出油腔

图 7.7　转子式机油泵的工作原理

自测题2

1. 机油泵的功用是_____。
2. 目前发动机润滑系中广泛采用的机油泵有_____
   （简称_____）和_____
   （简称_____）两种。
3. 齿轮式机油泵主要由_____、_____、_____、_____、
   _____等零件组成。
4. 转子式机油泵主要由_____、_____、_____和_____等
   零件组成。

学习活动2

（1）请仔细观察教师提供的发动机润滑系机油供给装置（机油泵）类型特点，完成表7.1。

表7.1 发动机润滑系机油供给装置（机油泵）类型特点记录表

汽车或发动机型号	
机油泵类型	齿轮式□ 转子式□

（2）请根据教师提供的发动机润滑系机油供给装置进行机油泵零部件的确认活动，指出各零部件的位置、名称和功用。

7.1.3 机油滤清装置的类型、结构和工作原理

机油滤清装置由各种机油滤清器组成。

（1）机油滤清器的类型

机油滤清器一般包括集滤器、粗滤器和细滤器三种。

（2）机油滤清器的结构和工作原理

1）集滤器的功用与结构类型

①集滤器的功用

防止较大的机械杂质进入机油泵。

②集滤器的结构类型

● 集滤器安装在机油泵进油管上，一般都是金属网式的，有浮式和固定式两种（图7.8）。

● 浮式集滤器飘浮于机油表面，固定式集滤器淹没在油中。

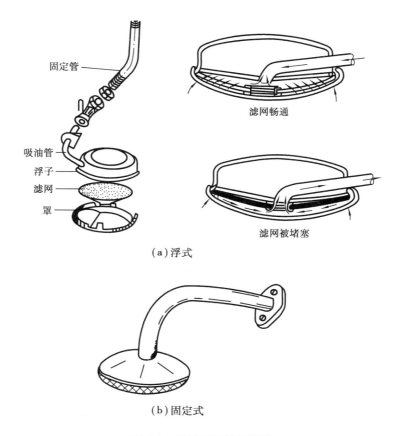

图 7.8　集滤器的结构类型

2）粗滤器的功用、结构类型与工作原理

①粗滤器的功用

滤去机油中粒度较大的杂质。

②粗滤器的结构类型

目前,国产汽车发动机一般采用纸质滤芯过滤式粗滤器(图 7.9(a)),通常串联在机油泵与主油道之间。

③粗滤器的工作原理

利用机油通过细小的孔眼或缝隙时,将大于孔眼或缝隙的杂质留在滤芯的外部(图 7.9(b))。

3）细滤器的功用、结构类型与工作原理

①细滤器的功用

清除机油中细小的杂质。

②细滤器的结构类型

国产汽车发动机一般采用离心式细滤器(图 7.10)。细滤器与主油道并联,在发动机正常工作时,有少部分机油通过它滤清后又回到油底壳。

③细滤器的工作原理

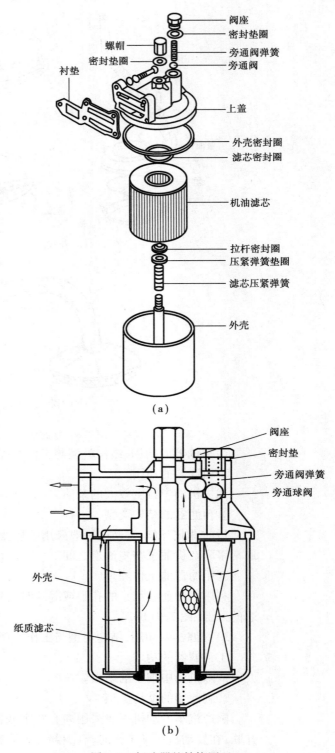

阀座

密封垫圈

螺帽

密封垫圈

衬垫

旁通阀弹簧

旁通阀

上盖

外壳密封圈

滤芯密封圈

机油滤芯

拉杆密封圈

压紧弹簧垫圈

滤芯压紧弹簧

外壳

(a)

阀座

密封垫

旁通阀弹簧

旁通球阀

外壳

纸质滤芯

(b)

图 7.9　粗滤器的结构原理

　　利用不断地从细小的喷嘴喷出高压的机油,驱动转子总成连同体内机油做高速旋转,形成的强大离心力,使机油中的机械杂质和胶质分离,并沉积在转子的内壁上,洁净的机油经出油口流回油底壳。

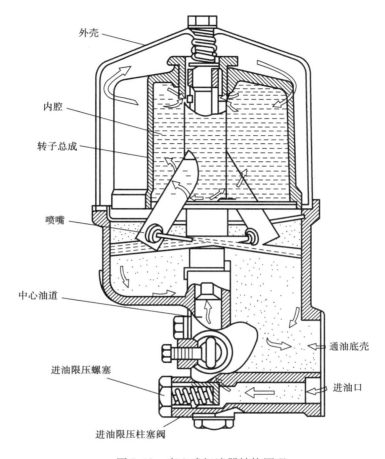

外壳

内腔

转子总成

喷嘴

中心油道

进油限压螺塞

进油限压柱塞阀

通油底壳

进油口

图 7.10　离心式细滤器结构原理

自测题3

1. 机油滤清器一般包括_____、_____和_____三种。
2. 集滤器的功用是_____。
3. 粗滤器的功用是_____。
4. 目前,国产汽车发动机一般采用_____粗滤器。通常_____在机油泵与主油道之间。
5. 细滤器的功用是_____。
6. 国产汽车发动机一般采用_____细滤器。它与主油道_____。

⊨━◯━学习活动 3

(1)请仔细观察教师提供的发动机润滑系机油滤清装置(机油滤清器)类型特点,完成表7.2。

表7.2　发动机润滑系机油滤清装置(机油滤清器)类型特点记录表

汽车或发动机型号				
集滤器类型	浮式	□	固定式	□
粗滤器滤芯类型	纸质滤芯	□	其他	□
细滤器类型	过滤式	□	离心式	□

(2)请根据教师提供的发动机润滑系机油滤清装置进行机油滤清器零部件的确认活动,指出各零部件的名称和功用。

7.1.4　润滑系主要辅助装置的类型、结构和工作原理

润滑系的辅助装置主要由机油散热器、各种阀以及机油尺等组成。

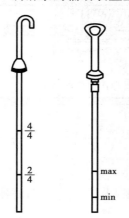

图7.11　常见的机油尺

(1)**机油尺的功用和结构**

1)机油尺的功用

检查油底壳内机油的油面高低。

2)机油尺的结构

• 机油尺是一金属杆,下端制成扁平,并有刻度线(图7.11)。

• 检查时,机油的油面必须位于油尺的上、下刻线之间(图7.11)。

(2)**润滑油路中主要阀的布置位置和功用**

1)限压阀的布置位置和功用

• 布置位置:限压阀布置在机油泵上,与机油泵和主油道并联(图7.4、图7.6)。

• 功用:限制油路中的最高压力,防止(发动机冷启动时)机油泵、油管过载。

• 发动机正常工作时,主油道中的机油压力一般为 150～500 kPa,限压阀的开启压力一般为 600 kPa。

2）旁通阀（安全阀）的布置位置和功用

● 布置位置：旁通阀布置在机油粗滤器上，与粗滤器滤芯并联，与主油道串联（图 7.9）。

● 功用：当滤芯堵塞或低温下机油不易流动时，使机油直接进入主油道，保证润滑。

● 旁通阀一般在粗滤器进油与出油的压力差达到 150～180 kPa 时开启。

3）机油细滤器进油限压阀的布置位置和功用

● 布置位置：机油细滤器进油限压阀布置在机油细滤器上，与主油道并联，与细滤器串联（图 7.10）。

● 功用：当机油压力较低时，使机油全部进入主油道，保证润滑；当机油压力正常时，使部分机油流经细滤器，进行滤清。

● 机油细滤器进油限压阀开始开启的压力一般为 100 kPa。

（3）**曲轴箱通风装置的功用与结构类型**

1）曲轴箱通风装置的功用

及时抽出曲轴箱内的混合气和废气，并使新鲜气体进入曲轴箱，防止润滑油性能变坏。

2）曲轴箱通风装置的结构类型

● 曲轴箱的通风方式一般有：强制通风和自然通风两种（图 7.12）。

● 强制通风：利用汽缸的真空度将曲轴箱内的气体强制吸入汽缸（图 7.12（a）），多用于汽油机。

● 自然通风：利用汽车行驶时的气流及冷却风扇的气流作用，在通风管出口处形成一定的真空度，将曲轴箱内的气体抽出（图 7.12（b）），多用于柴油机。

自测题4

1. 润滑系的辅助装置主要由_____、_____以及_____等检视设备组成。

2. 机油尺的功用是_____。

3. 限压阀的功用是_____。

4. 旁通阀的功用是_____。

5. 机油细滤器进油限压阀的功用是_____
_____。

6. 曲轴箱通风装置的功用是_____
_____。

7. 曲轴箱的通风方式一般有_____和_____两种。

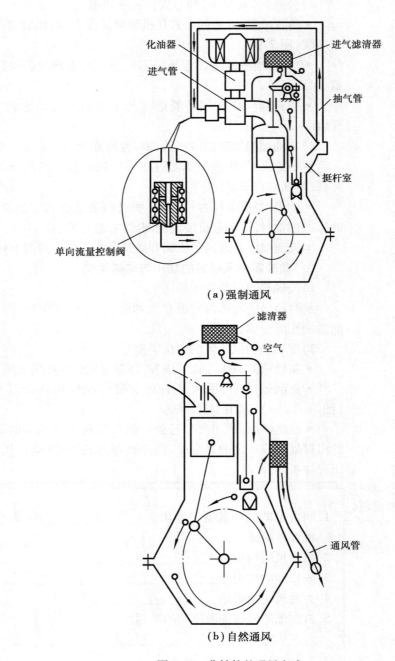

化油器

进气管

进气滤清器

抽气管

挺杆室

单向流量控制阀

(a)强制通风

滤清器

空气

通风管

(b)自然通风

图 7.12　曲轴箱的通风方式

学习活动 4

（1）请仔细观察教师提供的发动机曲轴箱通风装置的类型特点，完成表7.3。

表7.3　发动机曲轴箱的通风装置类型特点记录表

汽车或发动机型号	
曲轴箱通风方式	强制通风☐　　　　自然通风☐

（2）请根据教师提供的发动机润滑系进行润滑油路中主要阀的确认活动，指出各阀的位置、名称和功用。

7.2　知道发动机润滑油的性能与选用

- 发动机润滑油：习惯上称为机油，分为汽油机油和柴油机油。
- 汽油机油：汽油机润滑系使用的润滑油的俗称。
- 柴油机油：柴油机润滑系使用的润滑油的俗称。

7.2.1　机油的主要性能

（1）机油的黏度
机油流动时内摩擦力的量度，它是衡量机油重要的性能指标。

（2）机油的黏温性
机油黏度随温度变化的特性。温度升高，黏度减小；温度降低，黏度增大。

（3）机油黏度对发动机工作的影响
- 机油黏度过小，高温高压下容易自摩擦表面流失，造成零件之间的摩擦和磨损加剧等。
- 机油黏度过大，发动机低温启动困难，机油的泵送性差，容易出现干摩擦或半干摩擦。

7.2.2　机油的分类、品种与牌号

(1)我国机油的分类方法

我国机油的分类参照采用美国石油公司(API)使用分类法和美国汽车工程师协会(SAE)黏度分类法。

(2)美国石油公司(API)使用分类法

• 机油按性能和使用场合不同分为：S * 系列和 C ** 系列。

• S 系列(汽油机油)：迄今有 SA、SB、SC、SD、SE、SF、SG 和 SH 等品种，各个品种依次反映了车用汽油机不同年代产品的性能和结构特点及其对汽油机的不同要求。

• C 系列(柴油机油)：迄今有 CA、CB、CC、CD、CD-Ⅱ、CE 和 CF-4 等品种，其发展过程反映了车用柴油机强化和性能提高的过程。

• API 使用分类法是一种开端分类法，随着机油的发展，将按英文字母的顺序，增加新级(品种)，废除旧级(品种)。

注 * :S-Service station　服务站(由服务站供应车用汽油)；

　　 ** :C-Commercial　商业的(商业车队使用轻柴油)。

(3)美国汽车工程师协会(SAE)黏度分类法

1)机油按黏度不同分类

按黏度不同，机油分为：W 组系列(冬用机油，W-Winter)和非 W 组系列(春秋和夏用机油)。

• W 组系列有：0W、5W、10W、15W、20W 和 25W 六个级别(牌号)。

• 非 W 组系列有：20、30、40、50 和 60 五个级别(牌号)，级号越大，适应的温度越高。

2)机油按黏度等级划分牌号

按黏度等级不同，机油分为：单级油和多级油(双级油)。

• 单级油：只能适应较窄温度范围的使用要求。其牌号仅有一个黏度级号(例如，30、40 等)，只符合一个级号要求，在冬夏温差较大的地区不能冬夏两用。

• 双级油：能适应很宽温度范围的使用要求。既符合一个非 W 级，又至少符合一个 W 级黏度要求，且两黏度级号之差至少等于15(例如，10W/30、15W/40 等)，可在一定地区范围内冬夏通用，级号差越大，适用的地区范围越广。

(4)机油牌号举例

• SE30 表示：黏度级号为 30、非 W 级、E 级、单级的汽油机油。

• CC10W/30 表示：黏度级号 W 级为 10、非 W 级为 30、C 级、多级的柴油机油。

• SE/CC15W/40 表示：黏度级号 W 级为 15、非 W 级为 40、E、C 级、多

级的汽、柴油机通用机油。

7.2.3 机油的选用与使用要求

（1）机油的选用

根据机型不同,按照说明书的要求,选用适当品种和牌号的机油,见表7.4。

表7.4 国产机油的品种与牌号

品 种	黏度牌号							
SC	5W/20		10W/30		15W/40		30	40	
SD、SD/CC	5W/30		10W/30		15W/40		30	40	
SE、SE/CC	5W/30		10W/30		15W/40		20/20W	30	40
SF、SF/CD	5W/30		10W/30		15W/40		30	40	
CC	5W/30	5W/40	10W/30	10W/40	15W/40	20W/40	30	40	50
CD	5W/30	5W/40	10W/30	10W/40	15W/40	20W/40	30	30	

（2）机油的使用要求
- 经常检查机油油平面高度,适时补加足量的机油。
- 保持曲轴箱通风良好。
- 保持空气滤清器和机油滤清器的清洁,及时更换滤芯。
- 使用机油的质量监测,尽可能按质换油。

自测题5

1. 发动机润滑油习惯上称为_____,分为_____和_____。
2. 机油的黏度是_____。
3. 机油的黏温性是_____。温度_____,黏度_____;温度_____,黏度_____。
4. 我国机油的分类参照采用_____和美国汽车工程师协会_____。
5. 美国石油公司 API 使用分类法是一种_____分类法,随着机油的发展,将按_____的顺序,增加新级（品种）,废除旧级（品种）。
6. 按黏度不同机油分为_____和_____。
7. 按黏度等级不同机油分为_____和_____。

241

请说明下列机油牌号的含义：

①SE40 表示：_____，

_____。

②CC5W/40 表示：_____，

_____。

③SE/CC10W/30 表示：_____，

_____。

7.3　维护与检修发动机润滑系

7.3.1　查找与排除发动机润滑系常见故障

- 发动机润滑系的常见故障主要有：机油压力过低、机油压力过高和机油消耗过多等。
- 发动机润滑系的常见故障部位如图 7.13 所示。
- 发动机润滑系常见故障的外部特征见表 7.5。
- 发动机润滑系常见故障的主要原因及排除方法见表 7.6。

表 7.5　发动机润滑系常见故障的外部特征

常见故障	外部特征
机油压力过低	发动机启动后，机油压力表读数迅速下降 发动机正常运转过程中，机油压力表读数始终低于规定值
机油压力过高	发动机正常运转过程中，机油压力表读数始终高于规定值 发动机在运转中，机油压力表读数突然升高
机油消耗过多	机油消耗率超过 0.1 L/100 km

表 7.6　发动机润滑系常见故障的主要原因及排除方法

主要原因	排除方法
①机油压力过低	
机油压力表或传感器失效	检修或更换
机油不足	补加机油
机油中混入了燃油或冷却液	更换机油，并查明原因后排除故障

续表

主要原因	排除方法
机油泵故障	检修或更换
机油集滤器或粗滤器堵塞	检修或更换
旁通阀不密封,弹簧折断或弹力过小	检修或更换
机油管路泄漏或进入了空气	检修或排除空气
主轴承、连杆轴或凸轮轴轴承间隙过大	拆检与修理,或更换轴承
②机油压力过高	
机油压力表或传感器失效	检修或更换
限压阀调整不当	检修或更换
机油黏度过大	更换合适机油
主轴承、连杆轴承或凸轮轴轴承间隙过小	拆检与修理,或更换轴承
③机油消耗过多	
机油泄漏	查明泄漏部位及原因,并检修或更换相关零部件
机油窜入汽缸烧掉	查明窜机油的原因,并检修或更换相关零部件

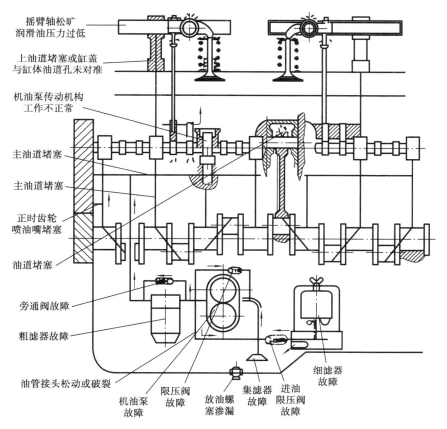

图 7.13　发动机润滑系常见故障部位

7.3.2　检查机油油面高度的方法和步骤

 实作活动 1

请在教师的指导下,按照下述方法和步骤,进行机油油面高度的检查活动。

- 将车辆停靠在水平位置。
- 待发动机熄火停止运转 10~15 min 后进行检查。
- 抽出机油尺,将其擦拭干净后再插入机油尺管。
- 油面应位于机油尺上、下标记刻线之间(图 7.11)。
- 若油面过低,补加适量清洁机油。
- 若油面过高,查明原因并排除后更换机油。

7.3.3　检查机油油质的方法和步骤

 实作活动 2

请在教师的指导下,按照下述方法和步骤,进行机油油质的检查活动。

- 用机油尺抽取部分机油,进行仔细检查。
- 若机油比较清澈,说明污染不严重,可以继续使用。
- 若机油显示雾状,油色浑浊或乳化,说明机油被水污染。
- 若机油呈灰色,并有燃油气味,说明机油被燃油稀释。
- 用手指捻搓机油,若有细粒感,说明机油含杂质较多。
- 若机油放置一段时间,上层油色变淡,说明机油已经变质。
- 凡不可继续使用的机油,均应更换新油。

7.3.4　更换机油的方法和步骤

 实作活动 3

请在教师的指导下,按照下述方法和步骤,进行机油的更换活动。

- 在发动机热态下,放尽油底壳和机油粗、细滤清器内的全部机油。

● 清洗油底壳及润滑油道:从加机油口加注机油容量 60% ~80% 的清洗油或经过滤清的优质柴油,启动发动机怠速运转 2 ~3 min;也可拆下全部火花塞或喷油器,用手摇柄摇转曲轴 3 ~5 min,然后放尽清洗油。

● 清洗机油粗、细滤清器。

● 更换新滤芯。

● 清洗曲轴箱、通风装置。

● 加入规定牌号和数量的新机油。

🔧 学习活动 6

请在机油的检查和更换实作活动后完成以下内容:

车型或发动机型号:＿＿＿＿＿＿＿＿＿＿＿＿＿＿＿＿＿＿＿

使用的工量具及设备:＿＿＿＿＿＿＿＿＿＿＿＿＿＿＿＿＿

＿＿＿＿＿＿＿＿＿＿＿＿＿＿＿＿＿＿＿＿＿＿＿＿＿＿＿

安全及其他注意事项:＿＿＿＿＿＿＿＿＿＿＿＿＿＿＿＿＿

＿＿＿＿＿＿＿＿＿＿＿＿＿＿＿＿＿＿＿＿＿＿＿＿＿＿＿

主要步骤:＿＿＿＿＿＿＿＿＿＿＿＿＿＿＿＿＿＿＿＿＿＿

＿＿＿＿＿＿＿＿＿＿＿＿＿＿＿＿＿＿＿＿＿＿＿＿＿＿＿

＿＿＿＿＿＿＿＿＿＿＿＿＿＿＿＿＿＿＿＿＿＿＿＿＿＿＿

＿＿＿＿＿＿＿＿＿＿＿＿＿＿＿＿＿＿＿＿＿＿＿＿＿＿＿

＿＿＿＿＿＿＿＿＿＿＿＿＿＿＿＿＿＿＿＿＿＿＿＿＿＿＿

＿＿＿＿＿＿＿＿＿＿＿＿＿＿＿＿＿＿＿＿＿＿＿＿＿＿＿

＿＿＿＿＿＿＿＿＿＿＿＿＿＿＿＿＿＿＿＿＿＿＿＿＿＿＿

7.3.5 维护可拆式机油滤清器的方法和步骤

 实作活动 4

请在教师的指导下,按照下述方法和步骤,进行可拆式机油滤清器的维护活动。

● 松开机油滤清器中心螺母或卡箍固定螺钉,将其解体。

● 用竹片或木条将外壳内的杂质刮出后放入煤油中清洗。

● 疏通滤清器各油道,并检查旁通阀钢球弹簧是否良好。

● 更换滤芯,注意将新滤芯放入清洁的机油中浸透后再装入。

● 装复滤清器,注意检查各处的密封圈不可漏装且安装位置正确。

7.3.6　维护离心式机油细滤清器的方法和步骤

 实作活动 5

请在教师的指导下,按照下述方法和步骤,进行离心式机油细滤清器的维护活动。
- 打开转子罩,取出转子。
- 用竹片或木条刮去转子罩壁上的杂质。
- 清洗转子、转子罩等零部件。
- 用压缩空气吹通喷嘴。
- 检查进油阀及弹簧:若阀座磨损,可用细研磨剂研磨并更换钢球;若弹簧弹力降低,应更换。
- 检查密封垫:若已损坏、变形或老化,应更换。

7.3.7　维护曲轴箱通风装置的方法和步骤

 实作活动 6

请在教师的指导下,按照下述方法和步骤,进行曲轴箱通风装置的维护活动。
- 取下曲轴箱通风滤清器。
- 拆下曲轴箱通风管和单向阀。
- 用清洗液清洗上述零部件。
- 用压缩空气吹通通气管。
- 检查单向阀:单向阀应关闭严密,阀门移动灵活,无卡滞堵塞现象,否则应更换。

学习活动 7

请在维护机油滤清器和曲轴箱通风装置实作活动后完成以下内容:

车型或发动机型号:＿＿＿＿＿＿＿＿＿＿＿＿＿＿＿＿＿＿＿＿＿＿＿＿＿

使用的工量具及设备:＿＿＿＿＿＿＿＿＿＿＿＿＿＿＿＿＿＿＿＿＿＿＿＿

＿＿＿＿＿＿＿＿＿＿＿＿＿＿＿＿＿＿＿＿＿＿＿＿＿＿＿＿＿＿＿＿＿＿＿

安全及其他注意事项:＿＿＿＿＿＿＿＿＿＿＿＿＿＿＿＿＿＿＿＿＿＿＿＿＿

＿＿＿＿＿＿＿＿＿＿＿＿＿＿＿＿＿＿＿＿＿＿＿＿＿＿＿＿＿＿＿＿＿＿＿

主要步骤:＿＿＿＿＿＿＿＿＿＿＿＿＿＿＿＿＿＿＿＿＿＿＿＿＿＿＿＿＿＿

＿＿＿＿＿＿＿＿＿＿＿＿＿＿＿＿＿＿＿＿＿＿＿＿＿＿＿＿＿＿＿＿＿＿＿

7.3.8　检修集滤器及机油泵总成的方法和步骤

 实作活动7

请在教师的指导下,按照下述方法和步骤,进行集滤器及机油泵总成的检修活动。

- 拆下机油集滤器、机油泵出油管和机油泵。
- 用清洗液清洗上述零部件,然后用汽(柴)油清洗一遍。
- 检查集滤器:滤网堵塞,可用柴油或煤油清洗后用压缩空气吹干;浮子破裂,应焊修或更换。
- 检查机油泵总成:可在试验台上检测其流量和泵油压力,然后与规定值进行比较,也可用简易试验法检查(见7.3.9)。
- 调整机油泵泵油压力:通过增减限压阀螺塞或弹簧座处的调整垫片进行调整。
- 装复机油泵及其出油管、集滤器:机油泵应先加满机油,各衬垫应平整完好。
- 装复油底壳:油底壳衬垫平整完好,否则应更换;油底壳螺栓应分数次从中间向两边拧紧到规定力矩。

7.3.9　简易试验法检查集滤器及机油泵总成的方法和步骤

 实作活动8

请在教师的指导下,按照下述方法和步骤,进行集滤器及机油泵总成简易试验法的检查活动。

- 径向和轴向推拉、晃动机油泵主动轴,有间隙感但不松旷。
- 将集滤器浸入清洁的机油中,用手按照工作时的转向转动主动轴,机油应从出油口流出。
- 用手指堵住出油口后继续转动,应有压力感,同时会感到转动的阻力逐渐增大,直至转不动或机油从出油口被压出。
- 不符合上述要求的机油泵应进行调整、拆修或更换。

学习活动 8

请在检修与试验集滤器及机油泵总成实作活动后完成以下内容：

车型和/或发动机型号：_____

使用的工量具及设备：_____

_____

安全及其他注意事项：_____

_____

主要步骤：_____

_____

_____

_____

单元鉴定单

单元7　实施发动机润滑系维护

班　级	学　号	姓　名	单元鉴定结果	
			合　格	
			不合格	

鉴定内容	鉴定结果	
	是	否
你是否完成 1~5 的自测题及 1~8 的学习活动,并得到教师的确认?		
你是否根据已有程序和预定标准,收集、分析和组织完成资料?		
你是否通过标准的精确性和有效性,正确地交流信息?		
你是否按计划有组织地完成了活动目标?		
你是否充分使用学习资源,达到学习目标?		

操作技能完成水平:

　　上述所有项目都是肯定回答,则单元鉴定结果为合格。

　　如果不是,请你咨询你的教师,直至合格为止。

　　你还可以要求附加有关活动,帮助你完成要求的操作技能。

　　完成上述内容后,请你的教师签字。

教师签字:＿＿＿＿＿＿＿＿

学生签字:＿＿＿＿＿＿＿＿

完成日期:＿＿＿＿＿＿＿＿

单元评估表

单元 7　实施发动机润滑系维护　　　姓名＿＿＿＿＿＿＿　日期＿＿＿＿＿＿＿

评估内容	非常同意	同意	没有意见	不同意	非常不同意
①这一单元给我很好地提供了……的综述。					
②这一单元帮助我理解了……的理论。					
③我现在对尝试……感到了自信。					
④该单元的内容适合我的需求。					
⑤该单元中举办了各种活动。					
⑥该单元中不同部分融合得很好。					
⑦单元学习中教师待人友善,愿意帮忙。					
⑧单元学习让我做好了参加鉴定的准备。					
⑨该单元中所有的教学方法对我学习起到了帮助的作用。					
⑩该单元提供的信息量适当。					
⑪该单元鉴定是公平、适当的。					
你对改善本科目后面单元的教学建议: 					

单元 8　实施发动机总装与调整及磨合与试验

学习目的

学完这一单元应具有以下能力：
- 正确地将发动机各零部件装配成完整的发动机总成。
- 在发动机的装配过程中能正确地进行调整。
- 正确进行发动机总成装配后的磨合与试验。
- 正确进行发动机的竣工验收。

 学习资源

- 多媒体教室、有关发动机总装与调整，以及磨合与试验方面的参考书及 VCD 等。
- 汽车实训中心、实训用各种型号的汽车或发动机及零部件实物和模型等。
- 汽车维护与检修常用设备及工量具。

 职场安全

- 一般的安全知识：穿戴安全帽、劳保服、劳保鞋，车间实作安全规则，设备个人操作安全等。
- 主动查阅以下政府和企业的安全法律法规，并自觉遵守有关的安全法规：《国家劳动法》《国家安全生产法》《国家消防法》《汽车维修作业安全操作规程》《钳工作业安全操作规程》《焊接作业安全操作规程》《公民的权利和义务》等。

 学习信息与学习步骤

8.1 实施发动机的装配与调整

8.1.1 装配与调整发动机的基本要求与注意事项

(1)装配与调整的场地要求

发动机的装配与调整应在专用车间或清洁场地进行。

(2)装配与调整中的工量具使用要求

发动机装配与调整所用的工量具应齐全、合格,并尽量使用专用工量具。

(3)装配与调整中的清洁要求

●装配前,所有零部件、总成、润滑油路以及工量具、工作台等均应彻底清洗,并用压缩空气吹干。

●在装配过程中,要做到工件、工量具和油渍不落地,保持工作台、工件盘和工量具清洁。

(4)装配与调整的注意事项

1)装配前零部件和总成的检验

装配前,所有零部件和总成均应经过检验或试验,确保其质量合格。

2)检查通用件与易损件

●全部螺栓、螺母不符合要求的应更换。

●汽缸垫、衬垫、开口销、锁片、锁紧铁丝、垫圈等易损件、紧固与锁止件,在装配时一般应全部更换。

3)核对装配记号

不可互换的零部件,如活塞连杆组、轴承盖、气门等,应按相应的位置和方向装配,不得装错。

4)扭紧力矩

●重要的螺栓螺母,如缸盖螺母、连杆螺栓、飞轮螺栓等,必须按规定扭矩依次拧紧。

●必要时,应加以锁定。

5)预润滑

各相对运动的配合表面,装配时应涂上清洁的润滑油。

6)防漏

重要的密封部位应涂上密封胶,防止漏水、漏油、漏气现象。

7)其他

在装配过程中,不得直接用手锤击打零件,必要时应垫上木块、铜棒等。

8.1.2　发动机装配与调整的方法和步骤

 实作活动 1

请在教师的指导下,按照下述方法和步骤,进行发动机的装配与调整活动。

发动机的装配顺序随其结构不同有所变化,但基本装配工艺过程大致相同。

(1)安装汽缸套

1)汽缸套的试配

• 未装阻水圈的湿式汽缸套装入机体内应能用手转动,但不得有明显松旷。

• 其上端面应高出机体平面一定距离。

• 高出量不足时,可在安装孔的台肩上加铜或铝垫。

• 多缸发动机,各汽缸套高出量应一致。

2)装阻水圈

阻水圈应平整地装入汽缸套或汽缸体相应的槽内,不得扭曲或损伤(图 8.1)。

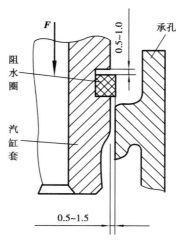

图 8.1　阻水圈的位置

3)安装汽缸套

• 用压床或其他专用工具压装汽缸套,用力应缓慢均匀,防止阻水圈或汽缸套变形(图 8.2)。

• 汽缸套压入后,应检查圆度、圆柱度(见 2.3.2)及水压试验(图 8.3),若有异常,应查明原因,重新安装。

253

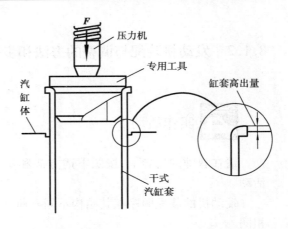

图 8.2　压入新汽缸套

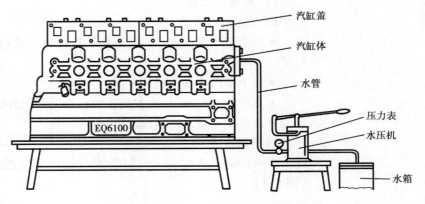

图 8.3　汽缸体与汽缸盖的水压试验

●安装干式汽缸套,应注意汽缸套与安装孔的清洁,配合面不应涂机油,以免影响散热。

(2)安装曲轴与飞轮

1)安装曲轴

①安装要求

●清洗并用压缩空气吹通机体与曲轴油道。

●应注意各轴瓦、止推片、曲轴后油封、轴承盖、螺栓、锁片等零件对号入座,不得错乱。

●止推片带油槽的一面朝向曲柄臂(图 8.4)。

②安装曲轴

●曲轴轴颈涂抹干净机油。

●抬上曲轴,装好轴承盖,按规定扭矩从中间向两端分 3～4 次拧紧螺栓。

例如,4 缸机共 5 道主轴承,其拧紧顺序为:3-2-4-1-5。

③检查轴向间隙与径向间隙(见 2.2.9,图 8.5)。

●轴向间隙:一般为 0.05～0.25 mm,轿车不大于 0.15 mm。

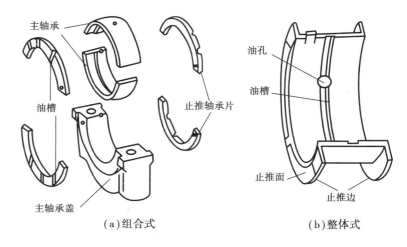

图 8.4 曲轴的轴向止推轴承

●径向间隙:用手转动曲轴,无忽松忽紧和发涩现象。

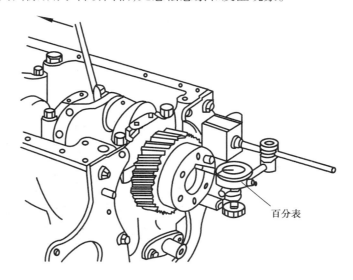

图 8.5 曲轴轴向间隙的检测

2)安装飞轮

●应注意辨认安装记号,以免破坏曲轴的平衡关系。

●飞轮螺栓应按规定扭矩拧紧,并用铁丝或锁片牢固锁紧。

(3)安装活塞连杆组

1)安装前的检查

●在连杆检验器上检查活塞与连杆中心线的垂直度(图 8.6)。

●用带形塞尺分别检查活塞处于上、下止点时与缸壁间隙(图 8.7)。活塞顶部与缸壁在曲轴前后方向的间隙误差应不大于 0.1 mm。

●用深度游标卡尺检查活塞处于上止点时顶部距缸体上平面的距离,其值应符合规定。

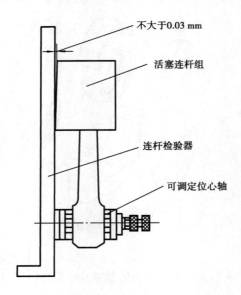

图 8.6 检查活塞与连杆中心线的垂直度

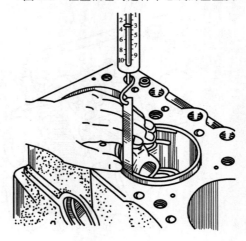

图 8.7 检查活塞与缸壁之间的间隙

2）安装活塞环

①选配活塞环（见 2.3.4）。

②安装活塞环（见 2.2.5）。

● 确保镀铬环、平环、锥形环、扭转环、油环等各种活塞环的安装位置和方向（图 8.8）。

● 相邻活塞环的开口应错开 90°～180°，并避开活塞销和最大侧压力的方向（图 8.9）。

3）安装活塞连杆组

● 在各摩擦表面涂抹清洁机油。

● 确认活塞连杆组的缸序、安装方向（图 8.10），放好活塞环开口位置（图 8.9）。

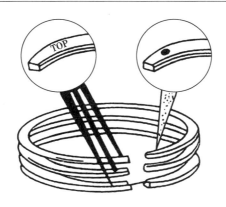

图 8.8　活塞环的向上方向记号

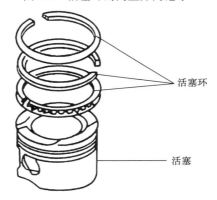

活塞环

活塞

图 8.9　各道活塞环的开口位置

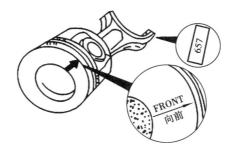

657

FRONT
向前

图 8.10　活塞及连杆上的向前安装标记

●用专用工具收紧活塞环,将活塞连杆组从上面装入汽缸内(图8.11)。

●装入时,可用手锤的木柄轻轻敲击活塞顶,并注意引导连杆大端靠向连杆轴颈。

●连杆轴承盖(瓦)按正确的缸序、安装方向套在连杆轴颈上。

●按规定扭矩拧紧连杆螺栓。

(4)安装气门组零件

●将气门杆油封压装于气门导管上(注意:防止油封变形或损坏,油封应压到位)。

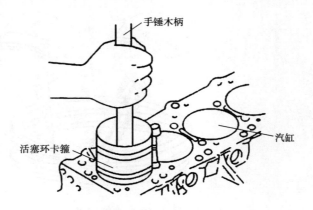

图 8.11　用手锤木柄将活塞连杆组推入汽缸

●装上气门弹簧和弹簧座,在气门杆上涂少许润滑油,按次序插入气门导管内,用专用工具装上锁片。

（5）**安装汽缸盖与摇臂总成**

●安装汽缸垫（见 2.1.2）。

●按规定扭矩和顺序分 2~3 次拧紧缸盖螺母（图 8.12）。

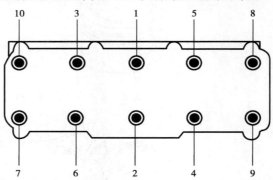

图 8.12　拧紧汽缸盖螺栓的顺序

●缸盖螺栓要拧到底,高度符合要求。

●安装气门推杆和摇臂总成（注意:疏通和对正摇臂支座、摇臂轴与缸盖的油孔,并检查油孔密封垫）。

（6）**安装凸轮轴**

以桑塔纳、捷达轿车发动机凸轮轴的安装为例:

●检查、确认轴承盖的安装位置。

●不装挺柱,用百分表或厚薄规检查凸轮轴的轴向间隙（图 8.13）,使用极限为 0.15 mm,轴向间隙合适后再拆下凸轮轴。

●装配挺柱时表面应涂机油（注意:液压挺柱不可互换;需更换时,应成组更换）。

●转动曲轴,使第一缸活塞位于上止点。

●将第一缸配气凸轮基圆对准挺柱。

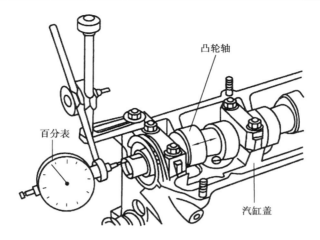

图 8.13　检查凸轮轴的轴向间隙

- 在凸轮轴颈、轴承上涂润滑油后，装于凸轮轴承上。
- 按照正确的顺序和扭矩拧紧凸轮轴承盖。
- 在凸轮轴油封的唇边和外圈涂上薄机油，将油封放入专用导管，平整地压入油封座孔（注意：油封与座孔应留有余隙，否则会堵塞回油孔）。
- 安装凸轮轴正时齿轮，以 80 N·m 的扭矩拧紧正时齿轮固定螺钉。

（7）**安装配气正时有关零件**

1）安装有正时记号的曲轴、凸轮轴正时齿轮

一般在曲轴正时齿轮、凸轮轴正时齿轮、喷油泵正时齿轮及中间齿轮（或正时皮带轮、正时皮带、中间轴惰轮）上均刻有记号，装配时只需对正记号即可。

2）安装无记号或记号模糊不清的曲轴、凸轮轴正时齿轮

- 转动曲轴，使第一缸活塞处于排气上止点位置。
- 转动凸轮轴，根据配气相位，使第一缸处于进气门开启的临界状态（进气门推杆上升至消除气门间隙的位置）。
- 装上中间齿轮，转动曲轴，复查配气相位。

3）安装无正时记号的喷油泵驱动齿轮

- 转动曲轴至第一缸压缩上止点位置。
- 根据供油提前角大小，反转曲轴使活塞处于供油提前角位置（通过飞轮记号或飞轮齿数确定所需转动的角度）。
- 按喷油泵的旋转方向，转动泵轴至第一缸开始供油。
- 装上中间齿轮，转动曲轴，复查供油时刻。
- 在正时齿轮上打上记号。

（8）**安装齿形皮带**

以桑塔纳、捷达轿车发动机齿形皮带的安装为例：

- 转动曲轴，使第一缸活塞位于上止点。
- 转动凸轮轴，使第一缸配气凸轮基圆对准挺柱（凸轮轴正时齿轮的标记与气门室罩平面对齐）。

- 将齿形皮带套在曲轴齿轮和中间轴齿轮上。
- 使曲轴皮带轮上止点记号与中间轴齿轮上记号对齐。
- 用螺栓固定曲轴皮带轮,将齿形皮带套到凸轮轴正时齿轮上。
- 转动张紧轮至用拇指和食指的力量刚好可以捏转齿形皮带 90° 为止(图8.14)。

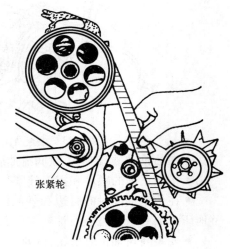

张紧轮

图 8.14　检查正时带张紧度

（9）**安装气门室罩**

- 在气门室罩与缸盖接合面上涂适量密封胶,将气门室罩安装在汽缸盖上。
- 以 6.37 N·m 的力矩交叉拧紧气门室罩螺钉。

（10）**检查调整气门间隙**

- 采用机械挺柱式配气机构的发动机,按规定检查调整气门间隙(见3.2.3)。
- 采用液压挺柱的发动机,液压挺杆磨损后应更换新件。

（11）**安装调整发动机风扇皮带**

按正确的安装顺序将水泵、风扇皮带装上,并调整风扇皮带紧度(见6.3.2)。

（12）**安装机油泵及油底壳**

- 将第一缸活塞置于压缩上止点,装入机油泵(泵轴端分电器销槽与曲轴平行)。
- 连接机油泵与缸体油管,在油底壳结合面上涂抹密封胶。
- 安装油底壳,均匀拧紧油底壳固定螺栓。

（13）**安装进、排气歧管**

将进、排气歧管装在汽缸盖上,依次均匀拧紧螺栓。

（14）**安装电器及发动机附件**

安装机油滤清器、发电机、空气滤清器、启动机,以及供油系、润滑系、冷却系等外部附件和管线。

学习活动 1

> 请在发动机装配与调整实作活动后完成以下内容:
>
> 车型或发动机型号:＿＿＿＿＿＿＿＿＿＿＿＿＿＿＿＿
>
> 使用的工量具及设备:＿＿＿＿＿＿＿＿＿＿＿＿＿＿＿
>
> ＿＿＿＿＿＿＿＿＿＿＿＿＿＿＿＿＿＿＿＿＿＿＿＿＿
>
> 安全及其他注意事项:＿＿＿＿＿＿＿＿＿＿＿＿＿＿＿
>
> ＿＿＿＿＿＿＿＿＿＿＿＿＿＿＿＿＿＿＿＿＿＿＿＿＿
>
> 主要步骤:＿＿＿＿＿＿＿＿＿＿＿＿＿＿＿＿＿＿＿＿
>
> ＿＿＿＿＿＿＿＿＿＿＿＿＿＿＿＿＿＿＿＿＿＿＿＿＿
>
> ＿＿＿＿＿＿＿＿＿＿＿＿＿＿＿＿＿＿＿＿＿＿＿＿＿
>
> ＿＿＿＿＿＿＿＿＿＿＿＿＿＿＿＿＿＿＿＿＿＿＿＿＿
>
> ＿＿＿＿＿＿＿＿＿＿＿＿＿＿＿＿＿＿＿＿＿＿＿＿＿

8.2　发动机磨合与试验的方法和步骤

8.2.1　发动机磨合试验的目的

- 改善配合件的表面质量,使其能承受相应的负荷。
- 减小初始阶段的磨损量,保证零件之间正常的配合间隙,延长使用寿命。
- 发现修理中的缺陷,及时排除。
- 调整各机构,使其工作协调,得到最好的动力性和经济性。
- 检验修理质量。
- 测定发动机转速、功率、油耗等。

8.2.2　实施发动机冷磨合的方法和步骤

实作活动 2

请在教师的指导下,按照下述方法和步骤,进行发动机的冷磨合活动,并完成有关记录表。

（1）**发动机冷磨合注意事项**

● 冷磨合规范：冷磨合转速一般采用四级调速，每级转速磨合 15 min，共 60 min，见表 8.1。

表 8.1 发动机冷磨合规范（磨合过程记录）

发动机冷磨合规范				发动机冷磨合过程记录				
发动机额定转速 /(r·min⁻¹)	磨合转速 /(r·min⁻¹)	磨合时间 /min	磨合总时间 /min	开始磨合时刻	终止磨合时刻	实际磨合时间 /min	实际磨合总时间 /min	磨合过程中的检查
≤3 200	400	15	60					机油压力 /kPa
	600 ~ 800	15						
	800 ~ 1 000	15						
	1 000 ~ 1 200	15						水温/℃
>3 200	500	15						
	900	15						是否异常
	1 200	15						
	1 400	15						

● 机油压力应为 170 ~ 300 kPa，摇臂机构应有润滑油。

● 水温应在 40 ~ 60 ℃ 范围内。

● 注意检查有无过热、异常声响或漏水和漏油现象。

● 配气机构的挺柱和推杆是否转动（要求转动）。

● 如发现异常，应立即停机检查，排除故障后再磨合。

（2）**发动机冷磨合的方法和步骤**

● 按要求将发动机安装在测功机（图 8.15）或自制磨合试验设备上。

● 检查和确认发动机、磨合试验设备的技术状况良好。

● 按规定在发动机油底壳内加入磨合用油。

表 8.2 发动机冷磨合后的气门间隙检查数据记录表

单位:mm

汽车或发动机型号			气门间隙推荐值		进气门	
					排气门	
缸 号	1 缸	2 缸	3 缸	4 缸	5 缸	6 缸
进气门测量值						
排气门测量值						
分析测量结果						
修复方案建议						

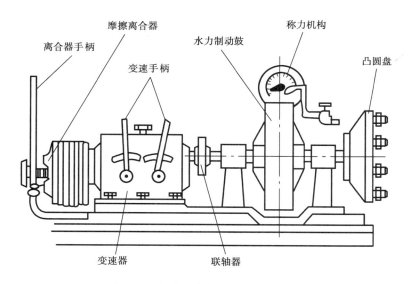

图 8.15　发动机磨合、试验与测功设备

表 8.3　发动机冷磨合后的汽缸压缩压力检测数据记录表

汽车或发动机型号	汽缸压缩 压力推荐值					
缸　　号	1 缸	2 缸	3 缸	4 缸	5 缸	6 缸
第 1 次测量值						
第 2 次测量值						
平均值						
分析测量结果						
修复方案建议						

● 拆去火花塞或喷油器,切断供油,由测功机(磨合试验设备)带动发动机,从低速到高速进行无压缩冷磨合。

● 装上火花塞或喷油器,但不供油,由测功机(磨合试验设备)带动,从低速到高速进行有压缩冷磨合。

● 检查调整气门间隙,气门间隙的检查数据记入表 8.2。

● 检查汽缸压力,汽缸压缩压力的检测数据记入表 8.3:汽缸压力应不小于规定值的 5% ;各缸压力差:汽油机不大于 8% 、柴油机不大于 10% 。

● 放出油底壳内的磨合油,并清洗机油滤清器。

学习活动 2

> 请在发动机冷磨合实作活动后完成以下内容:
> 车型或发动机型号:＿＿＿＿＿＿＿＿＿＿＿＿＿＿＿＿＿＿＿＿＿＿＿＿
> 使用的工量具及设备:＿＿＿＿＿＿＿＿＿＿＿＿＿＿＿＿＿＿＿＿＿＿＿
> ＿＿＿＿＿＿＿＿＿＿＿＿＿＿＿＿＿＿＿＿＿＿＿＿＿＿＿＿＿＿＿＿＿＿
> 安全及其他注意事项:＿＿＿＿＿＿＿＿＿＿＿＿＿＿＿＿＿＿＿＿＿＿＿
> ＿＿＿＿＿＿＿＿＿＿＿＿＿＿＿＿＿＿＿＿＿＿＿＿＿＿＿＿＿＿＿＿＿＿
> 主要步骤:＿＿＿＿＿＿＿＿＿＿＿＿＿＿＿＿＿＿＿＿＿＿＿＿＿＿＿＿＿
> ＿＿＿＿＿＿＿＿＿＿＿＿＿＿＿＿＿＿＿＿＿＿＿＿＿＿＿＿＿＿＿＿＿＿
> ＿＿＿＿＿＿＿＿＿＿＿＿＿＿＿＿＿＿＿＿＿＿＿＿＿＿＿＿＿＿＿＿＿＿
> ＿＿＿＿＿＿＿＿＿＿＿＿＿＿＿＿＿＿＿＿＿＿＿＿＿＿＿＿＿＿＿＿＿＿

8.2.3 实施发动机热磨合的方法和步骤

实作活动 3

请在教师的指导下,按照下述方法和步骤,进行发动机的热磨合活动,并完成表 8.4、表 8.5。

表 8.4 发动机无负荷热磨合规范(磨合过程记录)

发动机无负荷热磨合规范				发动机无负荷热磨合过程记录			
发动机额定转速/(r·min⁻¹)	磨合转速/(r·min⁻¹)	磨合时间/min	磨合总时间/min	开始磨合时刻	终止磨合时刻	实际磨合时间/min	实际磨合总时间/min
≤3 200	400	15	60				
	600～800	15					
	800～1 000	15					
	1 000～1 200	15					
>3 200	500	15					
	900	15					
	1 200	15					
	1 400	15					

表 8.5　发动机有负荷热磨合规范(磨合过程记录)

发动机有负荷热磨合规范				发动机有负荷热磨合过程记录			
磨合转速	磨合载荷	磨合时间/min	磨合总时间/min	开始磨合时刻	终止磨合时刻	实际磨合时间/min	实际磨合总时间/min
$0.5n_e$	$0.2P_e$	15					
$0.6n_e$	$0.4P_e$	15	60				
$0.7n_e$	$0.6P_e$	15					
$0.8n_e$	$0.8P_e$	15					

备注:表中 n_e——发动机额定转速_____; P_e——发动机额定功率_____。

(1)**发动机热磨合注意事项**

● 各机构不应有过热现象,各连接处无漏水、漏油、漏气现象。

● 水温:75 ~ 85 ℃,不超过 90 ℃;机油温度:70 ~ 80 ℃;机油压力:250 ~ 300 kPa。

● 磨合中如出现异常现象(异常声响等),应立即停机检查,查明原因并及时排除。

● 热磨合结束后,再次检查调整气门间隙、检查汽缸压力和点火或供油时刻。

(2)**发动机热磨合的方法和步骤**

● 在油底壳内加注清洁机油至油尺上限。

● 接通燃料供给系油路,排除空气,检查点火或供油时刻。

● 启动发动机,以怠速运转至水温 40 ℃以上。

● 参照冷磨合规范进行无负荷热磨合,见表 8.4。

● 按下述磨合规范进行有负荷热磨合:

①起始转速取 0.4 ~ 0.5 倍额定转速,终止转速取 0.8 倍额定转速,四级调速;

②起始载荷取 0.2 倍额定功率,终止载荷取 0.8 倍额定功率,四级加载,与四级调速相应结合(见表 8.5)。

● 热磨合的总时间为 120 ~ 150 min。

(3)**发动机磨合后的检查**

● 磨合后的检查结果记入表 8.6。

● 活塞、汽缸接触是否正常,活塞、汽缸有无拉毛和起槽现象。

● 活塞环接触面积应不小于 90%,开口间隙不大于原间隙的 25%。

● 主轴承、连杆轴承接触面积应比原来有所增加,无起槽、过热现象。

● 汽缸垫无漏水、漏油、漏气现象。

● 发动机经检查调试合格后,重新装合并清洗润滑系,更换润滑油和滤清器滤芯,加装限速装置。

表 8.6 发动机热磨合过程与热磨合后的检查记录表

发动机热磨合过程中的检查		发动机热磨合后的检查	
水温/℃		活塞与汽缸接触是否正常	是□否□
机油温度/℃		活塞与汽缸有无拉毛、起槽现象	是□否□
机油压力/kPa		活塞环接触面积不小于90%	是□否□
是否过热	是□否□	活塞环开口间隙不大于原间隙的25%	是□否□
是否漏水	是□否□	主轴承、连杆轴承接触面积比原来有所增加	是□否□
是否漏油	是□否□	主轴承、连杆轴承无起槽、过热现象	是□否□
是否漏气	是□否□	汽缸垫无漏水、漏油、漏气现象	是□否□
是否有其他异常现象	是□否□	是否有其他异常现象	是□否□
处理方案建议		处理方案建议	

学习活动 3

请在发动机热磨合实作活动后完成以下内容：

车型或发动机型号：_____

使用的工量具及设备：_____

_____

安全及其他注意事项：_____

_____

主要步骤：_____

_____

_____

_____

_____

8.3 发动机总成修理竣工验收技术条件

实作活动 4

请在教师的指导下,按照下述方法和步骤,进行发动机总成修理竣工

的验收活动,完成表8.7。

表8.7　发动机总成修理竣工验收检查记录表

发动机总成修理竣工验收技术条件		验收结果	备注或说明
一般技术要求	装备齐全	是□否□	
	按规定完成了发动机磨合	是□否□	
	无漏油、漏水、漏气、漏电现象	是□否□	
	加注的润滑油量、牌号以及润滑脂符合原厂规定	是□否□	
	急加速时无突爆声	是□否□	
	化油器不回火	是□否□	
	消声器无放炮声	是□否□	
	工作中无异常响声	是□否□	
	润滑油压力正常	是□否□	
	冷却液温度正常	是□否□	
	汽缸压力符合原厂规定	是□否□	
主要使用性能	发动机在正常工作温度下,5 s 内能启动	是□否□	
	柴油机在5 ℃环境下,启动顺利	是□否□	
	汽油机在 - 5 ℃环境下,启动顺利		
	加速灵敏	是□否□	
	速度过渡圆滑	是□否□	
	怠速稳定	是□否□	
	各工况工作平稳	是□否□	
	最大功率不低于原厂规定的90%	是□否□	
	最大扭矩不低于原厂规定的90%	是□否□	
	最低燃料消耗率不高于原厂规定	是□否□	
	发动机排放限值符合规定	是□否□	

　　在发动机热磨合过程中,必须进行各项检查调整和性能试验,排除故障使其符合修理竣工验收技术条件。

8.3.1　发动机总成修理竣工验收一般技术要求

　　● 装备齐全,按规定完成了发动机磨合,无漏油、漏水、漏气、漏电现象。
　　● 加注的润滑油量、牌号以及润滑脂符合原厂规定。

●急加速时无突爆声,化油器不回火,消声器无放炮声,工作中无异常响声。

●润滑油压力和冷却液温度正常。

●汽缸压力符合原厂规定,各缸压力差:汽油机不超过 8%,柴油机不超过 10%。

8.3.2　发动机总成修理竣工验收主要使用性能

●发动机在正常工作温度下,5 s 内能启动。

●柴油机在 5 ℃,汽油机在 -5 ℃环境下,启动顺利。

●加速灵敏,速度过渡圆滑,怠速稳定,各工况工作平稳。

●最大功率和最大扭矩不低于原厂规定的 90%。

●最低燃料消耗率不高于原厂规定。

●发动机排放限值符合《机动车运行安全技术条件》(GB 7258—1997)的规定。

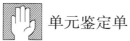 单元鉴定单

单元 8　实施发动机总装与调整及磨合与试验

班　级	学　号	姓　名	单元鉴定结果	
			合　格	
			不合格	

鉴定内容	鉴定结果	
	是	否
你是否完成 1～3 的实作活动与学习活动,并得到教师的确认?		
你是否根据已有程序和预定标准,收集、分析和组织完成资料?		
你是否通过标准的精确性和有效性,正确地交流信息?		
你是否按计划有组织地完成了活动目标?		
你是否充分使用学习资源,达到学习目标?		

操作技能完成水平:

　　上述所有项目都是肯定回答,则单元鉴定结果为合格。

　　如果不是,请你咨询你的教师,直至合格为止。

　　你还可以要求附加有关活动,帮助你完成要求的操作技能。

　　完成上述内容后,请你的教师签字。

教师签字:＿＿＿＿＿＿＿

学生签字:＿＿＿＿＿＿＿

完成日期:＿＿＿＿＿＿＿

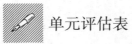 单元评估表

单元 8　实施发动机总装与调整及磨合与试验　　　姓名_____　日期_____

评估内容	非常同意	同意	没有意见	不同意	非常不同意
①这一单元给我很好地提供了……的综述。					
②这一单元帮助我理解了……的理论。					
③我现在对尝试……感到了自信。					
④该单元的内容适合我的需求。					
⑤该单元中举办了各种活动。					
⑥该单元中不同部分融合得很好。					
⑦单元学习中教师待人友善,愿意帮忙。					
⑧单元学习让我做好了参加鉴定的准备。					
⑨该单元中所有的教学方法对我学习起到了帮助的作用。					
⑩该单元提供的信息量适当。					
⑪该单元鉴定是公平、适当的。					
你对改善后面科目的教学建议:					

附录 汽车的类型、型号等相关基本知识

附录 A 汽车的定义与汽车的诞生

（1）汽车的定义及用途

● 汽车是由自带动力装置驱动、具有四个或四个以上的车轮、可以单独行驶并完成运载任务的非轨道无架线的一种快速而机动的陆路运输工具。

● 汽车主要用于运载客、货和牵引客、货挂车或完成特定的运输及作业任务。

（2）汽车的诞生

1）汽车的诞生

● 汽车起源于德国,发展于美国。

● 1885 年,德国机械工程师卡尔·本茨在曼海姆设计制造出了世界上第一辆装有 0.85 ps(625 W)单缸汽油机的三轮汽车,并于 1886 年 1 月 29 日申请专利。

● 1886 年 1 月 29 日被公认为世界上第一辆汽车诞生日。同年,德国的另一位工程师戴姆勒也制造了一辆装有 1.10 ps(809 W)汽油机的四轮汽车。

● 本茨和戴姆勒被公认为是内燃机为动力的现代汽车的发明者。

2）我国汽车工业的起步

● 我国汽车工业创建于 20 世纪 50 年代。

● 1956 年 10 月,长春第一汽车制造厂(简称为"一汽")正式开始生产解放 CA10 型(CA1090)4 t 载货汽车,从此结束了中国不能制造汽车的历史。1958 年开始生产 CA30 型载质量 2.5 t 的军用越野车。1959 年正式定型生产红旗 CA72 型轿车。1963 年 8 月建起了轿车分厂,1965 年开始生产红旗 CA770 型高级轿车。

● 1968 年在湖北省十堰市开始动工兴建我国规模最大、具有我国自主知识产权的第二汽车制造厂(简称为"二汽")。

附录 B 汽车的类型与汽车的型号

（1）汽车的类型

● 现代汽车的类型极多，按国家标准 GB 3703.1—83《汽车和挂车的术语及定义》中规定的汽车类型有载货汽车、越野车、工矿自卸车、牵引车、特种车、客车和轿车七类。

1）载货汽车

● 载货汽车：主要用于运输货物，也可牵引挂车。

● 载货汽车按最大总质量（t）来分类，见附表1。

附表 1 载货汽车按最大总质量的分类

类 型	微 型	轻 型	中 型	重 型
最大总质量/t	≤1.8	>1.8～6.0	>6.0～14.0	>14.0

2）越野车

● 越野车：主要用于非公路条件下运载人员或货物，也可用于牵引各种装备。

● 越野车通常采用两个或两个以上驱动桥。

3）工矿自卸车

● 工矿自卸车：主要用于矿区和工地运输矿石、砂土等散装货物，并能自卸。

● 因其轴荷超过普通公路的承受规定，故需采用多桥驱动形式。

● 工矿自卸车允许装载质量一般为 15 t，最高可达 30 t，故需采用大功率柴油发动机。

4）牵引车和汽车列车

● 牵引车：专门或主要用于牵引挂车的汽车，可分为全挂牵引车和半挂牵引车两类。其特点是：车速较低，牵引力较大，底盘结构为多桥驱动。

● 汽车列车：一辆汽车（包括牵引车、货车、越野车等）与一辆或一辆以上挂车的组合，可分为全挂汽车列车、双挂汽车列车和特种汽车列车等，见附图 1。

5）特种车

● 特种车也称专用车。它是为完成特定的运载或作业任务、装有专用设备或经特殊改装过的汽车，有的还可提高有效装载容积。

● 常见的特种车：特种货车、特种轿车、特种客车、特种用车等。

● 特种货车：如自卸车、冷藏车、客罐车、集装箱车等。

● 特种轿车：如检阅车、指挥车等。

● 特种客车：如公安用车。

● 特种用车：如消防车、救护车、洒水车等。

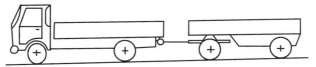

（a）全挂牵引汽车和全挂车组合的全挂汽车列车

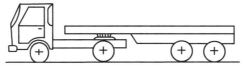

（b）半挂牵引汽车和半挂车组合的半挂汽车列车

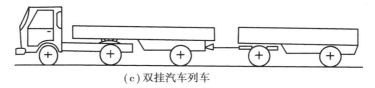

（c）双挂汽车列车

附图 1 牵引汽车、挂车和汽车列车

6）客车

● 客车：用于运载乘客及其随身行李，一般有 9 个以上座位。

● 客车可分为单层与双层、座车与卧车、单车与铰接车等，单车也可牵引一辆挂车。

● 客车按长度（m）来分类，见附表 2。

附表 2 客车按长度的分类

类 型	小 型	中 型	大 型	双 层	铰接式
总长度/m	≤6	>6~9	>9~12	>9~12	>14

7）轿车

● 轿车：用于运载人员及其随身物品，最多可有 9 个座位（包括驾驶员座位）。

● 轿车按发动机的排量（L）来分类，见附表 3。

附表 3 轿车按发动机的排量分类

类 型	微 型	普通级	中 级	中高级	高 级
发动机排量/L	≤1.0	>1.0~1.6	>1.6~2.5	>2.5~4.0	>4.0

（2）**国产汽车型号的编制规则**

● 为了表示汽车的不同厂牌、用途和基本特征，国家制定了统一的编制规则。

● 现代汽车的型号都是根据国家标准 GB 9417—88《汽车产品型号编

273

制规则》编制的。

• 汽车产品型号由企业名称代号、车辆类别代号、主参数代号和产品序号组成,必要时可以附加企业的自定代号。

• 对于专用汽车和专用半挂车,还有专用汽车分类代号。

• 汽车产品型号的构成(见附图2)与专用汽车产品型号的构成(见附图3)。

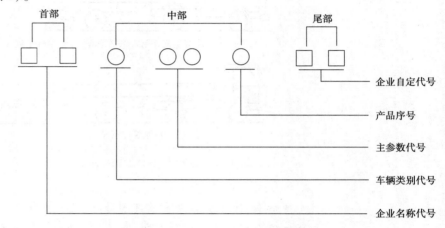

附图2　国产汽车产品型号的构成

□——用汉语拼音大写字母表示；○——用阿拉伯数字表示

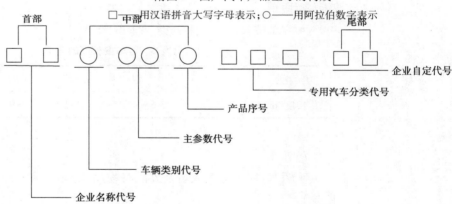

附图3　专用汽车产品型号的构成

□——用汉语拼音大写字母表示；○——用阿拉伯数字表示

1)企业名称代号

• 企业名称代号:位于汽车型号的首位,用代表企业名称的二或三个大写拼音字母表示,见附表4。

附表 4　我国部分汽车制造厂的企业名称代号

工厂名称	代号	工厂名称	代号
第一汽车制造厂	CA	南京汽车制造厂	NJ
东风汽车公司(原二汽)	EQ	济南汽车制造厂	JN
北京汽车制造厂	BJ	陕西汽车制造厂	SX
上海重型汽车制造厂	SH	武汉汽车制造厂	WH
重庆汽车制造厂	CQ	沈阳金怀汽车工业公司	SY
天津客车厂	TJ	山东汽车改装厂	SDG
上海客车制造厂	SK		

2）车辆类别代号

● 车辆类别代号：位于汽车型号的第二部分，用一个数字表示，见附表 5。

附表 5　车辆类别代号及主参数代号的含义

汽车类型	车辆类别代号	主参数代号
载货汽车	1	表示汽车总质量(t)数值
越野汽车	2	
自卸汽车	3	
牵引车	4	
专用汽车	5	
客车	6	表示汽车总长度(0.1 m)数值
轿车	7	表示发动机的工作容积(0.1 L)数值
	8	
半挂车及专用半挂车	9	表示汽车的总质量(t)数值

3）主参数代号

● 主参数代号：位于汽车型号的第三部分，用两个数字表示，见附表 5。

● 载货汽车、越野车、自卸车、专用车与半挂车的主参数代号用车辆的总质量(t)表示。总质量在 100 t 以上时允许用三位数字表示。

● 客车的主参数代号用车辆长度(m)表示，当车辆长度小于 10 m 时，以 0.1 m 为单位来表示。

● 轿车的主参数代号用发动机排量值，并以 0.1 L 为单位来表示。

● 按上述规定选取的主参数代号不足规定位数时，在参数前以"0"占位。

4）产品序号

● 产品序号：位于汽车型号的第四部分，用一个数字表示汽车的生产顺序，由 0、1、2……，依次排列。

5）企业自定代号

● 企业自定代号：位于汽车型号的最后部分，可用汉语拼音字母或数字来表示，位数由企业自定。

● 基本型汽车的编号一般没有尾部的企业自定代号，其变型车（例如，改用不同发动机、加长轴距、双排座驾驶室等）为了与基本型区别，常在尾部增加企业自定代号，表示同一种汽车但结构略有变化而需要区别时使用。

6）专用汽车分类代号

● 专用汽车还应在"产品序号"之后增加专用汽车分类代号。

● 专用汽车分类代号：用反映汽车结构和用途特征的 3 个汉语拼音字母表示。

● 第一个汉语拼音字母是结构特征代号，第二、三个汉语拼音字母是用途特征代号。

● 结构特征代号的含义见附表 6。

● 用途特征代号：按中国汽车联合协会行业管理标准规定 ZB/JT 50005—89《专用汽车用途特征代号》执行。

附表 6　专用汽车结构特征代号

厢式汽车	罐式汽车	专用自卸汽车	特种结构汽车	举升起重汽车	仓栅式汽车
X	G	Z	T	J	C

7）国产汽车型号举例

● CA1091：第一汽车制造厂生产的第二代载货汽车，总质量为 9 t。

● BJ2020：北京吉普车厂生产的第一代越野吉普车，总质量为 2 t。

● EQ2080E：第二汽车制造厂生产的第一代越野汽车，总质量为 8 t。

● SH3600：上海重型汽车厂生产的总质量 60 t 的第一代自卸汽车。

● CQ4260：重庆红岩汽车厂生产的第一代集装箱半挂牵引车，包括牵引座上牵引汽车的总质量为 26 t。

● TJ6481：天津客车厂生产的长度为 4.8 m（4.75 m）的第二代客车。

● TJ7100：天津汽车厂生产的排量为 1.0 L 的第一代轿车。

（3）**国外典型汽车型号的含义**

● 国外汽车的型号没有统一标准规定，由各汽车厂家确定。

下面列举几种著名汽车厂家的汽车说明国外汽车型号的含义：

1）法拉利汽车型号的含义

● 法拉利汽车的型号：一般是用"F"开头（F 是法拉利英文 Ferrari 的

首字母,但也有部分车型没有"F"),而后面的数字大多与发动机排量有关。

- 一般第一、二位表示排量,第三位表示汽缸数,但也有例外。
- 如 F355:"355"的前两位数"35"代表其排量为 3.5 L,最后一位数"5"代表每个汽缸有 5 个气门。
- F512M:"512"代表其排量为 5 L,且有 12 汽缸,M 代表它的外观经过改进。
- F50:"50"代表该车是法拉利汽车厂建厂 50 周年的纪念车。
- 550Maranello:该车型命名比较复杂,也具有多重意义。"550"首先代表其排量为 5.5 L,其次,在推出之时正逢法拉利汽车厂建厂 50 周年庆,"Maranello"则是法拉利汽车厂所在城市的名称。

2)奥迪汽车型号的含义

- 大部分奥迪汽车的型号是用公司英文(Audi)的第一个字母"A"开头。
- 如奥迪 A2、A3、A4、A6、A8 系列等。
- 后面的数字越大,表示等级越高。
- A2、A3 系列是小型轿车。
- A4 系列是中级轿车。
- A6 系列是高级轿车。
- A8 系列是豪华轿车(目前 A8 是奥迪最高档的轿车)。
- 除了以 A 字母开头的轿车外,奥迪还有 S 系列和 TI 系列。
- S 系列多是高性能车型,但并非是越野车,主要有 S3、S6 及 S8 等。
- TI 系列则全部是跑车。

3)奔驰汽车型号的含义

奔驰汽车前面的字母表示类型和级别:

- A 级是小型单厢车。
- C 级为小型轿车。
- E 级为中级轿车。
- S 级为高级轿车。
- G 级为越野车。
- V 级为多功能厢式车。
- SLK 为小型跑车。
- CLK 为中型跑车。
- SL 为高级跑车。
- CL 为高级轿跑车。
- SLR 为超级跑车。
- 型号中间的数字代表发动机排量,如"280""300"及"500"分别表示发动机排量为 2.8 L、3 L 及 5 L。

- 型号尾部的字母 L 表示加长车,Diesel 表示柴油车。
- 如 S600L 表示高级、排量 6 L、加长型轿车。

4)宝马汽车型号的含义

- 宝马(BMW)汽车公司主要有轿车、跑车、越野车三大车种。

①宝马轿车型号

- 宝马轿车有 3、5、7 和 8 四个系列。
- 第一个数字为系列号。
- 第二和第三个数字表示排量。
- 最后的字母:"i"表示燃油喷射,"A"表示自动挡,"S"表示超级豪华。
- 比如,318iA 表示 3 系列,排量为 1.8 L,燃油喷射,自动挡。
- 850Si 表示 8 系列轿车,排量为 5 L,超级豪华型,燃油喷射。

②宝马跑车型号

- 宝马跑车的型号用"Z"开头。
- 主要车型有 Z3、Z4、Z8 等。
- 后面的数字越大,表示越高级。

③宝马越野车型号

- 宝马越野车的型号用 X 开头,代表车型是 X5。

附录 C　汽车的总体构造与汽车的结构特征和技术性能参数

(1)汽车的总体构造

- 汽车是由成千上万个零件组成的结构复杂的机动交通工具,而且种类很多。
- 汽车的基本构造由汽车发动机、汽车底盘、汽车车身和汽车电气设备四大部分组成,见附表 7。
- 附图 4 表示了货车的总体构造。
- 附图 5 表示了轿车的总体构造。

附表7　汽车的基本组成

汽车的基本组成			
汽车发动机	汽车底盘	汽车车身	汽车电气设备
①曲柄连杆机构	①传动系统	①驾驶室	①电源系统
②配气机构	②行驶系统	②车厢	②发动机启动系统
③燃料供给系统	③转向系统		③汽油发动机点火系统
④润滑系统	④制动系统		④照明系统
⑤冷却系统			⑤信号系统
⑥点火系统			⑥仪表系统
⑦启动系统			⑦辅助装置
			⑧现代汽车电子装置

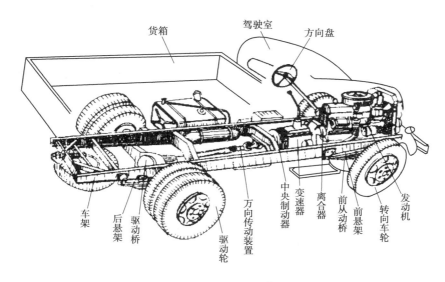

附图4　载货汽车的总体构造

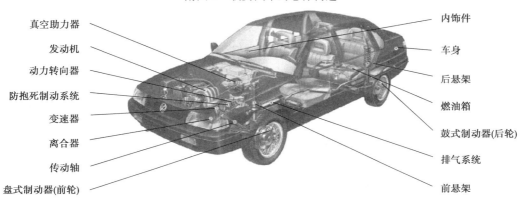

附图5　轿车的总体构造

（2）**汽车的结构特征和技术性能参数**

• 我国对汽车结构特征和技术参数尚没有一个统一严格的规定。

• 为了便于使用、维护和管理车辆,通常用汽车主要结构特征和技术性能方面的参数来反映汽车的结构与使用性能。

1）汽车的质量参数

• 整车装备质量(t):车辆装备齐全,加足燃油、润滑油和冷却液,并配齐随车工具、备胎及其他规定应带的备品,符合正常行驶要求的质量。

• 最大装载质量(t):汽车设计时允许的最大装载货物质量。

• 最大总质量(t):汽车满载时的总质量。最大总质量 = 整车装备质量 + 最大装载质量。

• 最大轴载质量(t):汽车满载时各轴所承载的质量。

2）汽车的主要结构参数

• 汽车的主要结构参数见附图6。

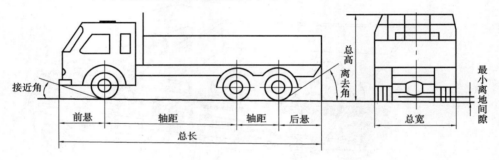

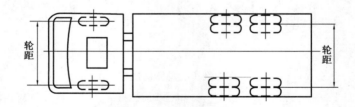

附图6　汽车的主要结构参数

• 总长(mm):垂直于车辆纵向对称平面并分别抵靠在汽车前后最突出部位的两垂直平面之间的距离。

• 总宽(mm):平行于车辆纵向对称平面并分别抵靠在汽车两侧最外刚性固定突出部位(不包括后视镜、方位灯、侧面标志灯、转向指示灯等)的两平面之间的距离。

• 总高(mm):汽车的最高点与汽车支承平面之间的距离。

• 轴距(mm):相邻两轴中心线之间的距离。

• 轮距(mm):同一车桥左右轮胎面中心线(沿地面)间的距离。双胎结构则为双胎中心线间的距离。

• 前悬(mm):汽车直线行驶时,汽车最前端刚性固定件的最前点至前轴中心线的垂直平面之间的距离。

● 后悬(mm):汽车后端刚性固定件的最后点至后轴中心线的垂直平面之间的距离。

● 最小离地间隙(mm):汽车满载时,底盘下部(车轮除外)最低点到支承平面之间的距离。

● 接近角(°):通过汽车最前端最低点向前轮引的切线与支承平面之间的夹角。

● 离去角(°):通过汽车最后端最低点向后轮引的切线与支承平面之间的夹角。

3)汽车的主要性能参数

● 最高车速(km/h):汽车满载在平直良好的路面上行驶时所能达到的最大车速。

● 最大爬坡度[(°)或%]:汽车满载时的最大爬坡能力。

● 最小转弯半径(m):将汽车的方向盘转至极限位置时,外侧转向轮中心平面上移动的轨迹圆的半径。

● 百千米等速油耗(L/100 km):汽车满载在平直良好的路面上等速行驶时每百千米消耗的燃油量。

● 驱动方式:用"车轮总数×驱动轮数"或"车轴总数×驱动轴数"来表示。

参考文献

［1］赵计平,刘渝,李雷.汽车维修技术人员培训能力标准［M］.重庆:重庆大学出版社,2006.

［2］中国劳动和社会保障部.国家职业标准——汽车修理工［M］.北京:中国劳动社会保障出版社,2001.

［3］教育部职业教育与成人教育司.汽车运用与维修专业教学指导方案［M］.北京:高等教育出版社,2001.

［4］王建东.汽车发动机拆装［M］.北京:机械工业出版社,2016.

［5］杨建良.汽车发动机机械维修［M］.北京:人民交通出版社,2017.

［6］林鹏.发动机构造与维修［M］.北京:机械工业出版社,2017.

［7］杨永先.汽车发动机及底盘常见故障的诊断与排除［M］.北京:人民交通出版社,2017.

［8］蒋红梅,吴国强.汽车检测与诊断技术［M］.北京:人民交通出版社,2017.

［9］阙广武.发动机拆装［M］.北京:机械工业出版社,2018.

［10］杨庆国.汽车发动机拆装与检修［M］.北京:机械工业出版社,2018.

［11］甘勇辉.发动机拆装与检修［M］.北京:机械工业出版社,2018.

［12］谢婉茹.汽车故障诊断与排除［M］.北京:机械工业出版社,2019.